유니게와 바울이 디모데를 양육했던 것처럼
가정과 교회, 부모와 교사가 하나 되어 다음세대를 세우는

유바디 교육목회

유니게와 바울이 디모데를 양육했던 것처럼
가정과 교회, 부모와 교사가 하나 되어 다음세대를 세우는

유바디 교육목회

초판 1쇄 발행 | 2020년 5월 4일
초판 4쇄 발행 | 2022년 10월 24일

지은이 박상진
펴낸이 김운용
펴낸곳 장로회신학대학교 출판부

등록 제1979-2호
주소 (우)04965 서울시 광진구 광장로5길 25-1(광장동)
전화 02-450-0795
팩스 02-450-0797
이메일 ptpress@puts.ac.kr
홈페이지 http://www.puts.ac.kr

값 17,000원
ISBN 978-89-7369-457-0 93230

유니게와 **바**울이 **디**모데를 양육했던 것처럼
가정과 교회, 부모와 교사가 하나 되어 다음세대를 세우는

유바디 교육목회

박상진 지음

장로회신학대학교출판부

이 저서는
2018년 순교자김상현목사가족기념석좌기금의
지원으로 수행된 연구임

서문

언제부터인가 한국교회에서 '다음세대 위기'라는 말은 낯익은 단어가 되었다. 너무나 익숙한 언어가 되어 이제는 위기감을 느끼지 않으면서 그 용어를 사용하게 된다. 다음세대 위기가 일상화되면서 위기를 위기로 느끼지 못한 채 둔감해 지고 있는 것이다. 이제는 더 이상 다음세대가 위기임을 힘주어 강조할 필요는 없을 것이다. 모두가 인정하며 느끼며 경험하고 있는 현실이기 때문이다. 중요한 것은 위기의 해결책이며 진정한 대안이다. 도대체 한국교회의 다음세대의 위기를 어떻게 극복할 수 있을 것인가? 한국교회가 지속 가능하기 위한 방안은 무엇인가? 이 책은 그 질문에 대한 해답을 제공하기를 원한다.

필자가 교육학을 전공하고 교회교육에 뛰어든 지 45년째 접어들고 있다. 교육전도사, 교육담당 부목사, 담임목사, 장로회신학대학교 기독교교육연구원 책임연구원, 교육교회 편집인, 대한예수교장로회통합 총회 GPL 공과개발 책임연구원, 장로회신학대학교 기독교교육학 교수, 기독교학교교육연구소 소장, 기독교학교정상화추진위원회 운영위원장, 한국기독교교육학회 회장, 입시사교육바로세우기 기독교운동 공동대표, 쉼이있는교육 공동대표 등의 일을 감당해오면서 다음세대 위기 극복의 진정한 대안으로 깨닫게 된 것이 바로 유바디 교육목회이다. 유니게와 바울이 디모데를 양육했던 것처럼, 부모와 교회학교 교사, 가정과 교회가 협력하여 다음세대를 세우는 교육목회이다.

유바디 교육목회는 일종의 종착역과 같다. 필자의 기독교교육의 여정이 마침내 다다른 항구인 셈이다. 기나긴 여정 가운데 이런 저런 섬에 잠시 정박하듯이 여러 가지 기독교교육적 대안을 제시하기도 하였지만, 목회 전체가 다음세대 지향적인 유바디 교육목회야말로 가장 최선의 대안이라고 할 수 있다. 부모를 자녀교육의 주체로 세우면서도 디모데가 바울을 만났던 것처럼 진정한 영적 스승을 만날 수 있도록 돕는 교육목회이다. 교회와 가정이 연계될 뿐 아니라 학업까지 연계하는 삼위일체 교육목회이기도 하다. 이제 한국교회가 이 유바디 교육목회를 실천함으로 위기의 다음세대를 축복의 다음세대로 세울 수 있기를 바라고, 단지 다음세대의 숫적인 증가만이 아니라 하나님 나라의 일꾼을 양성할 수 있기를 소망한다.

유바디 교육목회를 위해 그동안 애쓴 기독교학교교육연구소의 노현욱 박사, 이종철 박사, 도혜연 실장을 비롯한 연구원들에게 감사드리고, 이 연구를 할 수 있도록 지원해주신 순교자김상현목사가족기념사업회에 감사드린다. 마지막으로 이 책을 출판하도록 허락해주시고 아름답게 다듬어주신 장로회신학대학교출판부 담당자에게 감사의 말씀을 전한다.

2020년 4월
아차산 기슭에서
박 상 진

차 례

제 1 장

왜, 유바디 교육목회인가

Ⅰ. 유바디 교육목회로의 초대

다음세대를 세우는 두 가지 큰 기둥이 있다. 하나는 부모라는 기둥이고, 다른 하나는 교회학교 교사라는 기둥이다. 하나는 가정이라는 영역이고, 다른 하나는 교회학교라는 영역이다. 자녀 신앙교육을 위해서는 이 두 영역이 협력해야 하고, 부모와 교사가 협력해야 한다. 가정과 교회, 부모와 교회학교 교사가 연결되어야 다음세대 신앙계승이 가능하다. 가정만도 아니고, 교회학교만도 아니다. 가정과 교회학교가 통합된 다음세대 신앙교육을 유바디 교육이라고 부를 수 있다. 유바디가 무슨 뜻인가? 유는 유니게를 의미한다. 바는 바울을 의미한다. 디는 디모데를 의미한다. 유니게와 바울이 힘을 모으니 디모데라는 다음세대가 세워졌다는 것이다. 유니게는 부모를 대표하고 가정을 대표한다. 바울은 교회학교 교사를 대표하고 교회를 대표한다. 오늘날 다음세대가 위기라고 말하는데, 그야말로 다음세대가 노바디 nobody 이다. 유바디 有body를 통해서 노바디를 극복할 수 있어야 한다. 유니게와 바울, 바울과 유니게는 서로 협력해야 하고, 더불어 함께 디모데를 하나님의 사람으로 세워나가는 통로로 쓰임 받아야 한다.

1. 유니게의 자녀교육

먼저 유니게를 살펴보자. 유니게는 어떤 인물이었길래 디모데와 같은 성경의 인물을 길러낼 수 있었을까? 사실 디모데의 가정은 우리가 일반적으로 알고 있는 스테레오 타입의 유복한 가정이 아니다. 디모데의 아버지는 유대인이 아니었다. 헬라인이었다. 디모데의 어머니 유니게는 믿음을 지닌 유대 여자였지만 남편이 이방인이었다. 사도행전 16장 1절에 보면 이렇게 기록되어 있다. "바울이 더베와 루스드라에도 이르매 거기 디모데라 하는 제자가 있으니 그 어머니는 믿는 유대 여자요 아버지는 헬라인이라." 보이드 루터와 캐시 맥레이놀즈가 지은 『여성, 숨겨진 제자들』이라는 책에 보면 유니게를 그 책의 마지막 숨겨진 제자들로 소개하면서 유니게는 다른 문화, 다른 종교를 지닌 남편을 두었으면서도 디모데를 양육한 신앙의 어머니로 소개하고 있다.[1] 유니게가 처한 가정의 환경은 결코 자녀를 신앙적으로 양육하기에 좋은 환경이 아니었다. 『믿음의 여인들』이라는 책을 쓴 기앤 카젠은 그 책에서 믿음의 여인들의 마지막 인물로 로이스와 유니게를 소개하고 있는데, 상상력을 발휘해서 이렇게 쓰고 있다. "어렸을 때 아버지가 죽었을까? 그렇기 때문에 그 소년의 교육은 어머니에게 맡겨져야 했을까? 미망인이 된 유니게가 생활비를 벌어야 했기 때문에 자연히 그 소년의 교육은 그의 외조모에게로 돌아갔을까?"[2] 성경은 자

---

1 Boyd Luter & Kathy McReynolds, *Women As Christ's Disciples*, 전의우 역, 『여성, 숨겨진 제자들』 (고양: 도서출판 예수전도단, 2006), 178-196.

2 Gien Karssen, *Believers: Lessons from Women of Powerful Faith*, 양은순 역, 『믿음의 여인들(2권)』 (서울: 생명의말씀사, 1979), 311

세하게 유니게의 가정 상황을 기록하고 있지는 않기 때문에 정확하게 사실을 파악할 수는 없지만, 유니게의 가정이 모든 것을 갖추고 있는 그런 가정은 아니었던 것은 분명하다. 아버지의 부재, 아버지가 신앙적으로 자녀를 양육할 수 없는 상황이라고 하더라도 유니게는 포기하지 아니하고 디모데를 하나님의 자녀로, 믿음의 일꾼으로 키운다.

사도행전 16장 1절에 기록된 대로 유니게는 '믿는 유대 여자'였다. 누가가 '믿는' 유대 여자라고 기록한 것은 유니게가 단지 유대인이 아니라 예수 그리스도를 믿는 유대 여자였음을 의미하는 것이다. 기독교로 개종한 유대인을 말하는데, 유대 기독교인인 셈이다. 유니게는 유대교에 속해 있을 때부터 하나님의 율례대로 행하였고 여호와를 경외하는 여인이었는데, 예수 그리스도를 구주로 모신 후에는 더욱 믿음의 사람, 믿음의 어머니로서의 사명을 감당하였다. 유니게의 자녀교육, 유니게의 디모데 교육은 어떤 특징을 지니고 있었는가? 어떻게 자녀를 교육하였길래 디모데와 같은 하나님의 일꾼이 세워질 수 있었고, 바울을 감동시키는 자녀교육을 실천할 수 있었을까?

첫째, 유니게의 자녀교육은 믿음의 대를 이어가게 하는 교육이었다. 디모데가 신앙의 사람이 된 것은 외조모 로이스와 어머니 유니게로부터 신앙을 물려받았기 때문이다. 믿음은 가만히 정체되어 있지 않다. 살아있는 믿음은 움직인다. 강물이 겉으로 보기에는 그냥 고여있는 것 같지만 상류에서 하류로 흘러간다. 믿음은 세대를 통해서 흘러가게 되어 있다. 강북의 어느 교회에서는 '아이야 신앙가문세우기 운동'을 하고 있다.[3] 아이야는 다음세대를 부르는 호칭으로써 다음세대

3　유재필, 『아이야 신앙 가문 세우기』(서울: 두란노, 2017).

신앙계승 운동이다. '아이야'는 아브라함, 이삭, 야곱의 첫 글자를 따서 만든 이름이다. 아브라함의 하나님이 이삭의 하나님이 되고, 이삭의 하나님이 야곱의 하나님이 되어 대를 이어가면서 신앙을 계승하는 운동을 의미한다. 할아버지의 신앙이 살아 있으면 그 신앙은 아버지에게로 이어지고, 그 아버지의 살아있는 신앙은 자녀에게로 이어지는 것이다. 디모데후서 1장 5절은 다음과 같이 기록하고 있다. "이 믿음은 먼저 네 외조모 로이스와 네 어머니 유니게 속에 있더니 네 속에도 있는 줄을 확신하노라." 디모데의 경우는 할아버지가 아니라 외조모 로이스의 신앙이 어머니 유니게로 이어지고, 그 어머니 유니게의 신앙이 디모데에게로 흘러가게 된 것이다. 강물은 흘러가야 한다. 강물이 고이면 썩게 되어 있다. 우리 인체 속에 있는 혈관의 피도 흘러가야 한다. 혈관에 지방이 쌓여 혈관이 막히게 되면 뇌에 피가 공급되지 않아 뇌졸중 현상이 생긴다.

우리는 신앙을 다음세대에 흘려보내는 역할을 하고 있는가? 아니면 내가 그 흐름을 막고 있어서 복음이 더 이상 흘러가지 못하고 있는가? 로이스, 유니게, 디모데로 이어지는 신앙의 통로에는 막힘이 없었다. 시편 22장 30절은 이렇게 기록하고 있다. "후손이 그를 섬길 것이요 대대에 주를 전할 것이며" 이것이 우리의 사명이다. 대를 이어서 신앙이 흘러가서 후손이 그를 섬기며 대대에 주를 전하는 가정이 되어야 할 것이다.

둘째, 유니게의 자녀교육의 핵심은 성경교육이었다. 사도 바울은 디모데후서 3장 15절에서 다음과 같이 디모데가 어떻게 양육되었는지를 말하고 있다. "또 어려서부터 성경을 알았나니 성경은 능히 너로 하여금 그리스도 예수 안에 있는 믿음으로 말미암아 구원에 이르는 지혜가 있게 하느니라." "어려서부터 성경을 알았나니" 디모데의 자녀 교육의 가장 중요한 특징은 디모데가 어릴 때부터 성경을 알게 되었다는 것이다. 어릴 때부터 성경을 알아야 한다. 어릴 때에 배우는 것이 평생을 좌우한다. 지혜자는 잠언 22장 6절에서 이렇게 말씀한다. "마땅히 행할 길을 아이에게 가르치라. 그리하면 늙어도 그것을 떠나지 아니하리라" 우리나라 속담에도 세 살 버릇 여든까지 간다는 말이 있지 않은가? 『믿음의 여인들』 유니게 편을 보면 이런 내용이 나온다. "로이스와 유니게는 다음과 같은 생각을 하지 않았다. '그를 중립적으로 키우자 그래서 나중에 그가 스스로 결정할 수 있도록 하자.' 그들은 또한 이렇게 변론하지도 않았다. '디모데는 아직 너무 어리다. 나중에 그가 좀더 잘 이해할 수 있을 때 그를 말씀으로 양육하는 일을 시작할 것이다.'"[4] 유니게는 어릴 때부터 성경을 가르쳤다.

사실 유니게가 디모데를 가르친 것이 아니라 성경이 디모데를 가르친 것이다. "성경은 능히 너로 하여금 그리스도 예수 안에 있는 믿음으로 말미암아 구원에 이르는 지혜가 있게 하느니라." 성경이 … 하느니라! 성경을 가르치면 성경이 한다. 우리가 자녀들에게 성경을 가르치면 그 성경이 우리의 자녀들을 평생 인도할 것이다. 성경에는 3장 16절에 중요한 구절이 많은 경향이 있다. 요한복음 3장 16절이 중요하고, 고린도전서 3장 16절이 중요하고, 디모데후서 3장 16절이 중요하다. "하나님이 세상을 이처럼 사랑하사 독생자를 주셨으니 이는 그를 믿는 자마다 멸망하지 않고 영생을 얻게 하려 하심이라"요 3:16. "너희는 너희가 하나님의 성전인 것과 하나님의 성령이 너희 안에 계시

---

4   Gien Karssen, 『믿음의 여인들』, 311.

는 것을 알지 못하느냐"^{고전 3:16}. 디모데후서 3장 16절은 무엇이라고 되어 있는가? "모든 성경은 하나님의 감동으로 된 것으로 교훈과 책망과 바르게 함과 의로 교육하기에 유익하니." 성경이 자녀 교육에 주는 네 가지 유익을 말씀하고 있는데, 교훈, 책망, 바르게 함, 의로 교육함이다. 교훈은 진리를 가르치는 것이다. 성경은 하나님의 진리를 마음에 새기게 한다. 책망은 꾸짖는 것이다. 성경은 우리로 하여금 죄를 깨닫게 하고 잘못을 지적한다. 바르게 함은 잘못된 것을 고치는 것이다. 성경은 정죄하고 죄책감만 주는 것이 아니라 고치고 바르게 세운다. 의로 교육한다는 것은 정의의 길로 인도하는 것을 의미한다. 그래서 디모데후서 3장 17절 말씀처럼 성경은 "하나님의 사람으로 온전하게 하며 모든 선한 일을 행할 능력을 갖추게" 한다.

셋째, 유니게의 자녀교육은 삶으로 하는 교육이었다. 성경을 가르치되 삶으로 가르쳤다. 디모데후서에서 사도 바울이 디모데의 믿음에 대해서 무엇이라고 칭찬하는가? 디모데후서 1장 5절. "이는 네 속에 거짓이 없는 믿음이 있음을 생각함이라." '거짓이 없는 믿음', 이것은 말로 되는 것이 아니다. 사도 바울은 이 믿음이 네 외조모 로이스 속에 있었고, 네 어머니 유니게 속에 있었고, 그것이 네 속에도 있다고 말한다. 신앙은 입으로 가르치는 것이 아니라 삶으로 가르치는 것이다. 자녀 신앙교육이 어려운 것은 부모의 삶으로만 가르칠 수 있기 때문이다. 그렇기 때문에 자녀교육은 부모 자신과의 싸움으로서, 내가 믿음의 삶을 사느냐의 싸움이다. 내가 신앙을 살아내어야 하는 것이다. 자녀는 부모의 삶을 본받게 되어 있다. 사도 바울은 디모데의 상징을 눈물이라고 말하고 있다. 디모데후서 1장 4절. "네 눈물을 생각하여 너 보기를 원한다." 눈물의 신앙인 디모데, 이 신앙은 말로써, 강의로써,

지식의 전달로 이루어지는 것이 아니라 삶으로 교육할 때만이 형성될 수 있다. 이런 점에서 자녀교육에서 가장 중요한 것은 진실이다. 위장하지 않는 것이며, 부족하지만 나의 진실을 나누는 것이다. 가장 좋지 않은 자녀교육이 위선이다. 이중성이며, 표리부동이다. 유니게는 진실한 삶으로 자녀를 대했고, 디모데는 이 어머니로부터 거짓이 없는 믿음을 배우게 되었던 것이다.

2. 바울의 교육

외조모 로이스와 어머니 유니게를 통해서 신앙생활을 하게 된 디모데가 하나님의 일꾼으로 헌신할 수 있었던 것은 그의 생애에서 바울을 만났기 때문이다. 부모를 통해 하나님을 알게 되고 신앙인의 삶을 살게 되지만, 제자가 되기 위해서는, 그리스도의 군사가 되어 하나님 나라의 일꾼으로 헌신하기 위해서는 또 하나의 만남이 필요하다. 영적으로 도전을 주고 소명을 일깨우는 하나님의 사람을 만나야 한다. 디모데에게 있어서 바울은 바로 그 사람, 그 하나님의 사람이었다. 우리 자녀들에게 교회학교 교사는 바로 그런 하나님의 사람이다. 마치 디모데에게 있어서 바울처럼, 우리 인생에 있어서, 우리 자녀들의 인생에 있어서 그런 하나님의 사람으로 교회학교 교사를 만날 수 있다면 얼마나 큰 축복이겠는가? 우리가 교역자이고, 교회학교 교사이고, 목장의 목자라면 우리가 그런 바울 같은 사람이 되어야 한다. 바울의 디모데 교육의 특징은 무엇인가?

첫째, 바울의 교육은 영적 아비가 되는 교육이었다. 바울의 디모데 교육의 가장 중요한 특징은 바울이 디모데의 영적 아비가 된 것이다.

바울은 디모데를 아들이라고 불렀는데, 디모데후서 1장 2절에도 '사랑하는 아들 디모데'라고 부른다. 단지 스승과 제자, 교사와 학생의 관계가 아니라 부모와 자녀의 관계로 만나는 것이다. 고린도전서 4장 15절에서 바울은 이 두 가지를 분명하게 구분한다. "그리스도 안에서 일만 스승이 있으되 아버지는 많지 아니하니 그리스도 예수 안에서 내가 복음으로써 너희를 낳았음이라." 스승이 아니라 아버지가 되었다고 말하면서 진정한 교육은 가르치기만 하는 것이 아니라 낳는 것임을 말하고 있다. 교회학교 교사는 단지 강의를 하거나 가르치는 사람이 아니라 영적 아비가 되어야 한다.

둘째, 바울의 교육은 사랑으로 하는 교육이었다. 바울의 디모데 교육은 사랑의 교육이었는데, 디모데후서 1장 3절에 보면 '밤낮 간구하는 가운데 쉬지 않고 너를 생각'하였다고 고백하며, 너로 인해서 '하나님께 감사'한다고 말한다. 바울은 디모데를 진정 사랑하기 때문에 디모데를 생각하며 감사의 기도를 드리는 것이다. 그리고 자꾸 보고 싶어 했는데, 디모데후서 1장 4절에서 "네 눈물을 생각하여 너 보기를 원함은"이라고 고백한다. 과연 오늘날 교회학교 교사들이 학생들을 자꾸 보고 싶어 하는가? 목자들이 목원들을 보고 싶어 하는가? 가장 중요한 교육은 무엇을 많이 가르치는 것이 아니라 사랑하는 것이다. 디모데후서 1장에서 사용되고 있는 사랑이라는 단어는 아가페로서 무조건적인 사랑이고, 희생적인 사랑이다. 이 사랑은 이미 바울이 그리스도께로부터 받은 사랑이었다. 죄인 중에 괴수와 같은 죄인을 살리신 그 사랑을 받은 바울은 이제 디모데를 사랑할 수 있게 된 것이다. 사랑받은 자가 사랑할 수 있다. 우리는 그리스도의 사랑을 경험하고, 바로 그 사랑으로 아이들을 사랑하고 있는가?

셋째, 바울의 교육은 은사에 점화를 일으키는 교육이다. 바울의 교육은 은사를 타오르게 하는 교육이다. 기독교교육은 디모데후서 1장 6절에서 말씀하고 있듯이 "네 속에 있는 하나님의 은사를 다시 불일 듯하게 하는 것"이다. 모든 자녀에게는 은사가 있다. 그 은사가 타오르도록 하는 누군가를 만나게 되는 것은 축복이다. 디모데는 바울을 만남으로서 그 속에 있는 은사가 타오를 수 있었다. 우리 모든 인생은 장작더미와 같다. 그런데 그 장작더미가 타오르는 인생이 있다. 누군가 불을 붙이는 사람을 만나 소명의 사람이 되고 비전의 사람이 되는 것이다. 디모데의 삶의 터닝 포인트, 거기에는 영적 점화자 바울이 있었다. 우리 교사들은 누군가의 은사를 타오르게 하고 있는가? 나를 만나고 누군가가 가슴이 뛰는 비전의 사람이 되고 있는가?

3. 유니게와 바울의 협력: 유바디 교육목회

디모데, 그를 하나님의 일꾼으로 세운 두 사람이 있다. 바로 유니게와 바울이다. 디모데의 어머니 유니게와 디모데의 인생의 여정에서 만난 선생님 바울은 디모데를 디모데 되게 한 잊을 수 없는 두 사람의 이름이다. 유바디 교육은 다음세대를 위한 두 부모를 요청하고 있는데, 가정의 부모가 필요하고, 영적인 부모가 필요하다. 여기에서 우리는 두 가지 중요한 질문을 던져야 한다. 과연 나에게 유니게와 바울이 있는가? 나는 누군가에게 유니게, 바울이 되고 있는가? 유니게와 바울은 서로를 존중하고 아름다운 협력을 하였다. 바울은 디모데의 거짓이 없는 믿음이 유니게로부터 온 것이라고 칭찬했다. 유니게는 아들처럼 디모데를 대하는 바울에게 감사하는 마음을 가졌을 것이다. 부모들은 교사들을 격려하고 그들에게 감사하여야 한다. 따뜻한 식사 한 끼라도 대접하여야 한다. 교사들은 부모를 만나서 함께 대화를 나누는 것이 중요하다. 부모를 만나는 것을 두려워하거나 어려워하지 말아야 한다. 유바디 교육을 통해 유니게와 바울이 디모데를 양육했던 것처럼, 부모와 교사가 함께 다음세대를 아름답게 세워나가야 할 것이다.

Ⅱ. 한국교회 다음세대 목회 진단

모든 문제의 해결은 정확한 진단으로부터 시작된다. 우리가 병에 걸리면 제일 먼저 필요한 것은 병원에 가서 진단을 받는 것이다. 치료가 중요하지만 정확한 치료를 위해서는 정확한 진단이 필수적이다. 오늘날 한국교회 다음세대 위기의 원인은 무엇인가? 이 위기를 제대로 진단할 때 제대로 된 해결책을 찾을 수 있을 것이다. 먼저 오늘날 한국교회 다음세대 위기의 현실을 파악하고, 그 위기를 유발하는 요인이 무엇인지 분석하도록 하자.

1. 신앙의 대 잇기 위기 현실

지난 2016년도 12월 19일에 통계청이 발표한 '2015 인구주택총조사 표본집계 결과'에 따르면 종교인구가 급격하게 줄어들고 있음을 알 수 있다. 이러한 현상을 '탈종교화 현상'이라고 부를 수 있는데, '종교없음'이 2005년도에 47.1%인 것에 비해 2015년도에는 56.1%로서 10% 가까이 증가하였다. 반대로 종교인구는 52.9%에서 43.9%로 감소하였다. 특히 젊은층의 종교인구 감소율이 높은 것으로 나타났는데, 2015년과 비교할 때 종교인구 비율이 가장 크게 감소한 연령은 40대로 13.3% 감소했고, 다음이 20대[12.8%], 10대[12.5%] 순으로 나타났다. 2015년 종교인구 통계에서 '종교없음'이 60%가 넘고 반대로 '종교있음'이 30%대에 불과한 세 연령 집단이 있는데 모두 젊은 연령층인 10대, 20대, 30대이다.

그렇다면 교회학교 학생 수는 어느 정도 감소하고 있는가? 필자가 속해 있는 예장통합의 경우 2018년도에 개최된 제103회 총회에 보고된 2017년 기준 교세통계를 보면 교회학교 거의 모든 부서가 감소하였는데, 아동부의 경우, 지난 10년 사이에 41.1%나 감소하였다. 장로교 통합 교단의 지난 10년간의 교회학교 학생 수 추이를 도표로 나타내면 〈표 2〉와 같다.

〈표 1〉 연령대별 종교인구 분포 (2005, 2015 | 자료: 통계청)

연령	2005년		2015년		증감
	없음(A)	있음	없음(B)	있음	(B-A)
계	47.1	52.9	56.1	43.9	9.0
10-19세	49.5	50.5	62.0	38.0	12.5
20-29세	52.1	47.9	64.9	35.1	12.8
30-39세	52.1	47.9	61.6	38.4	9.5
40-49세	43.5	56.5	56.8	43.2	13.3
50-59세	37.4	62.6	49.3	50.7	11.9
60-69세	36.7	63.3	42.3	57.7	5.6
70세 이상	37.0	63.0	41.8	58.2	4.8

<표 2> 2008-2017년 예장 통합 교회학교 학생 수 추이

년도	영아부	유아부	유치부	유년부	초등부	소년부	중고등부
2008	17,737	23,184	74,751	74,223	83,783	104,897	193,344
2009	17,297	22,956	72,184	69,924	80,056	100,520	195,275
2010	18,305	24,571	67,378	64,232	74,327	89,900	188,308
2011	21,429	24,130	64,731	58,419	69,015	83,266	180,308
2012	18,733	23,641	62,251	56,519	64,175	76,090	171,660
2013	17,101	21,555	58,293	50,840	59,423	68,175	157,409
2014	17,523	23,323	57,649	51,112	57,880	64,637	152,327
2015	17,325	22,659	55,435	48,110	55,317	62,358	146,763
2016	16,403	22,109	52,053	46,020	54,173	56,147	134,904
2017	19,088	21,604	50,412	45,493	51,803	56,256	126,235

유년부, 초등부, 소년부 등 초등학교 학생들을 대상으로 한 교회학교의 경우는 지속적으로 감소하고 있고, 중고등부의 경우도 2009년부터 급격한 감소 현상을 보이고 있다. 지난 10년[2008-2017] 간의 부서별 교회학교 학생 수 감소율을 보면 지난 10년 사이에 유년부가 38.7%, 초등부가 38.2%, 소년부가 46.4% 감소하였는데, 초등학생의 경우 평균 41.1%가 감소한 셈이다. 중고등학교 교회학교 학생 수 추이는 지난 10년 동안 34.7%가 감소하였다. 이를 학령인구 추이와 비교해 보자. 지난 10년 사이의 학령인구 감소율은 초등학생의 경우 -25.6%인데 이에 근거해 볼 때, 교회학교 초등학교 학생 수는 학령인구보다 15.5% 정도 더 감소한 셈이다. 중고등학생의 학령인구 감소율은 -28.8%로서 교회학교 중고등학생의 감소율[34.7%]이 6% 가까이 더 감소한 것을 볼 수 있다. 교회학교 학생 수가 급격히 감소하는 것도 문제

<표 3> 2008-2017년 학령인구 추이 (단위: 천명)

연도	계(6-21)	초등학교	중학교	고등학교
2008	10,221	3,643	2,071	2,032
2009	10,062	3,464	2,025	2,067
2010	9,901	3,297	1,962	2,069
2011	9,709	3,124	1,892	2,045
2012	9,494	2,940	1,846	2,000
2013	9,260	2,794	1,794	1,937
2014	9,001	2,708	1,702	1,869
2015	8,728	2,656	1,573	1,823
2016	8,451	2,613	1,460	1,772
2017	8,038	2,711	1,334	1,588

지만 학령인구보다도 더 감소하는 현상은 심각하게 받아들여야 할 것이다. 지난 10년 동안의 학령인구 추이는 다음의 〈표 3〉과 같다.

이러한 추세대로 교회학교 학생 수가 감소한다면 향후 교회학교 학생 수는 어떻게 예상할 수 있을까? 통계적으로 과거 통계치를 근거로 미래를 예측하는 시계열 분석 Time Series Analysis 을 통해 장로교 통합 교단의 교회학교 학생 수영아부터 중고등부까지 포함를 예측해보면 지속적으로 감소하는 것으로 나타나고 있다.[5] 물론 이 예측은 모든 변인을 고려하여 미래의 변화를 예측하는 것은 아니다. 과거의 통계 자료 속에 내재해

---

5 이 연구에서는 시계열 분석 방식 중 ARIMA(Auto-Regressive Moving Average Model)모형을 사용하였는데, Box와 Jenkins에 의해 개발된 ARIMA모형은 대표적인 시계열 분석 모형으로 주어진 해당변수의 시계열 자료가 어떤 모형에 적합한지를 판단하고 그 모형에 적용시켜 해당변수의 미래 값을 예측하는 방법이다.

<표 4> 1994-2021년 교회학교 학생 수 예측

연도	교회학교 학생 수	연도	교회학교 학생 수	연도	교회학교 학생 수	연도	교회학교 학생 수
1994	654,417	2001	569,347	2008	571,919	2015	409,467
1995	604,254	2002	549,024	2009	558,212	2016	397,803
1996	630,140	2003	557,500	2010	527,021	2017	386,139
1997	618,413	2004	566,032	2011	501,298	2018	374,475
1998	618,405	2005	563,874	2012	473,069	2019	362,810
1999	578,271	2006	576,323	2013	432,796	2020	351,146
2000	601,822	2007	579,158	2014	421,132	2021	339,482

있는 규칙성을 발견하여 이를 근거로 미래를 추정하는 것인데, 교회학교 학생 수의 과거 추이 속에는 이미 학령인구 감소와 기독교에 대한 부정적 시각 등 다양한 변인이 작용한 것이기 때문에 어느 정도 정확한 미래 교회학교 학생 수 변화를 예측할 수 있을 것이다. 먼저 현재까지의 교회학교 학생 수 추이를 파악하고, 2021년까지의 교회학교 학생 수를 예측해 보면 다음의 <표 4>와 같다.

이 예측에 의하면 2021년도에는 장로교 통합 교단의 교회학교 학생 수가 339,482명으로 감소하게 된다. 이는 1994년을 기준으로 보면 48.1%가 감소하여 거의 절반 수준이 되는 것을 의미하며, 2012년 이후 10년 동안에 28.2%가 감소한 수치이다. 그리고 2015년 현재보다도 약 7만 명이 감소한 결과이다. 1994년도와 비교해 볼 때 현재도 교회학교 학생 수가 급격하게 감소한 상태이지만 향후 지속적으로 감소할 것임을 예견할 수 있는 것이다. 물론 여기에는 저출산으로 인한 학령인구 감소 요인이 작용하지만 그 외의 다른 요인이 영향을 주어

학령인구 감소 속도보다 더 빠른 감소를 하게 되는 것이다. 이런 비율로 지속적으로 교회학교 학생 수가 감소하면 결국 교회학교가 소멸될 수밖에 없을 것이다. 지금도 한국교회의 48%가 교회학교가 없는 현실이지만 그나마 존재하던 교회학교마저 사라져버릴 수 있다는 통계이다. 통계적인 미래 예측은 과거의 감소 경향에 근거하여 이렇듯 부정적인 미래로 조망하고 있지만 예측된 미래와는 다른 미래를 가져올 수 있다. 그것은 과거와는 다른 '영향력 있는' 변인이 작동하도록 하는 것이다. 그것이 바로 부흥을 가능케 하는 변인이다. 과거의 방식 그대로 교육하는 것이 아니라 새로운 변화를 일으킴으로 미래 예측 결과를 변형시키는 교육의 혁신이 필요하다.

2. 다음세대 위기 요인 분석

진정한 문제해결은 정확한 진단으로부터 시작된다. 한국교회의 다음세대 위기의 원인이 무엇인지를 정확히 진단할 수만 있다면 해결책은 어렵지 않게 찾을 수 있다. 우리가 질병에 걸려서 병원에 가면 제일 먼저 의사가 하는 일은 진단이다. 과거에는 청진기를 몸에 대고 진찰을 했는데, 지금은 MRI를 비롯한 온갖 기계로 정확하게 질병의 원인을 찾아낸다. 과연 오늘날 한국교회의 교회학교의 위기, 다음세대의 위기의 원인은 무엇인가? 필자는 최근 한국 교회학교 위기 유발 요인 분석 연구를 수행하였다. 이 연구는 1회적으로만 수행한 것이 아니라 2회에 걸쳐서 전국 규모의 연구를 수행하였는데, 한 번은 개인연구로 수행하였고, 다른 한 번은 장로회신학대학교의 통계 전문 학자인 이만식 교수사회복지학와 공동으로 수행하였다.[6] 그런데 놀랍게도 동일한 연구

<표 5> 교회교육 위기 요인 순위

순위	요인	평균	백점 환산
1	부모요인	4.16	83.2
2	학교요인	3.70	74.1
3	교육내용, 방법요인	3.70	74.0
4	교사요인	3.64	72.7
5	종교요인	3.63	72.6
6	문화요인	3.36	67.2
7	교회학교요인	3.36	67.2
8	인구요인	3.17	63.5
9	교회요인	3.09	61.8
10	노회, 교단요인	3.07	61.5

결과가 나왔다. 그런 점에서 이 연구 결과는 높은 신뢰도를 갖고 있으며 거의 정확한 한국교회 다음세대의 현실에 대한 분석이라고 볼 수 있다. 이 연구에서는 예상되는 교회교육 위기 요인을 교사, 교육내용 및 방법, 교회, 교회학교, 노회 및 교단, 부모, 학교, 문화, 종교, 인구 10가지로 설정하였다. 각 요인별로 2-6개 문항으로 개발하여 위기의 중요한 원인인지 5단 척도로 물었다. 그 결과를 도표로 나타내면 <표 5>와 같다.[7]

---

6 박상진, 이만식, "한국교회 교회교육의 위기진단과 대안 연구," 『다음세대 신학과 목회』(서울: 장신대출판부, 2016).

7 박상진 외, 『다음세대에 생명을 불어넣는 기독교교육』(서울: 장로회신학대학교 기독교교육연구원, 2016), 36-37.

<표 6> 위기 요인 인식 (5단 척도)

순위	위기요인	문항	평균	백점환산
1	부모요인	가정의 신앙교육 부재가 문제다	4.35	87.0
2	부모요인	부모들의 세속적 자녀교육관이 문제다	4.07	81.4
3	부모요인	부모의 신앙 저하가 문제다	4.07	81.4
4	종교요인	기독교의 신뢰도 추락이 문제다	3.88	77.5
5	교육내용, 방법요인	학생들과 인격적인 만남이 없다	3.87	77.5
6	학교요인	학업과 신앙이 연계되지 못하기 때문이다	3.86	77.2
7	교육내용, 방법요인	학생들과 함께 있는 시간이 부족하다	3.84	76.8
8	학교요인	주일에 학원가는 것이 문제이다	3.84	76.7
9	교사요인	교사의 사명감이 부족하다	3.76	75.2
10	학교요인	입시위주 교육이 문제다	3.73	74.7
11	교육내용, 방법요인	성경을 가르치지 않는 것이 문제다	3.66	73.1
12	종교요인	교회에 대한 부정적 이미지가 문제다	3.62	72.4
13	교회학교요인	학생 전도가 약화된 것이 문제다	3.62	72.4
14	문화요인	반기독교적 미디어 문화가 문제다	3.60	72.0
15	교사요인	교사의 학생 문화에 대한 이해가 부족하다	3.60	71.9
16	종교요인	반종교적 분위기가 문제다	3.56	71.3
17	교회학교요인	교회교육이 재미없다	3.55	70.9
18	교사요인	교사 수가 부족하다	3.51	70.3
19	인구요인	저출산으로 인한 학령인구 감소가 문제다	3.48	69.6
20	종교요인	중대형교회로의 수평이동이 문제다	3.44	68.8
21	학교요인	학교에서 반기독교적인 영향을 받는다	3.39	67.8
22	교육내용, 방법요인	교육부서간의 연계성이 부족하다	3.35	67.1
23	교회학교요인	학생 수로 인한 침체된 분위기가 위축되는 것이 문제다	3.32	66.5
24	교회학교요인	교육부 프로그램이 부족하다	3.25	65.1
25	교회요인	교육담당 교역자의 역량이 문제이다	3.24	64.8
26	교회학교요인	교육 시설이 부족하다	3.23	64.6

27	노회, 교단 요인	총회교육정책의 한계이다	3.23	64.5
28	교회학교요인	부서 예배가 지루하다	3.21	64.3
29	교회요인	담임목사님이 교육에 대한 관심이 부족하다	3.18	63.5
30	교회요인	교육예산이 부족하다	3.16	63.2
31	노회, 교단 요인	교회학교 제도가 문제이다	3.15	62.9
32	문화요인	놀토로 인해 교회를 나오지 않는다	3.13	62.6
33	교회요인	교육부서장(교육위원장)의 한계이다	3.02	60.5
34	노회, 교단 요인	노회의 지원이 부족한 것이 문제다	2.98	59.7
35	노회, 교단 요인	공과 교재가 문제다	2.92	58.4
36	인구요인	도시화로 인한 인구이동이 문제다	2.88	57.5
37	교회요인	교육전도사 제도가 문제다	2.87	57.4

앞의 〈표 5〉에서 볼 수 있듯이 교회학교 위기의 첫 번째 유발 요인은 부모이다. 부모가 누구냐가 교회학교가 부흥하는지 침체하는지를 결정한다는 것이다. 문항별로 분석하더라도 〈표6〉에서 보듯이 가장 높은 점수는 '가정의 신앙교육 부재가 문제다'로 나타났다. 2위는 '부모들의 세속적 자녀교육관', 3위 '부모의 신앙저하가 문제다'로 부모요인이 1, 2, 3위를 차지하였고, 모두 80점 이상을 받았다. 교회학교 위기로 부모요인 다음은 '학교요인', 근소한 차이로 '교육 내용, 방법요인' 순으로 나타났다. 특히 2위인 '학교'요인과 부모요인을 연결하여 해석한다면, 자녀 학업에 대한 부모의 교육관이 다음세대 신앙교육을 결정한다고 말할 수 있다. 이러한 분석은 오늘날 교회학교의 위기를 극복할 대안이 부모를 자녀 신앙교육의 주체로 세우는 것임을 알수 있고, 부모교육을 중심으로 하는 교육목회의 새판짜기가 필요함을 알수 있다.

<표 7> 위기의 진단 전체 (응답자 수 = 347명, 응답자(명)/백분율)

기독교교육생태계의 문제 (교회, 가정, 학교 등)	목회의 문제	교회학교 내부의 문제
306	28	13
88.2%	8.1%	3.7%

교회학교의 위기는 교회학교의 내부 문제만이 아니다. 교회교육의 위기 분석연구에 의하면 교회학교의 위기는 교회학교 내부 문제라기보다는 목회의 문제이고 더 나아가 교회, 가정, 학교 등이 연결되어있는 기독교교육생태계의 문제라는 인식이 88.2%로 가장 강하였다. 이는 앞서 부모-학교요인을 중요한 위기 요인으로 꼽은 것과 맥을 같이 한다고 볼 수 있다.

그렇다면 교회교육 위기의 책임은 누구에게 있을까? 교회교육 위

<표 8> 교회교육 위기의 책임

순위	책임자	1순위		2순위		3순위		가중치 점수
		응답자 수	백분율	응답자 수	백분율	응답자 수	백분율	
1	부모	131	37.4%	64	18.3%	45	12.9%	566
2	담임목사	100	28.6%	41	11.7%	37	10.6%	419
3	교육담당 교역자	27	7.7%	114	32.6%	79	22.6%	388
4	교회학교 교사	21	6.0%	70	20.0%	116	33.1%	319
5	문제를 야기한 목회자	46	13.1%	22	6.3%	20	5.7%	202
6	교단의 교육책임자	12	3.4%	11	3.1%	18	5.1%	76
7	신학교교수	4	1.1%	7	2.0%	6	1.7%	32

순위	위기 해결 방안	1순위		2순위		3순위		가중치 점수
		응답자 수	백분율	응답자 수	백분율	응답자 수	백분율	
1	부모들의 기독교적 자녀교육관	97	27.7%	79	22.6%	49	14.0%	498
2	다음세대를 향한 담임목회자의 관심	110	31.4%	20	5.7%	27	7.7%	397
3	기독교교육생태계의 회복	43	12.3%	65	18.6%	84	24.0%	343
4	교사의 헌신	29	8.3%	64	18.3%	56	16.0%	271
5	교육담당교역자의 자질향상	14	4.0%	34	9.7%	28	8.0%	138
6	교회학교의 대안적 패러다임 제시	16	4.6%	20	5.7%	24	6.9%	112
7	학업과 진로문제를 신앙과 연계하여 도움	8	2.3%	30	8.6%	28	8.0%	112
8	기독교 이미지 개선	17	4.9%	13	3.7%	17	4.9%	94
9	재미있는 프로그램의 개발	7	2.0%	17	4.9%	24	6.9%	79

기의 책임은 위기의 요인과 분리될 수 없는 것으로 1위는 부모, 2위 담임목사, 3위 교육담당 교역자 순으로 나타났다. 이러한 진단은 교회의 가장 중요한 과제가 성경적 부모를 세우는 것임을 재확인하고 있다. 또한 담임 목사가 중심에 서서 건강한 부모를 세우는 일을 감당해야 하며, 그리고 헌신된 교육담당 교역자들이 실천을 통해 이러한 변화를 추구하여야 함을 보여준다.

교회교육 위기의 해결방안을 우선순위 응답에 가중치를 부여하는 방식으로 순위대로 정리하면 교회교육 위기의 책임과 유사한 결과를 얻을 수 있다. 즉, 교회교육 위기 해결방안으로 1위는 '부모들의 기독교적 자녀교육관[498점]', 2위 '다음세대를 향한 담임목회자의 관심[397점]',

3위 '기독교교육 생태계의 회복[343점]'이다. 일반적으로 교회교육의 위기 극복을 위해 재미있는 프로그램에 대한 요구가 크리라고 기대하는데 이는 가장 낮은 점수인 79점을 기록하고 있다. 교회교육의 위기를 해결하는 것은 프로그램의 문제가 아니라 가정과 학교와의 연계를 통한 기독교교육생태계 회복임을 드러내 보이고 있다.

3. 교회학교 위기 극복의 방향

다음세대 위기의 첫 번째 요인이 부모요인이며, 두 번째 요인이 학교[학업]요인이라면 다음세대 위기 극복을 위한 대안은 분명하다. 그것은 부모를 자녀 신앙교육의 주체로 세우되 자녀의 학업에 대한 기독교적인 관점과 태도를 확립하도록 도와야 한다. 교회는 부모를 진정한 '성경적 부모'로 세우고 그 부모가 가정에서 자녀를 믿음으로 양육할 수 있도록 해야 한다.

오늘날 '교회 다니는 부모'와 '교회 다니지 않는 부모'가 자녀교육에 있어서 무슨 차이가 있는가? 물론 교회 다니는 부모는 교회 다니지 않는 부모와는 그 모습에서 차이가 있다. 교회를 다니는 부모는 교회를 다닌다는 점에서 다르고, 호칭도 집사님, 권사님, 구역장님 등으로 불리는 점에서 다르다. 그러나 자녀교육은 크게 다르지 않은 것이 오늘의 현실이다. 사실 자녀에게 있어서는, 교회 다니는 부모를 둔 경우와 교회 나가지 않는 부모를 둔 경우가 별반 다르지 않을 수 있다. 왜냐하면 부모가 교회를 다니든 안 다니든 자녀교육은 동일하게 세속적이기 때문이다. 단지 '교회 다니는 부모'가 아니라 '진정한 그리스도인 부모'가 되기 위해서는 두 번의 거듭남이 필요하다. 첫 번째 거듭남은 부모 자신이 예수를 믿고 교회를 다니는 것이다. 그런데 두 번째 거듭남이 필요한데 자녀교육이 거듭나야 한다. 자녀교육에 있어서 예수를 믿어야 한다. 그러나 안타깝게도 두 번째 거듭남까지 일어난 그리스도인 부모를 찾기가 쉽지 않다. 오늘날 다음세대 신앙의 대 잇기를 위해서는 가장 필요한 운동이 제2의 거듭남 운동이다. 자녀교육에서 주님의 다스림을 인정할 때 비로소 기독교교육은 시작된다.

사실 부모는 자녀의 소유권자가 아니다. 자녀의 진정한 소유권자는 하나님이시다. 모든 자녀는 하나님의 자녀이다. 그런데 하나님께서 부모를 청지기로 세우셔서 당신의 자녀들을 맡기셨다. 청지기로서의 부모는 자녀를 자신의 욕망대로 키우면 되는 것이 아니다. 하나님의 자녀로 키워야 하고, 하나님께서 이 땅에 자녀를 보내신 목적과 소명대로 키워야 한다. 자녀가 부모를 닮는 것이 기쁜 일이지만 진정한 부모 되신 하나님을 닮아가는 자녀가 되도록 해야 한다. 하나님은 부모에게 자녀를 맡기시면서 자녀교육의 매뉴얼을 주셨다. 그것이 바로 성경책이다. "모든 성경은 하나님의 감동으로 된 것으로 교훈과 책망과 바르게 함과 의로 교육하기에 유익하니"딤후 3:16 성경에는 자녀교육의 원리만이 기록된 것이 아니라 성경인물들이 어떻게 자녀를 양육했는지에 대한 다양한 사례들이 기록되어 있다. 그 성경의 가르침대로 자녀를 양육하는 것이 그리스도인 부모에게 주어진 사명이다. 그런데 오늘날 부모는 성경을 기준으로 삼지 않고 '다른 사람들이' 어떻게 자녀를 교육하는지에 종속되어 있다. 한국 교육은 '옆집 아줌마'가 지배한다는 말이 있다. 이웃은 사랑하되 옆집 아줌마는 멀리해야 한다. 그리스도인의 자녀교육은 세속적인 자녀교육과 달라야 한다.

"너희는 이 세대를 본받지 말고 오직 마음을 새롭게 함으로 변화를 받아 하나님의 선하시고 기뻐하시고 온전하신 뜻이 무엇인지 분별하도록 하라."롬 12:2 이 구절을 자녀교육과 관련하여 이렇게 번역할 수 있다. "그리스도인 부모는 이 세상의 교육을 본받지 말고 오직 마음을 새롭게 함으로 변화를 받아 하나님의 선하시고 기뻐하시고 온전하신 교육이 무엇인지 분별하도록 하라." 그리스도인의 자녀교육은 세상의 자녀교육과 달리 하나님의 교육을 추구해야 한다. 많은 그리스도인 부모들이 왜 하나님의 교육을 따르지 못하는가? 그것은 그 하나님의 교육이 선하고 기쁘고 온전한 것임을 믿고 신뢰하지 못하기 때문이다. 성경 말씀대로, 기독교적 가치관으로 자녀를 양육하면 경쟁에서 뒤처져서 낙오하게 되지 않을까 염려하고 불안해한다. 결국, 부모에게 진정한 믿음이 있느냐의 문제로 귀결된다. "믿음은 바라는 것들의 실상"히 11:1 이라고 말씀했는데, 우리 그리스도인 부모들이 진정 자녀에 대해서 바라는 것이 무엇인가? 그것이 그 부모들이 믿고 있는 바이다. 우리는 무엇을 자녀교육의 성공이라고 생각하고, 그것을 바라고 있는가? 그리스도인 부모가 추구하는 자녀 인간상이 올바르게 정립되어야 한다. 진정한 자녀교육의 성공은 영원의 관점에서 바라보아야 한다. 지금 당장 자녀의 모의고사 점수가 고득점인지, 명문대학에 입학했는지, 일류기업에 취직했는지 등은 어느 기간 동안 기쁨과 보람을 주지만 영원한 것은 아니다. 진정한 자녀교육의 성공은 '천국 가서도 후회하지 않는 자녀교육'이다. 그런 의미에서 신앙의 유산을 물려주지 않은 어떤 자녀교육도 성공적인 자녀교육일 수 없다.

쉐마의 말씀으로 알려진 신명기 6장 7절, "네 자녀에게 부지런히 가르치며"는 하나님이 부모에게 자녀교육을 맡기신 것을 보여준다. 부모가 자녀교육의 주체다. 부모가 자녀를 부지런히 가르쳐야 한다.

그런데 오늘날 한국의 부모는 가르치는 사람이 아니라 '보내는 사람'으로 전락했다. 자녀를 학교에 보내고 학원에 보내고 교회학교에 보낸다. 더욱이 평준화제도 이후에는 학교마저 배정이 되니 부모는 더 수동적, 피동적인 존재가 되었다. 물론 홈스쿨링을 하듯이 부모가 모든 교과목을 가르치기는 쉽지 않다. 그러나 부모가 자녀의 교육을 교육기관에 위탁하더라도 교육의 주체라는 점을 잊어서는 안 된다. 부모는 믿음으로 자녀를 교육할 수 있는 학교를 선택하여야 하고, 학교나 교회학교에서 자녀를 올바른 가치관대로 교육하고 있는지에 대해 관심을 갖고 살펴야 한다. 오늘날 한국교회 교회학교의 위기도 바로 부모의 자녀 신앙교육 부재 또는 약화에 있다.

교회 다니는 부모라고 할지라도 세속적인 학업관을 지니고 주일 아침에도 자녀를 학원에 보낸다면 그 교회학교는 침체할 수밖에 없는 것이다. 교회학교의 위기 극복 방안은 분명하다. 부모의 자녀교육관이 성경적인 가치관으로 변화되어야 한다. 부모의 자녀교육 성공의 개념이 재정립되어야 한다. 부모가 '오직 마음을 새롭게 함으로 변화를 받아'야 한다. 이를 위해서는 부모교육이 중요한데 학업 문제까지 기독교적 가치관을 확립하는 기독학부모 교육이 요청된다. 우리는 과연 '교회 다니는 부모'인가? 아니면 '그리스도인 부모'인가? 우리 모든 부모들이 제2의 거듭남, 자녀교육의 거듭남을 통해 진정한 그리스도인 부모가 되고, 우리의 자녀들이 믿음의 대를 이어가야 한다.

Ⅲ. 교회교육의 위기: 교회, 가정, 학교의 분리[8]

1. 교회와 가정의 분리

교회교육의 위기는 교회와 가정의 분리로 이해되어질 수 있다. 단지 교회학교 모델만이 아니라 교회^{회중}공동체를 강조하는 신앙공동체 모델이든, 교회의 전 생활이 교육한다는 교육목회 모델이든 여전히 갖게 되는 한계가 바로 교회와 가정의 분리 현상이다. 교회공동체 안에서 신앙교육이 충실하게 이루어진다고 할지라도 가정 안에서 그 교육이 연속성 있게 이어지지 않는다면 학생의 삶이 변화되는 진정한 기독교교육이 이루어지기 어려운 것이다. 부모들이 주체가 되어 자녀들에게 기독교교육을 하여야겠다는 의식을 갖고, 가정에서의 신앙교육을 회복하는 것, 그래서 교회교육과 일맥상통하는 기독교교육이 가정에서도 이루어지는 것이 가정 신앙교육의 회복은 물론 교회교육을 회복시키는 첩경이라고 할 수 있다. 교회교육을 교회학교 교육으로 이해하고 학생들을 교육의 대상으로 생각해 왔다면, 부모들을 가정에서의 올바른 기독교교육자로 세우는 일의 교육적 중요성을 재인식하게 된다. 미국 애틀랜타에 위치한 노스포인트커뮤니티교회 Northpoint Community Church가 전통적인 교회학교 체제를 바꾸어 가정에서 부모가 자녀들과 함께 교육할 수 있는 성경공부 교재를 개발하여 신앙교육에 있어서

---

8   이 부분은 필자의 졸저 『기독교교육과정의 새로운 패러다임』 5장 '교회, 가정, 학교를 통합하는 기독교교육과정'의 내용 일부를 수정, 보완한 것이다. (박상진, 『기독교교육과정의 새로운 패러다임』 (서울: 장신대출판부, 2017), 143-175.

부모의 역할을 강조한 것은 이러한 문제의식에서부터 출발하였다고 할 수 있다.

2. 교회와 학교의 분리

교회와 학교의 분리는 오랜 역사를 지니고 있다. 이것은 종교와 교육의 분리, 교회와 국가의 분리와도 관련되는데, 교회에서 이루어지던 교육의 역할을 점차 학교가 담당하게 되고, 학교에서는 종교를 배제한 '순수 객관적이고 중립적인' 교육만을 실시해야 한다는 주장이 일어나게 된 것이다. 그러나 모든 교육은 종교적일 수밖에 없고, 진정한 의미에서 '순수 객관적이고 중립적인' 교육은 존재하지 않는다. 모든 교육은 가치가 개입되어 있기에 중요한 질문은 '어떤 가치'에 입각할 것인가의 문제이다. 스테픈 웹Stephen H. Webb은 그의 저서 『종교를 학교에 가져가기』Taking Religion to School라는 책에서 이러한 분리적인 현상이 극복되어야 한다고 주장한다.[9] 마찬가지로 교회에서 이루어지는 교육이 학업과 학문, 학교생활과 진로의 문제를 포함하지 않는다면 통전적인 기독교교육의 비전을 이루어가기가 어렵다. 오늘날 교회와 학교는 제도적으로 철저히 구분되어 있을 뿐만 아니라 교육내용에 있어서도 서로를 연계할 수 있는 관점을 제공하고 있지 못하다. 사실 한국교회의 교회학교, 특히 중고등부가 경험하고 있는 위기현상은 입시와 사교육의 팽창으로 인해서 교회교육은 심각하게 위축되고 있다는 점이다. 학생들의 가장 심각한 고민은 학업문제로서 매년 300여 명에 이르는 청소

---

9   Stephen H. Webb, *Taking Religion to School* (Grand Rapids: Brazos Press, 2000).

년이 죽음을 택하는데, 청소년 자살의 가장 큰 이유도 역시 학업문제이다. 그런데 교회교육이 이 학업의 문제에 대해서 기독교적으로 바라볼 수 있는 관점을 제공해주지 못하고 이들의 고민을 끌어안지 못할 때에 교회교육은 입시, 사교육의 언저리에 위치하는 무기력한 모습으로 전락하는 것이다. 주일 아침에도 학원을 가야 하는 입시, 사교육 현실 속에서 이 문제를 피해가면서 교회교육의 활성화를 기대하기는 어렵다. 교회와 학교의 연계를 통해 입시, 사교육에 대한 기독교적 전망을 갖고, 전체 기독교교육의 목적과 비전 안에서 학업의 문제를 바라볼 수 있도록 할 때 기독교교육이 변방에서 중심으로 그 위치를 옮겨올 수 있을 것이다.

3. 가정과 학교의 분리

기독교교육의 위기는 가정과 학교의 분리 현상에도 기인한다. 가정과 학교의 관계에 대한 탐구는 '왜 학교에 자녀를 보내는가?'의 질문으로부터 시작할 수 있다. 자녀교육의 주체는 부모이다. 부모가 자녀를 교육해야 할 책임과 권리가 있다. 성경은 부모에게 자녀교육의 사명을 맡기신다. 자녀를 학교에 보내는 것은 부모가 자녀교육을 학교에 일정부분 위탁하는 행위이다. 여전히 부모가 자녀의 교육에 대한 주체적인 책임이 있고, 학교에서 과연 부모가 생각하는 '바람직한' 교육이 이루어지는지를 관심 있게 지켜볼 필요가 있다. 만약 부모가 왜 자녀가 학교에 다녀야 하는지를 망각하거나 무관심해 하고, 학교에서 무슨 일이 일어나는지, 학교가 어떤 가치관을 교육하고 있는지에 대해서 상관하지 않는다면 이는 가정과 학교가 분리된 것을 의미한다.

가정의 부모는 학교에 적극적으로 참여할 필요가 있고, 기독교 가정의 부모는 자녀가 학교교육을 통해 기독교에서 추구하는 인간상으로 형성될 수 있도록 영향력을 끼칠 필요가 있다. 학교 운영위원회에 참여한다든지 학교의 교사를 격려하는 편지를 쓴다든지, 그리고 학교를 위한 부모기도회로 모인다든지 하는 것은 매우 중요한 가정과 학교의 연결고리가 될 수 있다. 학교의 교사와 학부모가 만날 수 있는 기회를 확대하여 부모의 자녀교육에 대한 기대와 관심이 학교에 반영될 수 있도록 하며, 또한 학교의 교육철학과 교육방식이 가정에 잘 전달되고 상호 협조체제를 구축하여야 한다. 부모는 가정과 학교를 포함하는 교육에 대한 비전과 전망을 갖고 있어야 하며, 더욱이 세속적인 가치관과 획일주의적, 경쟁주의적 가치관으로 팽배한 '입시위주'의 교육 상황 속에서는 부모가 학교교육을 향해 갖는 기독교적 성찰은 중요하다. 부모가 학교에 대한 기독교적 전망을 상실한 채 학교의 이데올로기에 의해 지배당하게 되면 자녀에 대한 기독교교육은 약화될 수밖에 없고 이는 교회교육의 쇠퇴와 위기로 이어질 수밖에 없는 것이다.

4. 통전적 기독교교육: 교회, 가정, 학교가 연계된 기독교교육

기독교교육은 본래 분리되어 있지 않다. 한 인간이 하나님의 형상을 닮아가고 하나님의 일꾼으로 세움 받는 과정은 통합되어 있다. 진정한 의미에서 '기독교적 성숙'이라고 하는 것은 좁은 의미의 신앙성숙만을 지칭하는 것은 아니다. 삶의 전 영역에서 하나님의 뜻을 이루어가고 하나님 나라 일꾼으로 세워지는 과정을 의미한다. 기독교교육은 교회교육, 더군다나 교회학교 교육으로 축소되어서는 안 되고, 기독교가정교육이나 기독교학교교육으로 축소되어서도 안 된다. 교회, 가정, 학교가 통합된 전체 기독교교육과정이 수립되어야 하며, 이러한 교육과정을 통해 통전적 기독교교육이 이루어지도록 각 영역이 서로 연계되어야 하며, 각 영역의 교육은 전체 구조 안에서 파악되어야 한다.

가정, 교회, 학교, 이 세 영역 안에서 모든 기독교교육의 요소들이 발견되어질 수 있다. 각 영역의 교육이 지니는 독특성이 있어서 다른 영역의 교육과 연결될 때 전체 기독교교육이 보다 심도있게 이루어질 수 있다. 먼저 가정교육은 자녀들의 신앙을 형성 formation 하는 데 있어서 매우 중요한 역할을 담당한다. 교회학교에서 배운 성경지식이나 기독교적 깨달음이 습관화되고 삶의 실천으로 구현되기 위해서는 지속적으로 이를 형성시키는 기독교 가정교육이 요청된다. 가정의 삶 속에서 하나님의 성품을 형성해가고 기독교적 인격과 영성을 형성해갈 때 아는 것과 행하는 것, 이론과 실천, 신앙과 삶이 분리되지 않고 통합될 수 있다. 교회는 무엇보다 예배 worship 하는 공동체로서 하나님을 예배하고 하나님을 알아가는 곳이다. 일상으로부터 구별하여 초월자를 대면하는 경험과 그의 부르심에 응답하는 행위는 삶의 방향을 확인케 하고 그곳을 향하여 나아갈 수 있는 에너지를 공급해준다. 학교는 이 세상 속에서 하나님 나라를 어떻게 구현해야 할지, 그 비전 vision 을 깨닫게 해준다. 하나님의 부르심에 대해 응답하되 은사의 계발을 통해 구체적인 직업과 전공으로 삶의 영역 속에서 하나님 나라를 구현해가도록 돕는다. 기독교학교는 전체 기독교교육 안에서 비전을 이루는 통로로서의 역할을 담당하여야 한다. 기독교 가정의 자녀가 기독교학교가 아닌 일반 공립학교나 사립학교에 다닌다고 할지라도 기독교교육 안에서 학교교육이 지니는 역할을 분명히 인식하고 지도할 필요가 있다. 이러한 교회, 가정, 학교가 연계된 기독교교육의 패러다임을 그림으로 나타내면 〈그림1〉과 같다.

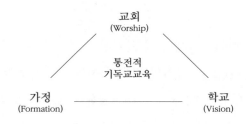

〈그림 1〉 교회, 가정, 학교가 연계된 통전적 기독교교육

교회교육이 가정교육과 연계되지 않거나 가정교육의 중요성을 무시할 때 아동과 청소년에 대한 기독교적 습관형성과 성품형성에 어려움을 겪을 수 있고, 이는 지속적으로 하나님의 형상을 회복하여야 하는 기독교교육의 목적 달성에 차질을 가져올 수 있다. 가정교육이 기독교적 학교교육의 중요성을 무시하거나 약화시킬 때 기독교적 세계관 정립과 기독교적 비전 실현에 어려움을 겪을 수 있고, 이는 사회 속에서 기독교인으로서 하나님의 나라를 이루어가야 하는 기독교교육의 목적 달성에 차질을 가져올 수 있다. 가정교육이나 학교교육이 교회교육을 소홀히 여길 때 하나님을 깊이 만나고 그와 합일되는 영성이 약화될 수 있고, 이는 기독교교육의 방향에 혼란을 가져올 수 있다.

교회교육, 가정교육, 학교교육, 이 세 영역이 연계되어 통전적인 기독교교육을 이루기 위한 방안은 무엇인가? 교회는 이 세 교육의 영역이 연계되어 기독교교육의 목적을 달성할 수 있도록 기독교교육 커

<표 10> 교회, 가정, 학교의 연계를 위한 교육목회

연계	교육목회 방안
가정-교회의 연계	- 교회의 부모교육 - 부모가 가정에서 자녀와 함께하는 교재 개발 - 교회학교 교사와 부모의 만남 - 부모 자녀교육상담 - 교회학교의 가정 심방 - 유아세례 교육의 강화 - 유아세례 받은 아이의 가정에 대한 지속적인 연계 - 입교교육의 강화 - 가족이 함께하는 절기 예배 및 교육 - 간세대교육의 강화 - 다양한 가족모임을 통한 교육
교회-학교의 연계	- 학업에 대한 기독교적 관점 확립 - 교과목에 대한 기독교세계관 교육 - 학문과 신앙의 통합 - 입시에 대한 기독교적 접근 - 기독교적 진로 세미나 - 지역에 있는 학교와의 네트워크 - 지역에 있는 학교의 기독교사와의 만남 - 방과후학교, 주말학교 개설 - 교회의 기독교대안학교 설립 - 주일에 학교, 학원 안가기 운동 - 대안적 가치관 교육으로서 교회교육 - 기독교학교에 대한 교회적 지원 - 목회자와 학교의 교육지도자와의 만남 - 교회의 기독교사 모임 - 학교 내의 CA, 기독교사 신우회 지원 - 학원선교단체의 지원 및 연계 - 학교별 기도모임
가정-학교의 연계	- 기독학부모교실 개설 - 부모의 주인의식 강화 - 학교 운영위원회에의 적극적 참여 - 사교육에 대한 기독교적 관점 확립 - 자녀의 은사발견 및 개발 - 자녀의 자기주도적 학습 능력 개발 - 학교에서 부모기도회 - 교사에게 격려의 편지 쓰기 - 교사의 가정방문 - 부모가 자녀, 한 과목 이상 가르치기 - 홈스쿨링에 대한 관심갖기 - 그릇된 입시, 사교육에 대한 가치관 비판 - 기독학부모운동을 통한 교육참여

리큘럼을 작성하여야 하고, 교회-가정, 가정-학교, 학교-가정이 연계될 수 있는 교육목회를 실천하여야 한다. 교회, 가정, 학교가 서로 연계될 수 있는 교육목회의 방안들을 열거하면 〈표 10〉과 같다.

　　교회, 가정, 학교가 연계되는 기독교교육에서 가장 중요한 역할을 담당하는 사람은 부모이다. 성경은 부모에게 자녀교육의 일차적 책임을 위탁하였다[신 6:4-9]. 부모는 가정에서 자녀들을 신앙적으로 양육할 책임이 있을 뿐 아니라 그들의 인격이 올바르게 성숙하고 지성을 갖추어 사회에서 하나님의 일꾼으로 역할을 감당하기까지 세워야 할 책임이 있다. 자녀를 학교에 보내는 것은 부모가 학교에 책임을 전가시키는 것이 아니라 교육의 일정 부분을 위탁하는 것일 뿐 부모의 교육적 책임은 여전히 지속된다. 최근 확산되고 있는 홈스쿨링은 이러한 부모의 책무성을 분명히 보여준다. 교회학교에 보내는 것도 이러한 부모의 교육적 책임하에서 이루어지는 역할 분담이다. 부모는 학교의 교장 및 교사와 교회학교의 교역자 및 교사와 협력하면서 자녀교육의

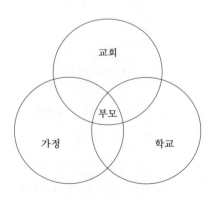

〈그림 2〉 교회, 가정, 학교에서 부모의 중심적 역할

책임을 감당해야 한다. 이런 부모의 중심적 역할을 그림으로 나타내면 〈그림 2〉와 같다.

그렇기 때문에 교회, 가정, 학교가 연계되는 기독교교육에서 가장 중요한 과제는 부모를 기독교적으로 올바로 세우는 일이다. 부모가 기독교적 자녀교육관을 지니고 이를 실천할 수 있도록 도울 때 가정과 교회, 학교에서의 교육이 일관성을 지니고 기독교교육의 목적을 온전하게 이루어갈 수 있다. 이런 의미에서 부모교육은 기독교교육의 핵심 과제이다. 그러나 이때 부모교육은 소위 가정사역세미나에서 이루어지는 부모교육과는 달리 가정과 교회, 가정과 학교가 연계될 수 있는 형태가 바람직하다. 부모교육을 단순한 프로그램으로 진행하는 것이 아니라 목회의 축으로 삼을 수는 없을까? 이것이 유바디 교육목회가 필요한 중요한 이유이다. 부모를 가정의 신앙교사로 세우는 목회, 자녀의 학업문제까지 기독교적 관점으로 지도하도록 부모를 세우는 목회, 그래서 교회, 가정, 학교가 자연스럽게 통합되도록 하는 목회가 유바디 교육목회인 것이다.

Ⅳ. 해외의 다음세대 목회 트랜드

해외의 다음세대 목회의 최근 트랜드는 부모를 세움으로서 교회와 가정을 연계하는 것이다. 여기에서는 미국에서 일어나고 있는 세 가지 중요한 다음세대 목회 모델을 살펴보고자 하는데, 오렌지 컨퍼런스로 알려진 교회-가정 연계 모델과 가정친화적 교회운동, 그리고 미국 남침례교회를 중심으로 확산되고 있는 D6 운동을 살펴보고 그들이 주는 시사점이 무엇인지를 파악하고자 한다.

1. 오렌지 컨퍼런스

미국의 애틀란타에 있는 노스포인트커뮤니티교회North Point Community Church는 다음세대 목회와 관련하여 중요한 시도를 하였는데, Basic252라는 교재를 개발하였다. 이것은 누가복음 2장 52절 "예수가 지혜가 자라고 키가 자라고 하나님과 사람에게 더욱 사랑스러워 가시더라'라는 구절을 기본으로 하여 부모가 자녀와 함께 가정에서 성경공부를 할 수 있는 교재를 개발한 것이다. 그래서 전통적인 교회학교 중심의 신앙교육에서부터 무게 중심을 가정으로 옮겨 가정에서 부모가 자녀를 신앙적으로 양육할 수 있도록 한 것이다. 그렇다고 교회학교를 폐지하는 것이 아니다. 주일에는 부모들과 학생들이 함께 모여 축제의 예배를 드리고 가정에서 배운 내용을 나누는 방식으로 진행한다. 교회와 가정, 가정과 교회가 연결되어 시너지 효과를 거두는 것이다. 이것이 오렌지 컨퍼런스로 발전되어 미국의 다음세대 목회의 큰 획을 긋는다.

디모데 출판사에서 번역한 『싱크 오렌지』Think Orange는 레지 조이너Reggie Joiner가 지은 책으로서 부제가 '가정과 교회가 협력하는 새로운 교육 패러다임'으로 되어 있다.[10] 조이너는 담임 목사인 앤디 스탠리와 함께 노스포인트 교회를 매주 2만여 명 이상의 성인과 7천 명 이상의 어린이와 청소년이 출석하는 교회로 성장시켰다. 그는 이 책에서 노스포인트 교육 사역의 총 책임자로서 교회가 개척된 후 11년 동안 교육을 통해 괄목할 만한 성장을 이룬 비결을 소개하고 있는데, 그것이 바로 '오렌지' 전략이다. 오렌지색은 빨강과 노랑이 합해서 이루어지는 색인데, 바로 뜨거운 사랑을 지닌 가정과 빛으로 충만한 교회가 합해질 때 다음세대의 진정한 부흥이 가능하다는 것이다. 그 책의 서문은 다음과 같이 말하고 있다. "정체된 다음세대 교육의 틀을 바꿔놓을 오렌지 혁명! 왜 우리는 보다 새롭고 혁신적인 방법으로 다음세대에게 신앙을 전해주지 못하는가? 아직도 주일 1시간의 예배와 분반 공부로 다음세대가 신앙 교육을 제대로 받을 수 있다고 생각하는가? 우리가 다음세대에 대해 잃어버린 영향력을 회복하고 신앙을 온전히 전수하기 위해서는 지금까지 시행되어온 교회 교육의 틀을 벗어난 획기적인 대안이 필요하다. … 더 이상 다음세대에 신앙을 전수하는 것을 교회 혼자만의 몫이라고 생각하지 말라. 가정을 하나님이 교회에게 허락하신 최상의 파트너로 인정하라. 교회와 가정이 손을 마주잡고 함께 춤추는 법을 배우라. 그렇게 할 때 이 시대가 고민해온 다음세대를 위한 교회 교육의 해법을 발견하게 될 것이며, 다음세대들의 삶에서 일어나는 놀라운 변화를 목도하게 될 것이다."

조이너는 이 책에서 교회와 가정과의 협력의 중요성에 대해서 이렇게 말한다. "미네소타에서 오렌지 리더들과 모임을 할 때 한 교육목사가 나에게 대단히 중요한 질문을 했다. "우리가 부모들과 동역하는 일에 더 집중한다면 학생 사역의 질이 떨어지지 않을까요" 이쯤에

---

10   Reggie Joiner, 김희수 역, 『싱크 오렌지』(서울: 도서출판 디모데, 2011).

서 우리는 비즈니스적인 측면에서 이 문제를 다시 생각해야 한다. 당신이 1년에 학생들과 함께 할 수 있는 시간은 40시간이다. 부모들에게는 3,000시간이 주어진다. 그 40시간에 쏟는 시간과 자원을 80퍼센트로 줄인다면 어떻게 될까? 그리고 그 나머지 20퍼센트를 3,000시간에 투자한다면?"[11]

레지 조이너는 교회가 다음세대에게 신앙적 영향력을 보다 강하게 미치기 위해서 리싱크 그룹 reThink Group 을 설립하여 오렌지 컨퍼런스를 개최하기 시작하였는데, 미국을 비롯한 많은 나라에 도움을 주고 있다. 그가 주장하는 오렌지 전략은 다섯 가지 원리로 요약될 수 있다. 첫째는 전략을 통합하라. 교회와 가정, 그 두 영향력을 결합하면 시너지 효과가 발생한다. 둘째는 메시지를 정제하라. 교회와 가정, 그 두 영향력을 결합하면 중요한 것이 증폭된다. 셋째는 가정을 재활성화시키라. 교회와 가정, 그 두 영향력을 결합하면 일상의 삶에서 믿음이 형성된다. 넷째는 공동체를 강화하라. 교회와 가정, 그 두 영향력을 결합하면 가능성이 증대된다. 다섯째는 영향력을 발휘하게 하라. 교회와 가정, 그 두 영향력을 결합하면 세대를 움직일 수 있다. 교회와 가정을 연계하는 오렌지 원리는 한국의 교회들에게도 영향을 주어 온누리교회, 소망교회, 영락교회 등의 교회에서 이 원리에 입각한 교회-가정 연계 프로그램을 시도하였으며, 장로회신학대학교의 부설 연구기관인 기독교교육연구원에서는 '해피 투게더'라는 교회-가정 연계 교재를 개발하여 보급하기도 하였다.

---

11   Joiner, 『싱크 오렌지』, 100.

2. 가정 친화적 교회운동

티 제야쿠마T Jeyakumar는 말레이시아에서 시도된 가정을 중심으로 하는 교육목회를 소개하고 있다. 그는 미국에서 활발하게 일어나고 있는 가정 친화적 교회운동의 영향을 받았는데,[12] 그는 〈가정 친화적 교회: 가정과 교회가 함께하기〉Family-Friendly Church: Home and church Joining Hands 라는 책에서 가정 친화적 교회가 전통적인 교회와 어떤 차이가 있는지를 설명하고 있다.[13]

전통적인 교회는 교회 중심적, 가정 지원적 목회라면 가정 친화적 교회는 가정 중심적, 교회 지원적 목회이다. 전통적인 교회가 신앙형성을 교회의 가장 중요한 과제로 인식하는 반면 가정 친화적 교회는 신앙형성이 가정의 가장 중요한 과제로 여긴다. 전통적인 교회는 목회자, 청소년 사역자, 교회학교 교사들을 중요한 제자양육자로 여기지만 가정 친화적 교회는 부모를 가정에서의 제자양육자로 여긴다. 전통적인 교회에서는 일반적으로 부모가 가정에서 의도적으로 신앙형성을 할 수 있는 주체로 세워지지 못하는 반면 가정 친화적 교회에서는 교회가 부모를 가정에서의 신앙형성의 주체자로 세운다. 전통적인 교회에서는 아동들, 청소년들, 부모들이 교회의 다양한 프로그램과 활동에 많은 시간을 소요하지만, 가정 친화적 교회는 부모와 자녀들이 가정에서 서로 함께 더 많은 시간을 갖도록 배려한다. 전통적인 교회에서는

---

12 가정 친화적 교회운동의 대표적인 책으로는 Ben Freudenburg, Rick Lawrence, *Family Friendly Church* (Loveland, Colorado: Group, 1998)을 들 수 있다.

13 T Jeyakumar, *Family-Friendly Church: Home and church Joining Hands* (Selangor, Malaysia: Faith Books, 2014).

가정에서부터 구성원들을 빼내 와 교회에서 많은 모임과 프로그램을 갖지만, 가정 친화적 교회에서는 교회가 프로그램과 모임, 모임시간을 대폭 줄인다. 전통적인 교회에서는 부모가 아동이나 청소년 사역에 거의 참여하지 않지만, 가정 친화적 교회에서는 부모가 그들의 자녀들이 속해 있는 아동 및 청소년 사역에 깊이 참여한다. 전통적인 교회에서는 신앙형성이 전임사역자나 자원봉사자의 몫이지만 가정 친화적 교회에서는 전임사역자가 부모의 역할을 가로채지는 않는다. 전통적인 교회에서는 성별로, 연령별로 인위적으로 구분된 프로그램 사역으로 인해서 가족이 분열되지만, 가정 친화적 교회에서는 세대 통합적 목회를 통해 의도적으로 세대들이 함께할 수 있도록 돕는다.

그는 가정 친화적인 교회를 다음과 같이 정의내리고 있다. "가정 중심적이고 교회 지원적 목회로서 교회 안에서 부모가 기초적인 기독교교육자가 되는 교회로서, 가정은 젊은이들을 신앙적으로 세우고 다음세대에게 신앙을 전수하기 위한 하나님이 기름 부으신 기관으로 인정하는 교회이다." 그는 이 교회를 프로그램 중심 교회와 대비시키고 있는데, 프로그램 중심 교회는 세대 간에 거의 연결이 없는 채 사역들이 분리되어 조직되어 있는 교회로서, 가정사역이 이루어진다 하더라도 또 하나의 프로그램으로 존재하는 교회이다.

그가 강조하는 가정 친화적 교회의 핵심 가치를 열거하면 다음과 같다.[14]

---

14 Jeyakumar, *Family-Friendly Church*, 110.

1. 모든 자녀들의 신앙형성은 기본적으로 부모의 책임이다.
2. 실제적인 신앙형성은 교회 안에서 재현되는 각 가정 안에서 이루어진다.
3. 교회는 부모가 가정에서 자녀 제자양육자가 되도록 돕는다.
4. 교회에서의 예배는 의도적으로 세대 통합예배를 지향한다.
5. 모든 가정은 교회 안에서, 그리고 선교지에서 가정 단위로 봉사하도록 세워진다.
6. 그들의 부모가 교회에 속하지 않은 아동이나 청소년은 한 가족에 입양되도록 하여 그들도 기독교 가족의 상황 안에서 양육될 수 있도록 한다.
7. 부모는 의도적으로 그들의 자녀들을 소그룹에 참여하도록 초대하는데, 왜냐하면 부모 자신과 자녀들을 위한 성장과 변형은 세대통합적인 소그룹에서 일어날 수 있기 때문이다.
8. 모든 세대가 교회 안에서 예배, 공부, 교제, 캠프, 스포츠 등을 통해 다른 세대와 상호작용할 수 있도록 돕는다.
9. 교회 목회자들은 그들 자신이 유일한 사역의 자원이 아니라 사역의 자원을 향하여 돕도록 훈련되어진다.
10. 교회 사역들은 가족 시간의 필요에 대해 민감해야 한다.

그는 이러한 핵심가치에 근거하여 교회 차원에서의 3년 교육과정을 〈표 11〉과 같이 제시하고 있다.

〈표 11〉 가정친화적 교회의 교육과정[15]

1년	2년	3년
가정 친화적 교회에 대한 설교(1월 첫째 주일)	가정 친화적 교회에 대한 설교(1월 첫째 주일)	가정 친화적 교회에 대한 설교(1월 첫째 주일)
부부와 부모들이 가정에서 가정예배를 드릴 수 있도록 안내학기. 가정예배 교재들 소개하기	신혼부부 및 가정들을 위한 모범 가정예배. 가정예배 교재들 소개하기	부부와 새로운 가정들을 위한 모범 가정예배. 가정예배 교재들 소개하기
교회 안에서 세대 통합 놀이 하기(3월)	교회 안에서 세대 통합 놀이 하기(3월)	교회 안에서 세대 통합 놀이 하기(3월)
교회에서 가족 단위의 부활절 행사	교회에서 가족 단위의 부활절 행사	교회에서 가족 단위의 부활절 행사
결혼과 독신에 대한 설교(5월 첫째 주일)	가정에 대한 하나님의 계획에 대한 설교(5월 첫째 주일)	성공적인 가정에 대한 설교(5월 첫째 주일)
가족 캠프(6월)	가족 캠프(6월)	가족 캠프(6월)
교회 안에서의 가정 워십팀을 형성하기 위한 충원과 훈련	가정 중심의 국내선교 팀 형성을 위한 충원과 훈련	가정 중심의 해외선교 팀 형성을 위한 충원과 훈련
가족 스포츠 축제(7월)	가족 스포츠 축제(7월)	가족 스포츠 축제(7월)
세대 통합 소그룹을 위한 리더와 가정들 훈련하기. 그에 따른 소그룹 형성하기.	세대통합 소그룹 형성과 지속적인 훈련	세대통합 소그룹 형성을 위한 격려
가정 친화적 도서관 만들기. 결혼준비, 결혼, 자녀양육, 격대교육 등에 대한 책들 비치하기. 교회 소식지에 독후감 나누기.	아동, 청소년, 동성애에 대한 상담, 이해에 대한 더 많은 도서들. 아동과 청소년들이 스스로를 이해하는 도서들 마련하기.	멘토링과 대부제에 대한 더 많은 도서들. 독후감 나누기는 교회 뉴스레터에 소개하기.
모든 위원회 모임이 주중에 한날 밤에 집중해서 이루어지도록 격려하기.	모든 위원회 모임이 주중에 한날 밤에 집중해서 이루어지도록 회상하기.	모든 위원회 모임이 주중에 한날 밤에 집중해서 이루어지도록 강화하기.
부모되기, 대부모되기에 대한 설교(9월 첫째 주일)	자기 자녀 및 다른 가정의 자녀 양육하기에 대한 설교(9월 첫째 주일)	아동과 청소년 양육하기에 대한 설교(9월 첫째 주일)
결혼서약을 되새기는 설교(11월 첫째 주일)	결혼서약을 되새기는 설교(11월 첫째 주일)	결혼서약을 되새기는 설교(11월 첫째 주일)
교회에서 성탄행사: 가족 발표회	교회에서 성탄행사: 가족 발표회	교회에서 성탄행사: 가족 발표회
세대통합 소그룹이 가정의 봉사활동으로 소규모의 성탄절 이벤트를 수행하기	세대통합 소그룹이 가정의 봉사활동으로 소규모의 성탄절 이벤트를 수행하기	세대통합 소그룹이 가정의 봉사활동으로 소규모의 성탄절 이벤트를 수행하기

3. D6 모델

론 헌터Ron Hunter Jr.에 의해 시작된 D6Deuteronomy six 운동은 전통적인 교회학교를 통한 다음세대 교육에 대한 새로운 패러다임을 제공하고 있다. D6는 신명기 6장 5-7절에 기초한 것으로서 그의 책 *The DNA of D6: Building Blocks of Generational Discipleship*에 잘 설명되어 있다.[16] 신명기 6장에서 "네 자녀에게 부지런히 가르치며"라고 분명히 기록되어 있듯이 자녀의 신앙교육의 책임이 부모에게 있음을 확인하고 부모를 다음세대 양육자로 세우는 교회교육의 새로운 운동이라고 할 수 있다. 이 책에서 '부모들'이라는 범주에는 아브라함, 이삭, 야곱과 같은 전통적인 부모만이 아니라 유니게처럼 아버지의 역할이 없이도 자녀제자양육의 사명을 잘 감당한 홀 어머니, 디도를 영적으로 입양한 바울과 같은 입양부모, 인척관계이지만 에스더에 대해 부모의 역할을 감당한 모르드개 등이 포함된다.[17]

D6는 1:168을 강조하는데 이는 한 주간의 시간인 168시간의 대부분을 보내게 되는 가정에서 부모의 신앙적 영향력이 주일 오전 1시간보다 훨씬 더 중요하다는 것을 의미한다. 이런 대비는 과장된 부분이 있지만 가정에서의 자녀교육의 중요성은 아무리 강조해도 지나치지 않을 것이다. 필자가 전국의 교회학교 교사들을 대상으로 설문조사한 결과에 의하면 주일 아침 분반공부 평균 시간은 11-15분이었다.

---

15   Jeyakumar, *Family-Friendly Church*, 111-113.

16   Ron Hunter Jr, *The DNA of D6: Building Blocks of Generational Discipleship*, 김원근 역, 『신6: 죽어가는 주일학교에 대한 하나님의 대안』(성남: D6코리아, 2016).

17   위의 책, 36.

주일학교라는 제도는 있고 분반공부라는 프로그램은 존재하지만 사실상 기독교교육은 없는 셈이다. 부모를 교육의 주체로 세워서 가정에서 신앙교육이 이루어지도록 하는 D6는 그래서 호소력이 있는 것이다. 167시간을 모두 부모가 자녀를 변화시키는 데에 사용할 수 있는 시간은 아니지만 "아이들을 학교에 데려다 줄 때, 밥 먹을 때, 그리고 집에서 보내는 저녁시간 같은 주요 시간 동안 영향력을 발휘"할 수 있다.[18]

D6는 '귀가 하나 뿐이 미키 마우스'라는 표현을 자주 사용하는데, 청소년 사역이나 교회학교가 전체 교회와는 분리된 채 존재하는 것을 의미한다.[19] 이것은 삶의 실제와도 분리되는데 교회가 다음세대를 위해 교회학교를 부지런히 운영하지만 전체 목회와 괴리되어 있는 문제를 잘 지적하고 있는 것이다. 이것은 담임목사의 역할과도 연결된다. 교인들은 담임목사를 따라하게 되는데, 담임목사가 다음세대에 관심을 갖지 않으면 교인들도 다음세대에 무관심하게 된다는 것이다. 이런 점에서 담임목사가 다음세대 목회의 한복판에 서야 하고, 교회학교가 미키 마우스의 귀가 아니라 교회 전체 속에 다음세대 목회가 자리잡아야 한다.

D6가 전통적인 교회교육에 가장 도전을 주는 부분은 목회 구조에 대한 비판이다. 전통적인 목회구조는 병렬적이어서 목회자 밑에 어린이 사역, 청소년 사역, 청년 사역, 성인 사역이 열거되어 있는 방식이다. 가정사역이 존재한다고 하더라도 이 사역마저 또 하나의 독립된

---

18   위의 책, 46-50.
19   위의 책, 93-95.

하위 영역 활동이 되고 있다는 것이다. D6는 목회자가 다음세대 전체를 관장하는 가정사역자와 행정목사를 세우고, 자녀대상의 모든 교육을 가정사역자인 D6조직 담당자가 관할하도록 하는 방안을 제시한다. 그리고 교육담당 교역자들과 함께 168시간이 자녀교육이 될 수 있는 방안을 논의하고 이를 실천하도록 한다. 론 헌터는 이런 질문을 던진다. "우리 사역자들이 미팅할 때 얼마나 많은 시간을 오로지 주일 아침 예배와 교회에서 일어나는 일에만 중점을 두고 논의하고 있는가?"[20] 주일 예배나 프로그램만이 아니라 168시간을 위한 목회를 하라는 것이다.

이상의 세 가지 미국을 중심으로 한 다음세대 목회 트랜드의 공통점은 무엇인가? 그것은 교회와 가정의 연계이며, 부모를 다음세대 양육의 주체로 세우는 운동이라는 점이다. 여전히 교회학교가 필요하고 중요하지만 부모와 가정이 함께 하지 않는 다음세대 목회는 한계가 있을 수밖에 없다. 그런데 이러한 미국의 다음세대 목회를 그대로 한국에 가져오는 것은 실패할 가능성이 높다. 왜냐하면 미국과 한국의 상황context이 너무나 다르기 때문이다. 특히, 한국, 중국, 일본, 홍콩, 대만, 싱가포르 등의 유교권 나라에서는 학업이 너무나 중요한데 이에 대한 고려가 없는 부모교육, 자녀교육은 그 적합성을 잃게 되는 것이다. 이러한 가정과 교회의 연계를 강조하되 학업의 연계까지 고려한 한국형 다음세대 교육목회 모델이 요청되는 것이다.

20　위의 책, 146.

V. 왜, 유바디 교육목회인가?

유바디 교육목회는 유니게와 바울이 디모데를 양육했듯이, 가정과 교회, 부모와 교회학교 교사가 함께 다음세대를 세우는 교육목회로서, 목회 전체가 다음세대 지향적인 목회모델이다. 일반적으로 성인사역으로 인식했던 교구를 부모발달단계로 편성함으로써 성인으로서 부모를 세우지만 이들이 가정에서 자녀를 신앙적으로 양육할 수 있도록 함으로써 교구를 다음세대 목회의 센터로 삼는 교육목회이며 그 한복판에 다음세대 본부장으로서 담임목사가 서 있게 된다. 가정을 중요시하는 여러 가지 목회모델이 있는데 왜 유바디가 필요하며, 유바디 교육목회의 독특성은 무엇인가?

1. 유태인 자녀교육의 한계

최근 유태인의 자녀교육에 대한 관심이 높다. 하브루타를 비롯해 하가다 등 유태인의 교육을 다음세대 교육의 해결책으로 가져오는 경우이다. 노벨상 수상자의 3분의 1이 유태인들인 것은 유태인들의 자녀교육이 특별하기 때문이라고 생각하고 이 교육을 대안으로 받아들이는 것이다. 유태인의 교육이 갖는 여러 가지 장점이 있고, 많은 경우 그 원리는 성경적 원리와 일치한다. 그러나 그것은 구약으로 제한된다. 유대교는 기독교가 아니다. 유대교의 교육방법은 기독교의 교육방법이 아니다. 두 가지가 공통점을 갖는 것은 사실이지만 분명한 차이점이 있다. 그것은 신약시대의 예수 그리스도께서 친히 보여주시고,

그 십자가와 부활로 우리에게 깨닫게 해주신 복음의 능력이 없기 때문이다. 그런 점에서 '쉐마'만을 강조하는 유태인의 자녀교육은 한계가 있다. 유바디 교육은 구약과 신약을 통합하는 교육이다. 유태인의 교육이 아닌 기독교교육이다. 기독교교육의 핵심은 예수 그리스도의 교육인데 유태인의 자녀교육에는 그 복음이 없다. 그렇다고 해서 구약을 제외시키거나 약화시켜서는 안 된다. 예수 그리스도는 율법을 폐하러 오신 것이 아니라 완성시키셨다. 십자가와 부활은 구약의 예언의 성취이자 완성이다. 그런 점에서 유바디 교육목회는 구약적 교육과 신약적 교육을 통합하는 신구약 교육이며 기독교교육이다.

2. 가정교육만이 아닌 주일학교의 존재 필요

신앙교육에 있어서 가정과 부모의 역할이 중요하다고 주장하는 사람들 중에는 교회학교 폐지론자들이 상당수 있다. 성경에는 교회학교가 없었다고 주장하는 사람도 있다. 물론 교회학교라는 용어가 나오지는 않지만 부모가 아닌 선생님과 제자 사이의 아름다운 스토리가 얼마나 많은가? 예수님의 제자 공동체가 그렇고, 사도 바울이 디모데를 비롯해 제자들을 양육한 것이 그렇다. 인생에 있어서 좋은 부모를 만나는 것 못지않게 중요한 것이 좋은 영적 스승을 만나는 것이다. 이때의 스승은 고린도전서 4장 15절에 나오는 '일만 스승'이 아니라 '아비 같은 스승'이다. 디모데에게 있어서 '거짓이 없는 믿음'을 물려준 외조모 로이스와 어머니 유니게를 만난 것은 복이었지만 그의 인생의 여정에 있어서 진정한 영적 선생님인 사도 바울을 만난 것은 무엇과도 비교할 수 없는 축복이었다. 유니게가 디모데의 부모라면, 사도 바울은 디모데의 교회학교 교사인 셈이다. 우리의 자녀들이 가정에서 부모를 통해 신앙적 양육을 받아야 하지만, 바울 같은 영적 교사를 만나 제자 양육을 받아야 한다. 그런 의미에서 교회학교는 여전히 필요하다. 이것이 교회학교 또는 주일학교라는 학교식 패러다임이 바람직하다거나 존속되어야 한다는 의미는 아니다. 바울이 강조하는 것처럼 기독교교육은 해산의 수고를 통해서 낳는 것이다. 교육은 가르치는 것이 아니라 품고 사랑하는 것이다. 학교식 교육은 기독교교육조차 가르치는 것으로 제한시키는 우를 범하고 있다. 교사 teacher라는 용어도 그 뜻이 '가르치는 사람'으로서 가르치면 교육이 되는 것으로 오해하게 하는 용어이다. '절대로 가르치지 말라'는 책이 있듯이 가르친다고 교육이 되는 것이 아니라 품고 사랑해야 한다. 그런 점에서 필자는 교회교육의 품 모델을 제안하고 있다. '교사'라는 명칭도 '품는이'로 바꾸고, '가르치다'는 동사 대신에 '품다'로 바꾸어야 한다. 가장 좋은 교육은 예수님이 아이들을 품에 안으시고 안수하시고 축복하신 것처럼 품는 교육이 되어야 한다. 교회학교는 존속되어야 하되 학교식 체제가 아닌 예수님의 품이 되어야 한다.

교회학교는 영적 스승과의 만남이라는 차원만이 아니라 신앙의 친구를 만나는 장이 된다는 점에서 중요하다. 특히 우리나라 사회에서는 또래의 믿음 친구를 만나는 것이 중요하다. 그들이 믿음의 공동체를 이루어 생애를 살아가면서 서로를 신앙으로 격려할 수 있는 영적 동지가 되는 것이다. 서로 비전을 얘기하며 서로의 은사를 격려하고, 때로는 충고와 직언을 해줄 수 있는 믿음의 동역자를 만난다는 것은 어떤 보화보다도 가치가 있다. 유바디 모델은 가정과 교회학교를 연계하되, 기존의 교회학교 체제를 그대로 유지하는 것이 아니라 성경적인 교회학교 모델로 변화해가는 것을 전제로 협력하는 모델이다.

3. 전체 목회의 다음세대 지향

유바디의 가장 중요한 특징이 있다면 전체 목회가 다음세대 지향적인 목회가 된다는 데에 있다. 지금까지의 다음세대 교육은 주로 교회학교의 몫이었고 교육위원회나 교육부의 역할이었다. 담임목사는 전체 목회를 하고, 교육부나 교회학교는 교육목사에게 맡기는 식이었다. 물론 담임목사가 교회학교 교장을 기구표 상으로는 맡게 되지만 교회학교 예배 후에 축도조차 할 수 없는 경우가 많은 것이 사실이다. 종래의 구조에서는 담임목사가 다음세대에 관심이 있어도 교육부나 교회학교를 활성화하는 방법밖에 없었기 때문에 교육담당 교역자나 교육위원장 장로와 상의를 해서 뭔가 압력을 가하는 형태 외에는 별다른 방법이 없었던 것이 사실이다. 론 헌터가 D6에서 교회학교가 '귀가 하나뿐인 미키마우스와 같다'는 표현을 하는 것은 정확하게 현실을 본 것이다. 목회 전체와는 관계없이 돌아가는 교회학교는 귀만 툭 튀어나온 것처럼 별도 부서로 존재하지 몸과는 실질적인 관계가 없는 상태를 묘사하는 것이다. 다르게 표현한다면, 교회학교와 교육부는 교회 안에서 하나의 섬처럼 존재한다고 볼 수 있다. 담임목사가 가끔 그 섬에 가서 축도를 한다고 하더라도 육지와 섬 사이에는 큰 간격이 있다. 교회학교의 교육은 대부분의 경우 교회 본당으로부터 분리된 교육관에서 진행된다. 아이들은 교회의 예배당에서 예배드리지 않고 교육관에서 예배를 드린다. 이제는 담임목사가 다음세대를 책임져야 한다. 담임목사가 주일 저녁에 교회학교 학생 출석수를 확인하는 역할을 하는 것이 아니라 다음세대 목회의 주체가 되어야 한다.

전통적으로는 교회학교가 목회의 부수적인 활동으로 인식되어 왔다. 담임목사가 교회학교에 무관심한 것은 아니지만 그것을 목회의 핵심 사역으로 인식하지 못했다. 그러나 이제는 담임목사가 다음세대 목회의 한 복판에 서야 한다. 단지 명목상으로, 조직표 상으로 교회학교 교장의 직함만 갖는 것이 아니라 '다음세대 본부장'이 되어 다음세대 목회 전반을 기획하고 전략을 짜고 이를 실천하여야 한다. 다음세대 신앙계승은 단지 교회학교의 몫이 아니라 가정이 변해야 하고 부모가 새로워져야 하기 때문에 담임목사가 전 교회적인 목회로서의 '다음세대 목회'를 구상해야 한다. 어떤 의미에서는 성인목회보다 다음세대 목회로 무게중심을 옮기고 다음세대를 살리는 방향으로 성인목회도 계획하는 것이 바람직한 방향이고 이것이 미래지향적 교회의 모습이 될 것이다.

교회학교가 다음세대 신앙교육의 센터가 되면서 일어난 가장 심각한 문제 중의 하나는 앞에서 언급한 것처럼 교회학교와 가정의 분리이다. 가정에서 부모가 자녀 신앙교육의 주체로서의 역할을 감당해야 함을 망각하기 시작했고, 신앙교육의 주 무대가 가정에서 교회학교로 옮겨오게 된 것이다. 신명기 6장 4-9절은 '자녀에게 부지런히 가르치며'라고 말씀하며 자녀 신앙교육의 주체가 부모임을 강조하고 있지만 신앙교육기관으로서 교회학교의 정착은 이러한 교육의 기능을 담당함으로서 일종의 부모 역할을 대신하게 된 것이다. 마치 부모가 자녀 교육을 위해서 국어는 국어학원으로, 수학은 수학학원, 영어는 영어학원을 보내는 것처럼 신앙은 교회학교로 보내는 식이라고 할 수 있다. 교회학교가 주로 발달단계에 따라 영아부, 유아부, 유치부, 유년부, 초등부, 소년부, 중등부, 고등부, 청년부 등으로 구분되기 때문에 자녀들도 흩어질 수밖에 없다. 주일 아침마다 가족이 함께 예배를 드리고 가족 상호 간의 만남과 교제를 누리는 것이 아니라 부모는 성인 예배에, 자녀들은 각자의 교회학교 부서로 흩어지기 때문에 가정의 일체감마저 약화시키는 역기능을 수행하고 있는 셈이다.

이 두 가지 분리 현상, 즉, 교회학교와 가정의 분리, 목회와 교육의 분리를 극복하고 다음세대를 건강하게 양육하는 방안은 담임목사가 중심이 되어 부모를 중심으로 한 교회교육을 실천하는 것이다. 자녀 신앙교육의 무게 중심을 교회학교에서 가정으로, 교회학교 교사에서 부모로 옮기고, 부모가 이 역할을 제대로 감당할 수 있도록 교회는 부모를 위한 평생교육과정을 작성하고 이를 실행하는 것이다. 담임목사가 전체 다음세대 양육의 센터에 서고, 교구목사와 교구가 다음세대 교육의 통로가 되고, 교구 안의 모든 가정의 부모들이 다음세대 양육의 주체가 되는 것이다. 종래에는 교구와 교육부가 분리되어 있었고, 교구목사와 교육목사가 분리되어 있었고, 교구목사는 목회를, 교육목사는 교육을 담당하였기에, 다음세대는 교육부서와 교육담당 교역자의 책임이라는 인식이 있었는데, 이를 바로 잡는 것이다. 물론 여기에서 제일 중요한 다음세대 신앙양육의 주체는 부모이다. 부모가 신앙의 교사가 되어 가정에서 다음세대 신앙의 대 잇기와 양육의 사명을 감당할 수 있어야 한다. 이것은 저절로 되는 일이 아니다. 이미 교육이 세속적 가치관인 입시 이데올로기에 팽배해 있고, 사회 문화와 교육제도, 학교의 교장과 교사, 동료 부모, 자녀들의 친구들이 이러한 가치관에 젖어 있기 때문이다. 이러한 세속적 가치관을 극복하고 신앙적 자녀교육을 통해 기독교적 양육을 할 수 있는 부모가 되도록 부모를 교육해야 할 책임은 담임목사에게 있다. 담임목사의 목회의 우선순위는 다음세대 신앙의 대 잇기에 있어야 하고, 이를 가능케 하는 부모로 세우기 위해 기독교적인 부모교육을 확립해야 하는 것이다.

유바디 교육목회는 새로운 프로그램이 아니다. 성경 속에서 이미 계시되어 있는 하나님의 교육원리이다. 유바디 교육목회는 교회마다 상황이 다르기 때문에 원리는 동일하지만 다른 식의 적용이 필요할 수도 있다. 담임목사는 그 교회의 독특성에 주목하면서 유바디의 원리를 그 교회에 맞게 풀어내는 통찰과 유연성이 필요하다. 그러나 유니게와 바울이 함께 디모데를 세워나가는 것과 같이 부모와 교사, 가정과 교회가 함께 다음세대 양육의 사명을 감당해야 하는 것이 포기되어서는 안 된다. 이제는 더 이상 '다음세대 위기론'에 빠져 있지 말고 대안을 모색해야 한다. 그리고 단지 무엇이 대안인지, 고민만 할 것이 아니라 결단하고 실천하여야 한다. 유바디 교육목회를 통해 다음세대를 새롭게 세울 것을 기대하면서 한 발씩 내딛기를 원한다. 아직은 블루오션 같은 영역이지만, 유바디 교육목회를 시작하는 교회들을 통해, 한국교회의 다음세대가 희망이 있음이 입증되기를 바란다. 18세기 영국의 상황 속에서 주일학교 운동이 대안이 되었다면, 21세기 한국의 상황 속에서 유바디 교육목회가 다음세대 목회의 진정한 대안이 되기를 기대한다.

토의 문제

1. '유바디'가 무엇을 의미하는지 말해 보자.

2. 한국교회의 교회교육이 위기임을 인정하는가? 그렇다면 그 원인이 무엇이라고 생각하는가?

3. 다음세대 신앙계승을 방해하는 교회, 가정, 학교의 분리 현상에는 어떤 것들이 있는가?

4. 최근 해외 다음세대 목회 트랜드의 특징은 무엇이라고 생각하는가?

5. 왜 유바디 교육목회가 필요한지를 서로 이야기해 보자.

제 2 장

유바디 부모 이해

I. 부모에 대한 성경적 이해

가장 중요하면서도 학교교육에서 제대로 가르쳐지지 않고 있는 것이 부모역할일 것이다. 부모가 누군지, 어떻게 자녀를 양육해야 하는지를 알지 못한 채 결혼을 하고 부모가 된다. 더욱이 크리스천 부모는 일반적인 부모와는 그 정체성을 달리한다. 결혼하고 자녀를 낳은 부모는 단지 엄마, 아빠가 아니라 크리스천 부모임을 인식하는 것이 중요하다. 자녀도 '내 자녀', '내 자식', '내 아들', '내 딸'이 아니라 하나님의 자녀임을 인식하는 것이 중요하다. 부모는 자녀의 소유권자가 아니라 하나님의 자녀를 양육하는 청지기이기 때문이다.

자녀교육에 있어서 부모의 중요성은 성서에 기초해 있다. 성서에 보면 하나님이 가정을 창조하시고 부모에게 자녀교육의 사명을 맡기셨음을 알 수 있다. 신명기 6장 4-9절은 자녀교육의 책임이 부모에게 있음을 분명히 밝혀준다. 이 말씀은 '들으라 이스라엘아'로 시작되는 쉐마의 말씀인데 부모에게 자녀 신앙교육의 책임을 맡기신 내용이 기록되어 있다. 하나님은 부모로 하여금 자녀들을 신앙적으로 양육하고 하나님의 법도를 지키도록 교육할 것을 명령하셨다. 에베소서 6장 4절에서도 부모들에게 자녀양육의 사명이 있음을 밝히고 있다. '오직 주의 교훈과 훈계로 양육'할 것을 명하고 있는 것이다. 사회가 분업화되고 학교제도가 발달하면서 많은 부모들이 자녀를 학교에 보내는 것을 교육의 사명을 감당하는 것으로 이해하는 경향이 있다. 우리나라의 현실 속에서는 부모가 사교육기관인 학원에 보내거나 과외를 시키는 것으로 자녀교육의 사명을 대신할 수 있다고 오해할 수 있다. 심지어 신앙교육마저 주일 아침 교회학교에 보내는 것으로 책임을 다한 것으로 생각하고 가정에서는 자녀 신앙교육을 소홀히 하는 경향마저 있다. 그러나 구약의 창세기부터 신약의 요한계시록에 이르기까지 일관되게 흐르는 자녀교육에 대한 성경적 원리는 가정의 부모가 그 책임을 감당하는 것이다. 학교에 보내거나 교회학교에 보내는 것은 일종의 위탁일 뿐 책임은 여전히 부모에게 있는 것이다.

교회에서 베푸는 유아세례는 부모가 신앙고백을 하고 그 고백에 터하여 부모가 자녀를 신앙적으로 양육하는 것을 전제로 하여 베푸는 예식이다. 그리고 부모가 그 신앙적 자녀양육의 사명을 감당할 수 있도록 교회공동체가 지원하고 지지해야 함을 밝히는 예식이다. 사실 유아세례는 수세자 개인의 사건이 아니라 공동체적 사건이고, 이는 공동체적 책임을 요청하고 있다. 고대교회가 세례식을 앞두고 온 교회가 금식하고 기도한 것은 이러한 세례의 공동체성 때문이다.[1] 이는 "유아의 성장기간 동안 신앙 안에서 그들을 지속적으로 양육해야 할 책임이 부모에게뿐만 아니라 교회에도 있음"을 의미한다.[2] 교회는 유아세례를 베푸는 것으로 끝나지 않고 그 이후 가정에서 부모가 지속적으로 자녀를 신앙적으로 양육하고 있는지를 격려하고 감독할 책임이 있

---

1   김홍연, 『세례, 입교 교육의 이론과 실제』(서울: 쿰란출판사, 2007), 127.
2   위의 책, 130.

다. 그래서 교회는 유아세례를 받은 아이가 성년이 되어 입교문답을 하기까지 가정에서 부모가 신앙교육의 책임을 제대로 실천할 수 있도록 지원하여야 한다. 교회에서의 부모교육은 이런 공동체적 책임의 한 모습이라고 할 수 있다. 부모가 자녀 신앙양육의 책임을 감당하지 않은 채 자녀 신앙교육을 교회학교에 전가시키는 것도 올바르지 않고, 가정에서만 신앙교육을 실시하고 교회의 교육적 기능과 역할을 무시하는 것도 자녀교육의 올바른 모습이 아닐 것이다. 가정에서 부모가 자녀를 신앙적으로 건강하게 양육해야 할 뿐 아니라 교회는 부모교육을 통해 부모의 자녀교육을 지원하고 도와야 할 책임이 있는 것이다.

1. 부모의 하나님 자녀 양육의 사명

부모가 된다는 것은 무엇을 의미하는가? 남자와 여자가 결혼해서 자녀를 낳으면 부모가 된다. 자녀의 얼굴 모습이나 성격이 부모를 닮은 경우가 많고, 이것은 자연스러운 일이다. 그런데 정신적으로 자기의 방식대로 자신이 중요하다고 생각하는 것을 자신도 모르게 아이에게 강요하면서 살아가고 있는 부모들이 많다. 부모가 되었다는 것은 나를 닮은 한 아이를 낳아 나의 가치관에 따라 키우는 권리를 가졌다는 것을 의미하는 것일까?

성경은 그렇지 않다고 말한다. 성경은, 자녀가 부모를 닮은 것이 아니라 하나님을 닮았다고 선포한다. 하나님께서는 처음 사람을 "하나님의 형상을 따라"^{창 1:27} 지으셨으며, 따라서 모든 인간은 "하나님의 형상대로" 지음 받은 존재이다^{약 3:9}. 성경은 특별히 자녀는 "여호와의 기업"^{시 127:3}이라고 말한다. 이것은 자녀는 겉으로는 부모로부터 태어난 것 같고 부모에게 속한 것 같지만, 자녀는 여호와로부터 말미암은 존재이며, 여호와의 것이라는 말씀이다. 다시 말해 자녀는 하나님의 소유이며, 부모는 다만 하나님의 자녀를 맡아 기르는 청지기직의 사명을 가졌다는 것이다. 이것은 자녀들이 예수 그리스도의 복음을 듣고 인격적으로 하나님의 사랑을 깨달아 자신이 하나님의 자녀라는 것을 알고 고백하게 되는 사건과는 별개의 문제로, 모든 자녀들은 지금 있는 그 모습 그대로 하나님의 소유이다.

그렇다면 그리스도인 부모는 자녀를 어떻게 키워야 할까? 부모가 자녀를 하나님의 자녀로 키우기 위해서는 부모의 생각이나 방식이 아니라 하나님의 뜻과 하나님의 방식대로 키워야 한다. 이것이 자녀를 낳아 기르는 그리스도인 부모로서 가져야 할 가장 중요한 마음가짐이다. 부모가 자녀를 향하신 하나님의 뜻을 깨닫고 하나님의 방식대로 자녀를 키우려면 부모는 자녀 양육에 대한 지식과 원리를 하나님의 말씀인 성경에서 찾아야 한다. 그러면 이제 구체적으로 성경에서 자녀 교육에 대해 어떻게 말하고 있는지 살펴보자.

2. 부모, 자녀의 신앙교사

자녀가 하나님의 자녀로서 살아가는 데 있어서 가장 중요한 것은 무엇일까? 하나님의 자녀에게 가장 중요한 것은 신앙이다. 신앙은 그를 창조하시고 그를 구원하시는 하나님과의 관계이다. 그러므로 부모가 자녀를 키우는 데 가장 중요시해야 할 것은 신앙교육이다. 왜냐하면 하나님과의 올바른 관계인 신앙 속에서 올바른 인성이 자라가고, 그러는 가운데 세상에 대한 올바른 이해를 갖게 되고, 그것을 바탕으로 이웃과의 올바른 관계가 형성되기 때문이다.

그러면 신앙이란 구체적으로 어떻게 형성되는 것일까? 한때는 신앙을 가진다는 것을 교리를 전수받는 것이라고 생각하여 기독교교리에 동의하기만 하면 그 사람은 신앙인이라고 여기기도 했다. 그러나 신앙을 가진다는 것은 교리를 아는 것을 의미하는 것이 아니라 신앙인격의 형성을 의미한다. 신앙인격이라는 것은 한 사람의 인격에 있어서 신앙이 중심을 이루어서, 그의 생각이나 감정, 의지와 행동이 그 신앙에 의해 조화롭게 일치되는 방향으로 나타나는 것을 의미한다.

이러한 자녀 신앙인격의 형성은 어디에서 이루어지는 것일까? 이 신앙인격의 형성은 자녀가 독립된 한 인격체로 태어나 자라나는 가정에서 부모의 영향 아래 이루어진다. 이 신앙인격의 형성의 방향을 인도하고, 성장을 촉진하는 것을 신앙교육이라고 일컫는다. 그러면 부모는 이 올바른 신앙인격의 형성을 위한 신앙교육을 어떻게 해야 할 것인가? 성경은 자녀의 신앙교육에 대해 무엇이라고 말하고 있는지 살펴보자.

신앙교육의 가장 중요한 기초가 되는 말씀은 구약성경 신명기 6장 5절에 나타나 있다. "우리 하나님 여호와는 오직 하나인 여호와시니 너는 마음을 다하고 성품을 다하고 힘을 다하여 네 하나님 여호와를 사랑하라"신 6:5는 말씀은 하나님을 경외하는 이스라엘 백성 한 사람 한 사람이 마음에 새겨야 하는 말씀일 뿐 아니라 "자녀에게 부지런히 가르쳐야" 하는 말씀이다신 6:7. 이 신명기의 말씀은 신앙교육의 내용이 무엇인지, 신앙교육이 어떻게 이루어지는지를 잘 보여 준다. 구약성경에 나타난 이 신앙교육이 이루어지는 장은 가정이다. 그리고 이 내용을 자녀에게 가르치는 신앙의 교사는 부모이다. 그러면 부모는 자녀를 어떻게 교육하여야 할까? 자녀 신앙교육의 첫째 방법은 부모가 이 말씀을 마음에 새기는 자가 되는 것이다신 6:6. 그래서 부모는 자신의 삶으로 자녀에게 모범을 보여주는 신앙의 교사가 되는 것이다. 둘째, 부모는 집에서나 길에서나 어디에서 무엇을 하고 있을 때이든지 모든 기회를 이용하여 이 말씀을 가르쳐야 한다신 6:7. 직업을 가지고 다른 일을 하면서 어떻게 이것이 가능할 것인가? 이것은 부모의 삶 자체의 모범이 아니고서는 불가능하다. 셋째, 손목과 미간 그리고 집의 문설주 등 자녀가 생활하는 모든 환경에 이 말씀을 부착하여 계속 상기시킴을 통하여 이 말씀을 교육하는 것이다신 6:8. 이 말씀을 보면 부모는 마치 자녀의 신앙교육을 위해 존재하는 것처럼 보인다. 이것이 오늘날의 삶의 현실 속에서도 가능할 것인가? 물론 가능하다. 이 말씀은 만일 부모가 부모의 삶 전체가 하나님의 말씀을 구현하는 것이어야 한다는 것을 깨닫고 그대로 살기를 노력한다면 오늘날에도 여전히 이루어질 수 있음을 의미한다.

그러면 신약성경은 자녀교육에 대해 무엇이라고 말하고 있을까? 신약성경은 "아비들아 너희 자녀를 노엽게 하지 말고, 오직 주의 교양과 훈계로 양육하라."엡 6:4고 말한다. 구약성경과 마찬가지로 신약성경도 부모에게 자녀교육의 책임을 강조한다. 이 말씀은 부모가 자녀를 주의 교양으로 양육하고 교육함에 있어 적절한 방법으로 훈계하는 것을 강조한다. 성경은 부모가 자녀에게 하나님의 말씀 또는 하나님의 뜻을 가르친다고 하면서 때때로 부모의 판단기준과 부모의 성질대로 자녀를 함부로 대하는 것을 경계하고 있다. 부모는 자녀를 훈계한다는 명목으로 폭력적인 말을 쓰거나 권위주의적인 체벌로 자녀를 노엽게 할 수도 있다. 그러나 훈계의 성경적 의미는 벌을 주는 것이 아니라,

훈련하고 수정해 주는 사랑 깊은 양육을 의미한다.

지금까지 살펴본 대로, 부모는 자녀가 부모의 소유가 아니라 하나님의 자녀인 것을 깨닫고 하나님의 뜻과 하나님의 방식대로 자녀를 양육하려고 힘써야 하는 책임을 가진 사람들이다. 그러면 어떻게 하면 부모가 하나님이 주신 이 부모로서의 책임과 의무를 잘 감당할 수 있을까? 자녀교육에 대한 성경의 가르침을 생활의 현장에서 어떻게 실천할 수 있을까 하는 문제를 가지고 씨름해온 기독교교육학자들의 전문적 견해를 살펴보는 것은 부모의 자녀 신앙교육에 대한 실제적인 도움이 될 수 있다.

3. 기독교교육이론에서 얻는 자녀양육의 지혜

기독교교육학에서는 자녀의 신앙교육을 위한 부모의 역할에 대해서 무엇이라고 말하고 있을까? 기독교교육의 아버지라고 불리는 미국의 기독교교육학자 호레이스 부쉬넬H. Bushnell은 자녀의 기독교적 양육을 논하는 그의 유명한 책『기독교적 양육』에서 가정을 하나님과 맺은 언약을 공유하는 언약공동체로 보았다. 그는 부모와 자녀의 관계를 신앙적으로 서로 깊은 영향력을 주며 얽혀 있는 유기체로 본 것이다. 부쉬넬은 가정에서 기독교 양육을 위한 가장 중요한 시기는 인생의 출발기, 즉 유아시기라고 보았는데, 이 시기의 어린이들은 부모들이 예배드리고 기도하는 모습 등을 보고 모방하며 신앙이 무엇인지를 배우게 된다. 한 예로 부모와 함께 드리는 저녁 잠자리에서의 기도는 어린이들의 기도의 습관을 길러주며, 하나님의 현존을 깨닫고 하나님께 대한 신뢰와 신앙의 확신을 심어주는 기회가 된다.[3]

부쉬넬이 말하는 부모가 기독교적 양육을 하는 방법으로는 첫째, 신실한 사랑의 관계를 통해서 부모는 자녀들이 가지는 하나님과의 관계를 위한 통로가 된다는 것이다. 둘째, 교사로서의 부모는 가정의 분위기를 통해 복음을 전달하게 된다. 셋째, 교사로서의 부모는 삶 자체가 자녀들의 모범이 되도록 해야 한다. 넷째, 교사로서의 부모는 자녀와 좋은 대화를 나눌 수 있어야 한다. 다섯째, 교사로서의 부모는 가족 구성원이 함께 드리는 공동기도를 이끌 수 있어야 한다. 이러한 방법을 통해 부모는 자녀들이 경건 가운데서 성장하도록 돕게 되는 것이다.[4]

기독교교육학자 랜돌프 밀러R. Miller와 루엘 하우R. Howe는 부쉬넬의 교육이론에 나타난 자녀의 신앙교육에서의 부모역할을 좀 더 구체적으로 설명하였다. 많은 사람들은 아이들이 학교에 갈 만큼 자라기까지는 신앙교육을 위해 할 수 있는 것이 별로 없다고 하지만, 밀러와 하우는 영아기짧게는 생후 18개월, 길게는 생후 3년의 교육은 아무리 강조해도 지나치지 않다고 말한다. 왜냐하면, 어린아이의 기본적인 신뢰와 기본 불신의 감정은 이 시기에 형성되는데, 이 '신뢰'란 아이가 평생을 통해 갖게 되는 모든 인간관계에 있어서 기초가 되고, 영아기의 기본적인 신뢰감은 평생 동안 신앙생활의 초석이 되기 때문이다. 밀러와 하우는 어린 아이에게 형성되는 신뢰감은 부모의 교육적인 백 마디 천 마디 말에 의해 이해되고 경험되는 것이 아니라, 부모의 따뜻하고 의지할 만하고 관심 있는 돌봄에 의해 지각된다고 보았다.

---

3 Horace Bushnell, *Christian Nurture*, 김도일 역, 『기독교적 양육』(서울: 장로회신학대학교 출판부, 2004).
4 위의 책, 231-252.

밀러에 의하면, 어린아이는 부모와의 '관계'를 통해 신앙을 배운다. 어린아이의 신뢰감은 가정이라는 환경에서 부모가 아이에게 대하는 태도에 대한 반응으로서 자라간다. 이 부모에 대한 어린아이의 신뢰감은 결국에는 아이가 살아계신 하나님과 관계 맺는 단계까지 발전한다. 밀러는 자녀를 대하는 부모의 태도 등 가정생활의 일반적 분위기가 아이의 세상에 대한 태도 발달에 영향을 미치고, 종교적 신앙에의 기본자세도 초기의 가정 경험에서 형성된다고 한다. 다시 말하면, 어린이에게는 가정에서 경험한 관계가 그 외의 모든 다른 관계의 전조가 된다는 것이다.[5]

하우는 좀 더 어린 아기의 신앙양육에 대해서 연구했는데, 그에 의하면 아기의 믿음은 어머니의 믿음직함의 시범을 통해 일깨워진다. 믿음은 가르쳐지는 것이 아니라 사람 안에서 다만 일깨워지는 것이다. 아기는 전폭적인 의존의 상태에서 삶을 시작하는데, 부모가 아기의 신체적, 사회 정서적 욕구를 만족시켜줄 때 아기는 사랑받고 있다고 느끼고, 결과적으로 자기를 사랑해주는 사람은 믿을 수 있다고 느끼게 된다. 하우는 아기의 믿음을 일깨우는 데에는 일반적인 '말'의 언어가 아니라 '관계'의 언어가 사용된다고 한다. 자녀가 어릴수록 어머니가 쓰는 언어는 이 '관계'의 언어, 즉 사랑과 신뢰의 언어가 되어야 한다는 것이다.[6]

한편, 하우는 부모가 자녀로 하여금 '하나님의 자녀'가 되도록 도울 수 있기 위해서는 부모들 자신에게 성령님의 도우심이 필요하다는

---

5 고용수, 『만남의 기독교교육사상』(서울: 장로회신학대학교 출판부, 1994), 178.

6 Reuel L. Howe, *Men's Need & God's Action*, 김득렬 역, 『인간의 욕구와 하나님의 역사』(서울: 한국 장로교출판사, 1993), 63-71.

것을 인정해야 한다고 강조하였다. 하우가 이해한 성령님은 뜻깊은 의 사소통이 이루어지는 관계를 맺어주시는 분이다. 어린이의 첫 번째 교 사인 부모는 '관계'의 언어를 통해 자녀에게 신앙교육을 하는데, 특별 히 부모와 어린이의 관계에서 중요한 것은 이 관계가 일반적인 부모-자녀 관계를 넘어서서 성령님께서 역사하시는 관계가 되어야 한다는 것이다.[7]

이제까지 살펴본 바와 같이 자녀의 연령이 어릴수록 가정은 교회 학교보다 더 중요한 신앙교육의 장이며 자녀의 신앙은 부모와의 관계 속에서 형성되고 자라가므로, 자녀의 신앙교육에 있어서 부모의 영향 은 절대적이라고 말해도 과언이 아니다.

II. 부모, 자녀교육의 주체[8]

유바디 교육목회는 부모에게 초점을 맞춘 교육목회이다. 유바디 를 이해하기 위해서는 자녀교육의 주체가 부모이며, 부모에게 자녀교 육권이 있음을 인식하는 것이 중요하다. 자녀교육에 대한 권리를 말할 때, 다양한 교육 참여자의 권리를 말할 수 있으나, 그중 가장 중요한 권리가 부모에게 있다. 니콜라스 월터스토르프 Nicholas P. Wolterstorff 는 그의

---

7 위의 책, 72.
8 이 부분은 필자의 논문 '기독학부모운동의 가능성 탐색', 『장신논단』 27 (장로회신학대학교 기독 교사상과 문화연구원, 2006.12), 471-503을 수정, 보완한 것임.

책 『삶을 위한 교육』 *Educating for Life: Reflections on Christian Teaching and Learning* 에서 자녀교육에 대한 부모의 주체적인 권리를 분명히 밝히고 있다.

그는 아동 교육의 성격을 결정지을 권리가 누구에게 있는가를 질문하면서, 아동 자신, 국가, 교사, 그리고 부모 중에서 누가 기본적인 권리가 갖는지를 논증하고 있다. 먼저 아동의 교육에 대해 아동 자신이 그 교육의 성격을 결정지을 권리가 있다는 주장에 대해 니일 A. S. Neill 을 예로 들고 있다. 니일은 아동 외에는 아무도 아동의 교육에 대해 결정할 수 있는 권리가 없다고 주장한다. 오직 아동만이 그그녀가 배울지 말지, 그리고 무엇을 배울지 말지를 결정한 권한이 있다는 것이다. 아이들은 태어날 때부터 이미 욕구와 관심을 지니고 태어나고, 아이들의 정신적 건강과 행복은 무엇이 그들을 위해서 궁극적으로 좋은 것인지를 결정할 수 있다고 보았다. 따라서 성인들이 그들의 관점에서 아이들이 되어야 할 모습을 결정할 수 있는 권리가 있는 것이 아니라는 것이다.[9] 그러나 월터스토르프는 아동이 그들 스스로가 어떤 교육을 받을지를 결정할 수 있는 권리가 있다기보다는 '교육받을 권리'가 있다고 보았다. 특히 아동들은 그들의 인권이 존중되고 육체적으로 위험하지 않는 방식으로 교육받을 권리가 있고, 국가는 이러한 아동의 권리를 보호해야 할 책임이 있다.[10]

아동 자신이 교육적 결정권을 갖는다는 주장과는 달리 국가가 아동 교육의 성격을 결정할 수 있다는 주장도 있다. 일정한 연령에 도달할 때까지는 부모가 교육적 책임과 권리가 있지만, 그 후에는 사회와

---

9 Nicholas P. Wolterstorff, *Educating for Life: Reflections on Christian Teaching and Learning* (Grand Rapids: Baker Academic, 2002), 212.

10 위의 책, 222.

국가의 규범을 받아들여 시민의 역할을 감당하도록 해야 하기 때문에 국가가 아동의 교육의 성격을 결정해야 한다는 것이다. 아동들은 사회를 유익하게 하는 규칙과 확신들을 내면화해야 하는 것이다. 그런데 국가의 관리들이 어떤 규칙과 어떤 확신들이 그 사회의 복지를 이룰 수 있는 것인가를 판단할 수 있는 권리를 갖기 때문에, 이들이 아동들에게 무엇을 가르칠 것인가를 결정할 수 있는 권한을 갖는다고 보았다. 특히 전체주의적 totalitarian 성격을 강하게 지닌 국가일수록 이러한 국가의 아동교육에 대한 권리를 강조하는 경향이 있다.[11] 이들은 개인의 복지와 사회의 복지가 갈등할 때, 항상 사회의 복지가 선행한다고 주장한다. 이념적으로 전체주의 정부는 그들이 전체주의적 성격을 강화할 때 먼저 아이들에 대한 교육을 통제하는 경향이 있다. 그렇기 때문에 국가가 전체주의로 가는 것을 막는 중요한 방법은 국가로 하여금 아동 교육을 결정하지 못하도록 막는 것이다.[12]

아동 교육의 성격을 결정짓는 권리가 교사에게 있다는 주장도 있다. 물론 교사는 전문성을 갖고 아동을 교육할 수 있는 자율적인 권리를 갖는다. 그러나 이는 아동 교육의 성격을 결정할 수 있는 권리를 의미하는 것은 아니다. 부모가 이러한 권리와 책임을 갖고 있는 반면, 교사는 이러한 부모의 권리를 위탁받아 부모를 대신하여 아이들에게 교육적 책임을 수행하는 것이다. 만약 교사가 부모가 위임해 준 권리와 책임을 감당하지 못하고, 부모의 교육에 대한 기본적인 확신과는 다른 교육을 실행할 때에는 부모가 그 위임을 다른 사람이나 단체로 옮길

---

11   위의 책, 212-213.
12   위의 책, 218.

수 있는 권리가 있다. 즉, 교사의 교육에 대한 권한은 부모의 요구라는 틀 안에서 그들의 전문적인 능력을 행사하는 것으로 제한된다는 것이다.[13]

유대 기독교 전통에서 강조하고 있는 것은 부모에게 아동교육의 성격을 결정할 수 있는 권리가 있다는 것이다. 자녀교육에 대한 이러한 부모의 권리는 모든 인간 권리의 기본이 되는 권리 중의 하나로서 월터스토르프는 이것이 언론의 자유에 대한 권리보다도 더 기본적인 권리라고 주장한다.[14] 이 권리가 인정되지 않을 때에는 인간의 삶의 가장 중요한 가치가 위협받을 수 있다고 말한다. 이러한 권리는 법적인 권리 이전에 도덕적인 권리요 인간의 기본적인 권리라는 것이다. 무엇보다 자녀는 그 부모의 육체적 결합을 통해 이 땅에 태어나기 때문에 부모의 자녀에 대한 관계는 자연적 감성 natural affection 을 지닌다. 이 자연적 감성은 신비한 것이며 어떤 과학적인 설명보다도 선행된다고 할 수 있다. 이러한 자녀에 대한 부모의 사랑은 교육에 대한 권리와 동시에 책임으로 연결된다. 월터스토르프는 이러한 부모의 자녀교육에 대한 권리와 책임은 학교에 입학시키는 것을 결정하는 것만이 아니라 어떤 내용과 성격의 교육을 받느냐를 결정하는 것까지를 포함한다고 보았다. 이것은 부모가 자녀를 세속적인 가치관으로 교육할 것인지, 기독교적 또는 불교적 가치관으로 교육할 것인지를 결정하는 것을 포함한다고 보았다. 이러한 부모의 자녀에 대한 교육 결정권은 우주적인 기본권으로서 법으로 보호되어야 한다. 국가가 이러한 부모의 자녀교

13 위의 책, 221.
14 위의 책, 213.

육권을 침해해서는 안된다. 단지 국가는 이러한 부모의 자녀교육에 대한 권리가 정당하게 행사되도록 보호해야 할 책임과 권리가 있다. 월 터스토르프는 만약 부모가 이러한 자녀 교육에 대한 권리를 행사하지 못한다면 교육에 대한 통제권이 불가피하게 국가나 세력을 지닌 교원 노조로 옮겨갈 수 있음을 경고하고 있다.[15] 그렇기 때문에 부모는 자녀가 하나님이 주신 선물이요 부모는 자녀를 양육할 책임이 있는 청지기임을 인식하고 자녀교육에 대한 책임과 권리를 올바르게 행사하여야 할 것이다.

교육권은 "교육에 관한 일정한 권리를 보호하기 위하여 법이 특정한 개인 또는 단체에게 부여하여, 그 의사를 우선적으로 주장하고 남을 지배할 수 있는 힘"으로 정의할 수 있다.[16] 교육권 가운데 특히 부모의 교육권을 주목할 필요가 있는데, 부모의 자녀에 대한 교육의 권리는 자연법 및 실정법으로 인정되는 부모의 권리이자 책임이라고 할 수 있다. 즉, 부모는 자녀에 대한 부양의 의무와 교육의 의무를 지니는데, 이는 자녀의 교육받을 권리를 대행하는 권리를 지니고 있음을 의미한다. 이런 면에서 "부모의 교육권은 어린이의 교육받을 권리의 투영"이라고 할 수 있다.[17] 국제적으로 교육의 자유를 보장한 최초의 규정이라고 할 수 있는 세계인권선언 제26조 제3항에는 "부모는 그 자녀에게 행할 교육의 종류를 선택할 우선적 권리를 가진다"고 명시되어 있다. 즉, 부모는 자녀의 교육에 대해 책임과 의무를 지니고 있는 동시에 권리를 갖는다.[18]

---

15   위의 책, 224.
16   강인수, 『교육법연구』(서울: 문음사, 2003), 23.
17   위의 책, 31.

우리나라의 교육에서도 부모의 교육권은 중시되고 있다. 우리나라의 헌법 제31조는 아동의 교육받을 권리가 보장되어 있고, 민법 제913조와 교육기본법 제13조는 부모가 아동의 교육에 대해 교사와 학교에 권리를 요구할 수 있음을 인정하고 있다.[19] 이는 자녀의 학습의 자유를 대리하여 부모가 학교교육내용을 선택하거나 거부하는 것, 그리고 자녀의 학교교육에 관해 적극적으로 요구할 수 있는 권리가 있음을 말한다. 즉, 부모의 교육권은 자녀의 학습권에 기초하고 있는데, 학습권은 "인간이 태어나면서부터 학습을 통해 인격을 형성하고 인간의 존엄과 가치를 실현하며 인간적으로 성장, 발달하여 갈 권리"라고 할 수 있는데, 아동의 학습권은 부모의 교육권에 의해 실현되는 것이다.[20] 이러한 부모나 친권자의 자녀에 대한 교육권과 교육의무는 '교육시키지 않을 권리'는 없는 것을 의미하며, 동시에 부모는 자신의 도덕적, 종교적인 신념에 따라 자식을 교육시킬 수 있는 권리가 있음을 의미한다.

자연법상의 원리와 민법상의 규정은 자녀교육에 대한 부모의 권리를 인정한 것으로, "국가는 아동, 학생들의 교육자가 될 수 없고, 교육의 보조자에 지나지 않는다는 것"이다.[21] 교사의 교육권은 학생에

---

18 김영화, 『한국교육의 종합이해와 미래구상(III): 학부모와 자녀교육편』(파주: 한국학술정보(주), 2001), 46.

19 교육기본법 제13조(보호자)는 1) 부모 등 보호자는 그 보호하는 자녀 또는 아동이 바른 인성을 가지고 건강하게 성장하도록 교육할 권리와 책임을 가진다. 2) 부모 등 보호자는 그 보호하는 자녀 또는 아동의 교육에 관하여 학교에 의견을 제시할 수 있으며, 학교는 이를 존중하여야 한다고 규정하고 있다.

20 고창규, "학부모의 교육권 및 학부모회의 학교 참여" 『교육이론과 실천』 제9권, 경남대학교 교육문제연구소, 1999, 269.

21 강인수, 『교육법연구』, 59. 만일 공교육에서 국가가 아동, 학생의 교육을 지나치게 통제할 경우, 이는 부모의 교육권을 침해할 소지가 높아지고 부모와 국가는 서로 갈등을 갖게 될 수가 있다.

대한 일차적인 교육의 권리라기보다는 교사의 전문성에 대한 권리를 의미하는데, "수업내용, 교육방법, 교재의 선정, 성적평가, 교육과정 편성 등의 교육전문적 사항을 결정"하는 권리로서 아동, 학생의 학습권을 보장하기 위해 그 전문성을 인정해야 한다는 것이다.[22] 이러한 교사의 전문성에 대해 부모나 다른 사람 또는 단체가 개입하는 것은 월권일 수 있다는 것이다. 결국 부모의 교육권은 학생의 교육권과 상관없이 행하여질 수 있는 권리라기보다는 학생의 교육권을 대행하고 있다는 점에서 교육권의 중심에 있다고 볼 수 있다. 강인수는 교육에 있어서 학생과 부모의 권리가 '교육을 받을 권리'의 핵심적 위치를 차지하고 있다고 보면서, 구체적인 권리의 내용들을 도표로 제시하고 있다.[23]

〈표 12〉 부모의 권리

공교육법의 원리		학생, 부모의 권리	내용
교육을 받을 권리	의무성	학교선택권	의무교육에서의 학교교육 선택권 비의무교육에서의 학교 선택권 학생분류에서의 차별금지, 통학권 등
	무상성	교육조건 정비 요구권	교육비 국고부담 청구권 학교시설, 환경정비 요구권
	중립성	교육내용 선택권	교과서 작성, 선택권 종교의 자유 교육과정 선택권 애국행사 참여권
		학문의 자유	표현, 출판에 대한 권리 집회, 수색, 압수에 대한 권리 대학에서의 학생의 지위, 발언권 대학자치와 학생의 권리
	일반인권	징계처분에 대한 권리	체벌과 학생의 권리 두발, 복장에 대한 학생의 권리 징계처분과 적정판정요구권

위의 〈표 12〉에서 열거된 학생, 부모의 권리의 내용은 교육에 있어서 매우 중요한 사항으로서 학부모들 스스로가 이러한 권리가 있음을 인식하고 이 권리를 신중하게 행사하여 자녀의 교육에 대한 권리가 올바르게 행사될 수 있도록 해야 할 것이다.[24]

유바디 교육목회의 당위성과 필요성은 부모가 교육의 주체이며, 자녀의 교육을 위하여 교육권을 행사할 수 있는 존재임을 각성하는 데에 근거한다. 교회의 중요한 사명은 부모를 진정한 그리스도인 부모, 기독학부모로 세우고 그들이 가정에서 자녀의 신앙교사가 되도록 돕는 것이다. 교회학교 교사, 학교의 담임교사나 교과목 담당 교사, 학원 강사는 부모가 자신의 역할을 일부 위탁한 존재일 뿐 자녀교육의 주체가 될 수 없다. 교회는 부모가 스스로 교육의 주체임을 각성하고 깨어 일어나 '성경적 자녀교육'을 실천하는 주체가 되도록 부모를 세우는 일에 관심을 기울여야 하는데 그것이 바로 유바디의 핵심 과제이다.

---

22 위의 책, 32.

23 위의 책, 48.

24 고창규는 이제까지 우리나라에서의 부모 교육권은 교육의 외적 조건 정비에 대하여 국가에 요구하는 방식이었다고 지적하며, 이제는 교육의 내적 사항인 교육의 목표, 내용, 방법 등에 대해서 부모의 교육권을 주장해야 한다고 말한다. 특히 그는 이러한 부모의 교육권에는 1) 학교교육내용 선택의 자유, 2) 교육요구권, 3) 학교참가권 등이 포함되어야 한다고 주장한다. (고창규, "학부모의 교육권 및 학부모회의 학교 참여," 271-273)

Ⅲ. 부모의 유형 이해

부모에게도 유형이 있다. 자녀를 양육하는 데에 있어서 어떤 성향을 지니느냐에 따라 부모 유형을 나눌 수 있다. 일반적으로 '문제아'라고 불리우는 자녀는 그 자녀가 문제라기보다는 그 부모가 문제인 경우가 많다. 자녀를 유형화하고 문제아와 문제가 아닌 아이로 구분하는 것 이전에 부모의 유형화가 필요하며, 부모가 보다 건강한 유형의 부모가 되는 노력이 필요하다. 그렇다면 부모들을 어떤 유형으로 분류할 수 있을 것인가? 부모 역할에 관한 많은 책들에서 부모의 유형 분류에는 부모가 가져야 하는 중요한 두 요소인 사랑과 훈계를 그 기준으로 삼는다. 이 경우 네 가지 부모 유형으로 구분될 수 있는데, 사랑이 있

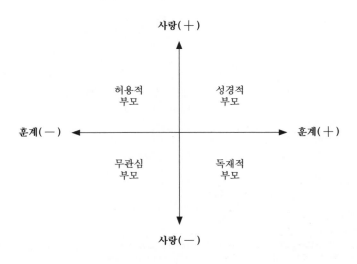

〈그림 3〉 부모의 유형

지만 훈계가 없는 경우, 사랑은 없고 훈계만 있는 경우, 사랑도 없고 훈계도 없는 경우, 사랑도 있고 훈계도 있는 경우 등이다. 이 네 가지 부모 유형은 사랑^{공급}을 세로축으로 하고 훈계^{통제}를 가로축으로 하는 〈그림 3〉으로 잘 설명될 수 있다. 네 가지 유형의 명칭은 독재적 부모, 무관심 부모, 허용적 부모, 마지막으로 사랑과 훈계가 균형을 이룬 성경적 부모이다.

여기서 사랑^{공급}의 개념은 정신적이 것, 물질적인 것 모두를 포함해서 자녀가 필요로 하는 것을 주는 데 인색하지 않고 풍성하게 공급해 주는 것을 말한다. 그리고 무엇보다 따뜻한 애정을 표현하는 것을 말한다. 훈계^{통제}의 개념은 자녀가 가정과 사회에서 생활하는 데 해야 할 것과 하지 않아야 하는 것을 구별해 주면서 자녀가 잘못하였을 때에는 적절한 방법으로 징계하는 것을 의미한다.

첫 번째 유형인 '독재적 부모'는 자녀에게 따뜻한 사랑은 주지 않고 훈계에 치중해서 잘못에 대해 야단만 치는 부모이다. 잘한 일에 대해서 칭찬이 인색한 이런 부모 밑에서 자라난 자녀는 위축되어있고 열등감에 시달리며 숨어있는 분노를 가지고 살게 된다. 이렇게 자라난 자녀는 사춘기에 아주 반항적인 태도를 취하기가 쉽다.

두 번째 유형인 '허용적 부모'는 자녀가 잘못하여도 전혀 훈계하지 않고 사랑만을 주는 부모입니다. 자녀를 사랑하는 것 자체가 잘못은 아니지만 훈계가 없는 자녀 사랑은 방종을 가져올 수 있다. 해달라는 대로 다 해주는 이런 부모로부터 양육받은 자녀는 이기적이고 자기훈련이 되어있지 않다.

세 번째로 '무관심 부모'는 사랑도 훈계도 주지 않는 부모이다. 이런 부모는 자녀가 자기 자녀가 아닌 듯이 자녀를 전혀 돌보지 않는 경우를 말한다. 이런 경우가 많지 않지만 자기 삶에 대한 관심만 많은 이기적 부모에게 나타나는 유형이다. 이런 무관심 부모 밑에서 자란 자녀는 남과의 관계를 잘 맺지 못하고, 부모로부터 돌봄을 받지 못한 것이 평생 마음에 큰 상처로 남을 수 있다.

네 번째로 '사랑과 훈계가 균형을 이룬 부모'는 자녀에게 필요한 모든 것을 풍성히 공급해 주고 자녀를 따뜻하게 사랑해 주면서도, 자녀교육에 일정한 기준이 있어서 자녀가 지나친 행동을 보이거나 자녀가 잘못된 길로 가면 단호하게 훈계하는 부모이다. 사랑의 깊이만큼 공의가 함께 깊어가는 유형이다. 이것이 성경적인 부모상인데, 십자가에서 하나님의 사랑과 공의가 함께 나타나고 있는 것처럼 부모가 자녀를 사랑과 공의로 양육하는 유형이다.

우리는 이 네 가지 유형 중 어떤 유형의 부모인가? 자녀 양육에 있어서 부모의 공급과 통제, 사랑과 훈계는 균형을 이루어야 한다. '사랑'을 모든 인간관계의 최고의 덕목으로 가르치는 성경은, 동시에 "네 자식을 징계하라 그리하면 그가 너를 평안하게 하겠고 또 네 마음에 기쁨을 주리라"^{잠 29:17}라고 자녀를 훈계할 것을 가르친다. 그리고 이러한 징계가 너무 지나쳐서 자녀에게 상처가 되지 않도록 "아비들아 너희 자녀를 노엽게 하지 말고, 오직 주의 교양과 훈계로 양육하라."^{엡 6:4}고 말한다.

그리스도인 부모는 사랑과 훈계가 적절하게 균형 잡힌 방식으로 자녀를 양육해야 한다. 하나님께서는 우리에게 모든 좋은 것을 주심으로 우리에 대한 하나님의 사랑을 표현하시지만 아담과 하와의 불순종에 대해서는 공의롭게 징계하셨다. 하나님이 하나님의 자녀인 우리를 대하시는 방식으로 우리가 자녀를 양육한다면 우리의 자녀양육은 성공적일 것이다. 이렇게 양육받은 자녀는 나중에 하나님의 사랑과 공의도 잘 이해하게 된다.

IV. 부모의 발달단계

갈린스키 Ellen Galinsky 라는 학자는 저서 *The Six Stages of Parent-hood*에서 자녀의 성장과 더불어 부모도 성장하는지, 그리고 성장한다면 부모들도 자녀들처럼 어떠한 단계를 거치는지 하는 것에 대한 의문을 갖고 부모들을 연구하였다.[25] 갈린스키는 다양한 유형의 부모들, 태아에서부터 18세까지의 자녀를 둔 228명의 부모를 대상으로 한 연구에서 부모기의 단계를 도출해 내었다. 단계란 한 사람이 자신의 중요한 심리적 과업이나 해결해야 할 문제에 정서적·지적 에너지를 집중시키는 시기를 말한다. 갈린스키가 말하는 부모기의 단계는 일반적으로 발달심리학에서 말하는 생애주기의 단계와는 그 개념이 다른데, 부모의 발달단계는 이미지 형성기, 양육하는 단계, 권위 형성 단계, 설명하는 단계, 상호 의존 단계, 떠나보내는 단계로 나누어진다. 이러한 부모의 발달단계는 부모의 연령 증가에 따른 단계가 아니라 자녀의 연령과 발달에 따른 단계이다. 각 단계마다 부모발달의 과업이

---

25 Ellen Galisky, *The Six Stages of Parenthood*, 권영례 역, 『아이의 성장, 부모의 발달』(서울: 창지사, 1997). 정갑순, 『주여 이 아이를 어떻게 기르오리이까』(서울: 총신대출판부, 2003) 참조.

다른데, 이를 기독교적 부모교육으로 적용해보면 각 단계마다 기독교적 자녀교육을 위한 부모 발달과업이 있다는 것이다. 갈린스키의 부모 발달단계와 이에 따른 기독교적 부모발달과업은 다음과 같다.

1. 제1단계: 이미지 형성기 the image making stage – 임신기간

이미지 형성기란 임신기간 동안에 예비부모들이 부모로서의 자신 이미지를 형성하고 수정해 가는 시기를 말한다. 자녀의 출산을 기다리는 예비부모들은 여러 가지 상상으로 가득 차 있으며 결혼하기 전과 아주 유사한 흥분과 불안, 기쁨과 초조 등의 복합적인 감정을 가지게 된다. 그러므로 이때에 하나님의 도우심을 구하는 태도가 절대적으로 필요하다. 그리스도인 예비 엄마는 아기가 모태에서 수정되는 순간부터 하나님의 계획 속에 있음을 알고 이미지 형성기를 보내야 한다.[26]

이 기간 동안에 자신이 어떤 부모가 되기를 원하는지 생각하며 어린 시절 자기 부모와의 경험을 되돌아보고 부모로서의 이미지를 형성한다. 아기는 몸과 마음이 건강한 부모에게서 기쁨 속에 잉태되어야 하는데 이를 위해 부모는 근심을 떨쳐 버리고 적극적인 바람과 소망을 가지고 아기를 기다려야 한다. 여기에는 하나님을 향한 전적인 의존과 복종 그리고 헌신이 요구된다. 또한 부부의 진실된 애정이 필수조건이다. 예비부모는 하나님께서 주시는 새로운 생명체에 대한 감사와 감격, 그리고 하나님의 놀라우신 섭리에 대한 찬양이 있어야 한다.[27]

---

26 정갑순, 『부모교육론』(서울: 창지사, 1996), 66
27 정갑순, 『주여 이 아이를 어떻게 기르오리이까』, 183-184.

때로 원치않는 임신의 경우도 있지만 하나님의 섭리로 받아들이며 긍정하는 자세가 중요하다. 예비 아빠는 예비 엄마의 필요를 잘 이해하고 도와주는 사람이 되어야 한다. 이 시기에 배우자와의 관계 변화에 대하여 대비하는 일도 필요하다. 예비 아빠는 정기적인 병원 검진뿐 아니라 태교교육에도 함께 참여하는 것이 바람직하다. 예비 아빠가 아침 저녁 자고 깰 때마다 엄마의 배 위에 손을 얹고 아기와 엄마를 위해 기도한다면 태어날 아기와 예비부모는 함께 하나님의 사랑을 느낄 수 있을 것이다.[28]

　　제1단계인 이미지 형성기에서 기독교인 부모는 태어날 자녀에 대해서 단지 '내 자녀', '내 아들', '내 딸'의 이미지를 갖는 것이 아니라 '하나님의 자녀' 이미지를 갖는 것이 중요하다. 부모는 자녀의 소유권자가 아니고 청지기이다. 하나님으로부터 자녀를 선물로 받아 하나님의 뜻대로 양육하는 것이 부모의 사명임을 깨닫고 '하나님의 자녀'로 키우는 것이 중요하다. 또한 이러한 임신기에 부모는 단지 '엄마가 되네', '아빠가 되네'라고 생각하는 것에 머무르는 것이 아니라 '크리스챤 부모'의 이미지를 갖는 것이 중요하다. 이 시기에 어떤 이미지를 갖느냐에 따라서 양육의 방향이 달라지게 되는 것이다. 세속적인 자녀양육을 하는 세속적인 부모가 되느냐, 신앙적인 자녀양육을 하는 크리스챤 부모가 되느냐의 갈림길이라고 할 수 있다.

28　위의 책, 187.

2. 제2단계: 양육하는 단계 the nurturing stage – 출생 ~ 생후 2년

양육하는 단계는 자녀의 출생에서부터 24개월까지를 일컫는다. 이 단계에서 부모는 아기와 애착관계를 형성하게 되고 언제 어떻게 얼마나 많이 베풀어야 할 것인가를 배우게 된다.[29] 새로 태어난 아기의 부모로서 첫 번째 해야 할 일은 그 아기가 자신의 아기라는 것을 인정하고 하나님께 감사드림으로써 아기와 새로운 관계를 형성하는 일이다. 부모들이 새로 태어난 아기를 자신의 아이로 받아들이는 일과 함께 부딪히는 또 다른 문제는 "내가 아기를 정말 잘 돌볼 수 있을까?" 하는 결정이다. "정말로 내가 이 아기의 부모가 될 능력을 갖고 있는 가?"라는 근본적인 생각을 갖게 된다. 부모가 된다는 것은 다른 직업을 갖는 것과는 다르다. 놀라움과 책임감으로 인한 근심의 순간들을 경험하면서 부모로서 조금씩 성장하게 된다. 이는 부모로서의 역할에 대한 책임감과 관련된다. 성경에서도, 삼손이 태어날 것이라는 천사의 말을 듣고 그 아버지 마노아가 "당신의 말씀대로 되기를 원하나이다. 이 아이를 어떻게 기르오며 우리가 그에게 어떻게 행하오리까"삿 13:12 라고 물은 것을 찾아볼 수 있다.[30]

부모와 아기가 점차로 서로에 대해 알아나가는 과정에서 중요한 것은 분리와 결속의 문제이다. 부모는 아기가 자신과 분리되거나 결속된 상태의 양극단을 왔다 갔다 한다. 결속과 관계된 '애착'이란 어떤 사람을 다른 특별한 사람과 공간적으로 함께 하며 시간적으로 영속시

---

29   Ellen Galisky, 『아이의 성장, 부모의 발달』, 43.
30   정갑순, 『주여 이 아이를 어떻게 기르오리이까』, 193.

92
유바디 교육목회

킬 수 있도록 묶어주는 애정의 끈이다. 아기는 부모와의 애착관계를 통하여 자신을 둘러싸고 있는 환경에 대하여 신뢰하는 법을 배우게 되는데 이것은 에릭슨 E. Erikson 이 말하는 세상에 대한 기본신뢰감을 형성하는 것이다. 처음 엄마의 몸 밖으로 나와 경험하게 되는 세상과의 관계, 특히 제1차 양육자인 부모와의 관계가 너무나 중요한데, 신뢰감이 형성될 수도 있고 불신감이 형성될 수도 있는 것이다. 부모가 아기에게 적절히 반응할 때 아기는 긍정적인 자아개념과 자신감을 갖게 된다. 부모는 아기와 애착을 형성해감에 따라 자신의 자아가 변화하고 있음을 알게 된다. 부모 자신에 관한 것은 뒤로 밀려나고 아기로 인하여 엄마의 생활이 완전히 바뀌게 되며 부모의 생활리듬이 엉망이 되어버리기도 한다.

부모는 자녀를 보다 독립적인 아기로 키우기 위해 몰아붙이려 하는가 하면 어린 아기로 남아 있기를 바라기도 한다. 이러한 특징은 걸음마 시기에 현저히 나타난다. 이때 부모가 염두에 두어야 할 것은 자녀를 자신의 소유물처럼 생각하며 마음대로 하려고 하는 성향이 있다는 것이다. 그러나 부모에게는 자녀를 객관적인 측면에서 하나의 인격체로 또는 하나님의 형상대로 지음 받은 독립된 개체로서 볼 수 있는 태도가 필요하다. 부모가 된다는 것은 심오한 기쁨과 만족을 가져다주며 다른 한 인간을 완전히 돌보며 그 성장을 지켜보고 새로운 관점에서 자기 자신을 쳐다보며 더욱 인생에 대하여 잘 이해하게 되는 것이다.[31] 이 단계에서 부모가 자녀를 대하는 애착과 사랑은 그 자녀로 하여금 하나님의 사랑을 경험하게 하는 중요한 통로가 된다.

---

31 위의 책, 197-198.

3. 제3단계: 권위 형성 단계 the authority stage: 2-4.5세

권위를 형성하는 단계는 자녀의 나이가 만 2세경부터 4-5세까지의 시기를 일컫는다. 자녀가 걸음마를 하기 시작하면서 자녀는 더 넓은 세상으로 나아가 사회적 관계를 형성하게 된다. 이때부터 자녀에게는 질서를 지키고 권위를 따르느냐의 문제가 중요한 과제가 된다. 이단계의 부모는 어떤 유형의 권위가 있는지, 규칙이란 무엇이며 그 규칙은 어떻게 정해지고 언제 시행되며 또한 언제 그 규칙은 깨어질 수있는지 결정해야 하는 일들을 맞게 된다. 이 시기에 부모는 자녀에게 '해야 할 일'과 '하지 말아야 할 일'들에 대한 약속, 규칙, 규범에 대하여 가르칠 수 있다.[32]

이 시기에 권위를 형성하도록 재촉하는 것은 자녀들의 의사소통능력의 급격한 증진이다. 자녀는 "싫어, 아니야, 내가 할래"와 같은 말을 하게 되면서 자신의 행동을 결정하게 되는데 부모는 이것을 지도하는 권위를 가진 위치에 서게 된다. 자녀는 3세가 되면 '사회적 이유기'를 맞아 사회적 반경이 부모나 가족 이외 다른 사람에게로 확장된다. 부모, 가족, 친척 정도였던 사회적 관계가 슈퍼마켓, TV의 장난감광고, 다른 아이들과 그들이 가진 물건들, 그리고 다른 사람들, 놀이방이나 유아교육기관, 그리고 교회학교에 관한 것들로 보다 넓은 세상으로 확장된다. 이러한 변화에 자녀가 어떻게 대처해야 하는지 부모는 가르쳐야 하고, 효과적 가르침을 위해 부모는 권위를 가져야 한다.

이 시기의 자녀들은 부모가 자신들을 통제하는데 얼마나 확고한

---

32   Ellen Galisky, 『아이의 성장, 부모의 발달』, 113-115.

신념을 갖고 있는지 부모를 시험하곤 한다. 이 때 부모가 자녀를 양육하는 자로서 가진 권위는 부모 자신에게서 온 것이 아니라 하나님께서 부여하신 것임을 알아야 한다. 부모가 권위를 형성하기 위해서는 여러 가지 기술이 필요한데, 특히 자녀를 이해하는 지식과 기술이 필요하다. 이때 부모와 자녀 간의 '힘겨루기'가 생겨날 수 있는데, 이것을 피하는 기술이 요청된다. 부모도 자녀도 아무도 지지 않는 모두가 이기는 '무패방법'의 의사소통 기술을 익히는 것이 필요하다. 이 단계를 성공적으로 이끌지 못하고 자녀가 실행할 수 없는 너무나 많은 원칙을 강요하는 부모는 자녀를 억압하는 부모가 될 수도 있다.[33]

이때의 부모 과제 중의 하나는 자녀와의 일체감에서 벗어나 어느 정도의 거리를 두는 일이다. 자녀의 행동이 바람직하지 못할 때 다른 사람들이 자신을 평가한다고 생각하게 되며 부모들이 잘못 행동하였기 때문이라고 느끼며 죄책감을 갖게 되곤 한다. 자녀는 부모의 것이 아니고 하나님께서 잠시 맡겨주신 독립된 인격체이므로 객관적으로 자녀를 볼 수 있는 안목이 필요하다. 이 단계에서 부모가 전 단계의 애착을 그대로 지속하게 되면 자녀가 권위를 배우지 못한 채 방자한 아이로 클 수 있다. 이 시기에는 부모가 자녀와 약속을 하고, 지킬 경우는 칭찬을 하고 지키지 않을 경우에는 징계를 하여야 한다. 이때의 징계는 체벌이 아니라 훈육으로서 잘못을 인정하도록 하는 것이다. 그럼으로써 그 자녀의 마음속에 옳고 그름을 판단할 수 있는 기준이 생기고, 권위를 인정할 줄 아는 자녀로 성장하게 되는 것이다.

---

33   정갑순, 『주여 이 아이를 어떻게 기르오리이까』, 203.

4. 제4단계: 설명하는 단계 the interpretive stage – 5세 ~ 초등학교 시기

이 단계 부모기의 주요과업은 설명해주는 일이다. 이 시기의 부모들은 계속 쏟아지는 자녀들의 질문에 대답하여 자녀들을 둘러싸고 있는 세계와 그에 대한 부모의 생각을 설명해주며, 부모가 자녀에 대해 가지는 생각 등을 설명하게 된다.[34] 이 시기의 부모는 자녀에게 권위로써 무조건 요구하거나 명령하는 것이 아니라 가정생활, 유치원, 학교생활, 교회생활에서 자녀가 직면하게 되는 여러 가지 상황, 문제, 갈등등에 대해 솔직하게 부모의 입장, 부모의 생각, 부모의 바람을 설명해야 한다. 이 때 부모는 자녀가 비록 잘 이해하지 못하거나 긍정적으로 받아들이지 않더라도 실망하거나 포기해서는 안 된다. 이 시기에 부모로부터 설명되어진 가치판단이나 기독교세계관에 입각한 자녀들의 생각은 후에 그들이 부모 곁을 떠나 있을 때 그들의 삶의 지표가 되어 방향을 설정해 나가기 때문이다.[35]

또한 이 시기의 자녀들은 자기 자신에 대한 평가 외에도 부모, 형제 자매, 친구, 친척, 교사, 조부모 등 주변 사람들의 생각을 참조하여 자아개념을 형성한다. 자녀를 하나의 독특한 인격체로 인정하는 일은 부모기의 계속적인 과정의 한 부분인데, 자녀는 가정 안에서나 세계 안에서 우주를 주관하시는 하나님께서 자신을 사랑하고 계시다는 것을 알고 확신에 거하도록 설명해주어야 하는 것이 중요하다. 그래야만 자녀는 긍정적 자아개념과 높은 자존감을 가지고 세상을 대처해 나가

---

34   Ellen Galisky, 『아이의 성장, 부모의 발달』, 191-192.
35   정갑순, 『주여 이 아이를 어떻게 기르오리이까』, 209-210.

는 능력을 잘 개발하게 된다. 이 시기의 자녀는 에릭슨에 의하면 솔선성 대 죄의식, 근면성 대 열등감이 형성되는 시기이므로 주변에서 지나치게 제지하거나 처벌하면 죄의식과 열등감이 형성될 수 있으므로 주의하여야 한다.[36]

그리고 이 시기에 자녀들은 교회에서 배우는 성경이야기와 하나님, 예수님에 대한 관심이 생기면서 이 새로운 관심 분야에 대해 더욱 깊은 질문을 하게 된다. 아이의 하나님에 대한 개념이 급격히 자라나며 예수를 자신의 구세주로 모실 준비가 되어간다. 부모는 자녀가 하나님, 천국, 죽음, 죄에 대하여 묻는 질문에 민감해야 하나 자녀가 이해하지 못하는 것에 대해서는 결정을 강요하지 않도록 주의해야 한다. 자녀는 교회에 대한 부모의 태도, 세상에 대한 가치관에 절대적인 영향을 받는다.

설명하는 이 단계에서 부모는 자녀와의 새로운 관계를 형성한다. 유아기 자녀와의 불평등한 관계에서부터 비교적 평등한 관계로서 부모와 자녀 양쪽을 서로 설명해가는 쪽으로 변화가 가속화된다.[37] 크리스챤 부모는 이 시기의 자녀와 충분한 대화를 나눔으로써 부모가 지니고 있는 기독교적 세계관을 자연스럽게 자녀가 받아들일 수 있도록 도와야 한다. 이러한 대화에는 때로 인내가 필요한데, 끝까지 자녀의 질문에 대답하며 대화할 때 기독교적 가치관으로 현상을 보고 판단하고 해석할 수 있는 능력이 길러지는 것이다.

---

36 위의 책, 210-211.
37 위의 책, 215.

5. 제5단계: 상호의존 단계 the interdependent stage – 십대의 시기

부모들이 자녀들로 인해서 가장 당황하게 되는 단계이기도 하다. 이 단계에서 십대들의 부모들은 그 전과는 전혀 다른 모습으로 변해 있는 자녀들의 모습을 보고 놀라게 된다. 아동기의 자녀들과는 달리 부모와 거리를 두고 저항하기까지 한다. 이 시기는 아동기에서 청년기로 넘어가는 전환기로서 부모와의 관계는 더욱 미묘해지며, '감사할 줄 모르는 시기'라고 느껴진다. 이 때 여러 상황에 잘못 대처하면 다시는 정상적인 관계를 회복하지 못할 위험에 빠지기 쉽고 나아가 앞으로의 생활에도 심각한 타격을 받기 쉽다.[38]

자녀가 십대가 되면 부모에게 순종하고 고분고분하게 말하고 듣는 것이 아니라 부모에게 짜증을 내고 대드는 등, 그들의 정서 상태가 질풍노도와 같이 움직이고 있음을 볼 수 있다. 이러한 일들은 부모를 매우 흥분시키고 때로는 화나게 하며 심한 경우에는 자녀를 폭력으로 다스리는 일까지 생기게 된다. 이러한 과정에서 부모는 혼란과 좌절을 겪으며 새로운 부모-자녀 간의 이미지를 정립해야 하는 과업에 직면하게 된다. 기쁨이나 긍지의 순간과 벼랑 아래로 떨어지는 것 같은 고통의 순간이 교차하는 감정을 경험하게 된다.[39] 이 시기의 자녀들은 자기 자신들에 대해서 너무 몰두하고 있어서 주변을 전혀 의식하지 않고 맹목적인 행동도 하며 부모의 의견이나 생각을 무시해 부모를 걱정시키고 불량배 같은 행동을 하여 놀라게 하기도 한다. 이 시기의 자

---

38   Ellen Galisky, 『아이의 성장, 부모의 발달』, 263.
39   정갑순, 『주여 이 아이를 어떻게 기르오리이까』, 217.

녀들에 대해 부모들이 자주 하는 말이 '어떻게 우리 아이가 이렇게 변할 수가 있지?' '나는 너 같은 아이를 낳은 적이 없어' 등이다. 부모는 이러한 소위 '사춘기'를 겪는 십대들의 특징을 이해해야 한다.

자녀가 성장할수록 부모의 도움 없이 모든 일을 해나가게 되며 자기들만의 세계를 갖고 있다. 아직은 부모의 도움이 필요하지만 당당히 자신의 삶을 주장하는 자녀 앞에서 부모는 자녀에 대한 자신의 영향력이 줄어가고 있음을 인식하게 된다. 그리하여 자녀의 성장을 기쁨으로 받아들여야 함과 동시에 자녀가 더 이상 머물러 있을 수 없음에 대한 서운함이 교차하게 된다. 자녀는 새롭게 변화된 세계 속에서 살고 있으므로 부모들은 자녀에 대한 권위 관계를 재정립해야 한다. 부모는 자신의 기준이 어떤 것인지에 대해 명확히 인식해야만 자녀와의 관계에서 문제되는 상황에 직면할 때 자신의 입장을 분명히 취할 수 있다.

이 시기의 자녀는 하나님에 대한 인격적 자세를 갖게 되며, 종교적 체험을 아주 즐거워하면서도 때때로 많은 의문을 갖고 질문을 하며 신앙을 의심하기도 한다. 이 시기 자녀들의 영적 발달을 위해서 부모 혼자서 해결할 수 없으므로 이 시기 자녀들의 부모들은 자녀들의 영적 성장에 대해 교회 지도자들과 의논할 수 있어야 한다.

이 시기 자녀들의 정신세계는 독립을 원하며 신뢰받기를 강력하게 원하고 있으며, 충고보다는 격려를 받고자 한다. 십대의 자녀를 둔 부모들이 맞게 되는 중요한 과업은 자녀의 정체감을 수용하는 일이다. '나는 누구인가' 하는 자기 정체감을 찾는 과정에서 부모로부터의 분리가 반드시 따르게 된다. 이러한 정체감을 형성하기 위하여 십대들은 부모에게 저항하고 반대하는 어떤 실험을 거쳐 자신을 시험해보게 되는 것이다. 이런 모든 것들이 자신을 찾는 과정에서 긍정적으로 작용한다. 그리스도인 부모들은 자녀가 '기독청년으로서 자아정체감'을 형성하도록 돕는 것이 중요하다. 부모 자신이 자기를 사람들 앞이 아닌 하나님 앞에서 평가받는 성숙한 자아정체감이 자녀의 정체감 형성에 긍정적인 영향을 미친다.[40]

6. 제6단계: 떠나보내는 단계 the departure stage – 청년기

이 단계는 명칭 그대로 자녀를 떠나보내는 단계이다. 인천공항에 가면 3층에 출국장이 있는데 그 이름이 'departure'이다. 마치 비행기가 이륙하여 떠나가듯 자녀를 떠나보내는 단계를 의미한다. 부모들은 자녀들이 언젠가는 떠날 것이라는 생각을 하지만 막상 그 시기가 되면 충분히 준비되고 있지 못한 자신을 발견하게 된다. 이 시기에는 부모로서의 성취와 실패에 대하여 돌아보면서 지금까지의 자녀양육의 모든 경험들을 평가하고 자녀의 떠남에 대해 준비하게 된다. 또한 자녀의 미래에 대한 불안감을 갖게 되지만 그것을 서서히 받아들이는 시기라고 할 수 있다.[41]

부모 자신의 삶이 만족스러울 때는 자녀들을 떠나보내고 부부만 남는 빈 둥지와 같은 상황을 쉽게 받아들일 수 있으나 부모가 지녔던 이미지가 실현되지 못할 때나 자녀가 성공적으로 독립하지 못할 때는 문제가 되기도 하며 부모 자신의 삶의 성공도 무의미하게 느껴지기도 한다.[42] 이 단계에서의 부모는 자녀를 떠나보낸 후 자녀와의 관계 이외

---

40   위의 책, 221-222.

41   Ellen Galisky, 『아이의 성장, 부모의 발달』, 339-340.

42   정갑순, 『주여 이 아이를 어떻게 기르오리이까』, 224.

에 자기에게 존재하는 다른 중요한 관계를 주목해야 한다. 부모와 자녀 간의 관계가 중요했다면 이제는 부부 관계가 다시 중요해지게 된다. 홀로된 부모의 경우에는 외로움에 대하여 어떻게 할 것인가 하는 문제가 대두되나 오랫동안 부부가 함께 살아왔을 때는 부부의 의미 등을 재정의하게 된다.

그리고 남은 생애 동안 할 수 있는 의미 있고 보람 있는 일에 대해 새로운 눈을 뜨게 된다. 이웃을 위해 자원봉사를 하는 등 제3의 인생, 재소명의 삶을 살게 된다. 제6단계인 떠나보내는 단계에서 부모 자녀의 관계는 엄격한 통제에서 느슨하고 완화된 통제로 변화될 수밖에 없다. 이 단계에서 부모는 성장한 자녀와의 분리를 수용해야 한다.[43] 자녀교육을 애착과 분리의 관점에서 설명한다면 이제 완전한 분리가 이루어지는 단계인 것이다. 부모가 자신의 부모기에 대한 성공과 실패를 판단하는 과정에서 가장 만족해하는 것은 그들 자녀를 분리된 존재로 수용해왔던 부모들이다.

이제까지 살펴본 것 같이 부모의 발달은 자녀의 발달과 분리될 수 없다. 자녀가 발달하고 성장하면서 부모도 성장하고 발달한다. 그렇기 때문에 부모의 연령이 증가하는 것이 부모발달을 결정하는 것이 아니라 자녀의 발달과 성장과 연결되어 있으므로 부모를 이해할 때 그 자녀가 어떤 시기를 경험하고 있는지를 이해하는 것이 중요하다. 이 점이 같은 연령을 지닌 성인이라고 하더라도 자녀가 있는 부모와 그렇지 않은 성인이 차이를 지니는 근거이다. 그리고 자녀가 있어도 그 자녀의 연령과 발달의 정도에 따라 부모는 전혀 다른 경험을 하게 되는

---

43   위의 책, 227.

101

2장. 유바디 부모 이해

것이다. 한 사람이 성장하여 결혼하고 자녀를 낳아 부모기를 보내는 동안 부모는 자녀를 갖기 이전보다 더 책임감을 갖고 수용적이 되며 자기 자신의 삶과 인간 전반에 대해 폭 넓게 이해하게 되는 것을 볼 수 있다. 이 각각의 부모발달단계마다 부모가 자녀를 건강한 하나님의 자녀로 양육하기 위해서는 부모가 준비되어야 한다. 각 단계마다 자녀가 영적, 정서적, 지적, 사회적, 신체적으로 올바르게 성숙하도록 돕기 위해서는 부모가 자녀를 이해할 뿐 아니라 자녀와의 건강한 소통을 통해 기독교적인 영향력을 끼쳐야 하며, 학업의 영역에서도 올바른 관점과 태도를 지닐 수 있도록 도와야 한다. 교회는 부모들이 각각의 부모발달단계에 잘 적응하고 가정에서 기독교교육의 비전으로 자녀를 양육할 수 있도록 도와야 할 것이다.

갈린스키의 부모발달단계, 즉, 자녀발달 단계에 따라 부모가 발달한다는 관점은 교육목회에 중요한 통찰을 준다. 교회에서 부모의 나이를 중심으로 남, 녀 선교회를 구성하는 경향이 있지만, 부모의 나이보다 그들의 자녀의 연령을 기준으로 부모를 구분하여 교육할 필요가 있다는 것이다. 특히 기독교적 부모교육을 생각할 때는 자녀 연령에 따른 부모발달단계를 고려하는 것은 중요하다. 유바디 교육목회는 이 점을 주목하면서 부모발달에 따른 교육목회를 구성한다. 자녀 연령과 발달에 따라 부모가 알아야 하고 신앙교육을 위해 준비되어야 할 것이 전혀 다르기 때문이다. 갈린스키는 발달단계를 6단계로 구분하지만 유바디 목회모델에서는 우선 부모발달단계를 광역화하여 3단계로 구분하는 방식을 취한다. 즉, 소위 미취학 연령인 영유아유치부 자녀를 둔 부모들, 초등학교 학생 자녀를 둔 부모들, 그리고 중고등학생 자녀를 둔 부모들이다. 각 범주의 연령은 6년을 기본으로 하는데, 6년 사이클의 부모교육과정이 요청된다. 물론 그 범주 안에서는 보다 구체적인 발달에 대한 고려가 필요하고, 각 연령과 세부적인 발달단계에 맞는 교육이 필요하며 그에 따른 교육 프로그램이 필요하다.

V. 유바디 부모 이해

유바디 교육목회에서는 부모가 중심이다. 부모를 자녀신앙교육의 주체로 세움으로서 부모가 자녀를 믿음으로 양육할 수 있도록 돕는다. 전통적으로 다음세대 교육의 가장 중요한 사명을 지닌 자를 교회학교 교사로 보는 경향이 있어왔다. 물론 여전히 교회학교 교사의 역할이 중요하다. 그러나 성경은 하나님께서 부모에게 자녀교육을 위탁하셨음을 분명히 밝히고 있다. 신명기 6장 7절의 "네 자녀에게 부지런히 가르치라"는 말씀이 대표적이다. 하나님은 부모들을 세우셔서 그들에게 당신의 자녀들을 맡기셨다. 다른 모든 교육 종사자들은 그러한 부모의 사명을 돕는 역할을 감당하는 것이다. 교회의 담임목사, 교역자, 교회학교 교사, 일반학교 교사, 학원 강사 등이 모두 사실은 보조적 역할을 하는 사람들이다. 유바디는 원래 성경이 말씀하는 부모의 역할을 회복하는 것에 관심이 있다.

유바디 교육목회에서 부모가 중심이 되어야 한다고 주장하는 또 다른 이유는 성경적인 원리에서만이 아니라 현실적으로 부모가 자녀에게 가장 영향력 있는 존재가 될 수 있기 때문이다. 주일 아침 교회학교에서 보내는 1시간으로는 자녀를 예수 그리스도의 제자로, 하나님 나라의 일꾼으로 세울 수 없다. 입시위주 교육에 매여서 지식을 전달하는 일반학교 교사나 학원 강사들에게 자녀교육을 맡길 수도 없다. 그들의 수고가 도움이 되고 필요하기도 하지만 그래도 함께 시간을 제일 많이 보내는 가정에서, 서로 간에 가장 깊은 관계를 맺을 수 있는 부모가 자녀를 믿음으로 세우는 것이 실제적으로도 유익하기 때문이다.

유바디 교육목회가 부모에게 초점을 맞추는 것은 부모가 지니는 양면성 때문이기도 하다. 부모는 성인이면서, 동시에 다음세대를 양육하는 양육자이다. 부모는 목회적 대상이면서 동시에 교육의 주체가 된다. 그렇기 때문에 부모에게 초점을 맞춘 교육을 하게 되면, 그 교육은 성인교육이 되는 동시에 자녀 신앙교육이 될 수 있다. 성도들에 대한 목회적 사명을 감당하면서 동시에 다음세대를 세우는 교육적 사명을 감당할 수 있게 된다. 우리가 일거양득—擧兩得이라고 표현하듯이 한 번에 두 가지를 동시에 얻을 수 있는 교육목회가 바로 부모중심 교육목회인 것이다.

유바디 교육목회에서 부모에게 초점을 맞추되, 그 부모가 발달한다는 것을 이해하는 것은 중요하다. 왜냐하면 그 대상 부모에 따라서 관심과 고민, 해결해야 할 과제가 다르기 때문이다. 부모의 발달은 부모 자신의 연령보다는 자녀의 연령에 따라 구분되는데, 이는 그만큼 부모에게는 자녀가 중요하고 영향력이 크기 때문이다. 교회는 부모발달단계에 맞는 신앙교육의 커리큘럼을 제공해 줄 수 있어야 한다. 어떤 점에서 교육목회는 예비부모 때로부터 시작해서 임산부 과정, 그리고 출산, 자녀가 영아, 유아, 아동, 청소년, 청년으로 자라는 전 과정에 맞는 신앙교육을 잘 제공하는 것이라고 정의내릴 수 있다. 그리고 그 부모발달단계가 같거나 비슷한 부모들의 공동체가 형성되어 서로 대화하며 격려하며, 기도제목을 나누고 서로를 위해 중보기도하도록 돕는 일이 다음세대 신앙교육에 있어서 매우 중요하다. 그렇기 때문에 유바디 교육목회에서는 부모발달단계에 따른 교구ㄱ역 편성과 소그룹 나눔을 통한 부모교육을 강조하는 것이다.

1. 성경에서는 자녀교육의 주체를 누구라고 말씀하고 있다고 생각하는가?

2. 부모가 자녀의 소유권자인지 청지기인지를 말해보고, 이것이 자녀교육에 주는 의미가 무엇인지 토의해 보자.

3. 부모의 네 가지 유형 중에서 당신은 어느 유형에 해당한다고 생각하는가? 왜 그렇게 생각하는지 나누어 보자.

4. 부모의 발달단계를 6단계로 나누고 그 중 자신이 속한 단계가 무엇인지, 그리고 그 단계에서 기독교적 자녀교육을 위해 가장 필요한 것이 무엇인지 말해 보자.

5. 신명기 6장 7절은 "네 자녀에게 부지런히 가르치라"고 말씀하는데, 오늘날 부모는 '보내는 사람'으로 전락하고 있다. '가르치는' 부모가 되기 위해서 내가 새롭게 실천할 것은 무엇인지 서로 나누어 보자.

제 3 장

유바디 자녀 이해

부모된 우리가 가정에서 자녀를 교육하는 것도 하나의 교육이다. 모든 교육은 교육의 대상인 인간에 대한 이해에 따라 그 방향성이 달라진다. 그러므로 우리가 자녀를 성경적으로 교육하고자 할 때 먼저 성경에서 인간을 어떻게 보는지를 알아야 한다. 그래서 이 장에서는 먼저 성경의 아동이해를 살펴보고, 그 다음으로 발달심리학의 성장발달이론을 통해 자녀의 성장발달이 어떻게 이루어질 것인지를 미리 알아보고, 마지막으로 자녀의 개인적 특성을 행동특성에 따른 유형을 통해 알아봄으로써 자녀에게 가장 적합한 양육방식을 부모들이 선택할 수 있도록 도움을 주고자 한다.

I. 자녀에 대한 성경적 이해

성경에 나타난 인간 이해의 기초는 모든 사람이 "하나님의 형상으로"창 1:27 지음 받았다는 것이다. 아동도 어른과 마찬가지로 하나님의 형상대로 지음 받은 온전한 인간이다. 그러므로 우리는 자녀를 대할 때 기본적으로 존중하는 태도로 대해야 한다. 다시 말해 자녀는 부모 마음대로 이렇게 저렇게 할 수 있는 존재가 아니라 객관적으로는 하나님 앞에 부모만큼이나 가치로운 존재라는 것이다.

예수님께서 어린이를 대하신 태도에서 우리는 성경적 아동 이해를 선명하게 볼 수 있다. 예수님은 부모들이 어린 자녀들을 예수님께 데리고 오는 것을 제자들이 꾸짖자 오히려 제자들을 책망하시면서 "어린아이들을 용납하고 내게 오는 것을 금하지 말라"마 19:14고 말씀하셨다. 그리고 예수님께서는 어린아이들을 영접하고 그들 위에 안수하시고 축복하셨다마 19:15; 막 10:13. 어린아이들, 우리 자녀들은 우리의 사랑과 돌봄뿐만이 아니라 예수님의 사랑을 받는 귀중한 존재들이다.

그러면 성경은 우리 자녀들은 언제나 사랑받고 존중받아야 하는 착하기만 한 존재라고 말하고 있을까? 그렇지 않다. 우리 자녀들 안에도 어른들이 가진 모든 죄악된 성품이 도사리고 있다. 성경은 "의인은 없나니 하나도 없으며"롬 3:10-11라고 말씀하고 있다. 우리 자녀들이 우리와 다르지 않은 죄인이라는 말에 대부분의 부모들은 동의할 것이다. 아이들은 가르치지 않아도 거짓말을 하고 나쁜 말을 얼마나 잘 배워서 쓰는지 부모가 놀랄 지경이다. 요즈음은 친구들을 집단으로 따돌리는 현상이 학교에서 일어나고 있는데 이것도 아이들이 가진 이기심이라는 죄성의 표출이다.

그러므로 부모에게는 자녀를 존중하면서도 자녀가 자신 안에 숨어있는 죄성을 극복하고 하나님의 형상을 다시 회복할 수 있도록 양육해야 하는 책임이 있다. 이것이 인간을 선한 존재로만 보는 인본주의적 인간관을 가진 자녀교육 방식과 비교했을 때 기독교의 자녀교육 방식이 훈육과 징계의 필요성을 인정한다는 면에서 분명한 차이를 가진 이유다.

이러한 기본적 자녀 이해를 가지고 일반 발달심리학에서 말하는 아동의 발달단계별 특성을 알아보자.

Ⅱ. 자녀의 발달단계별 특성

부모는 자녀를 낳아 기르면서 자녀가 눈에 띄게 한 해가 다르게 자라나는 것을 보며 때론 기뻐하고 때론 신기해하기도 한다. 부모인 우리 자신도 비슷한 성장의 단계를 거친 것이 사실이지만 부모의 입장에서는 자녀의 성장발달이 새롭게 느껴지는 것이 이상한 일은 아니다. 그런데 부모에게는 자녀들의 성장발달을 기뻐하는 것 이상으로 자녀의 성장발달 현상에 대한 지식을 미리 가지고서 그에 맞는 자녀양육 방법을 준비해야 하는 책임이 있기도 하다.

우리 자녀는 전인적으로 자라나지만 교육학이나 발달심리학에서는 이해의 편의를 위해 신체적 발달, 인지적 발달, 심리사회적 발달, 그리고 신앙발달 등으로 나누어서 이야기한다. 신체적 발달을 비롯해서 이 모든 발달의 측면들은 어느 것 하나 소홀히 할 수 없는 중요한 것들이다. 그리스도인의 자녀양육에서 가장 중요하게 여겨지는 신앙발달 특성을 마지막에 위치시킨 것은 신앙발달 특성이 덜 중요해서가 아니라 신앙발달 특성이 통합적 성격을 지니기 때문이다.

자녀의 연령적 시기 구분은 일반적으로 많이 사용하는 영·유아기, 아동기, 청소년기로 하였다. 이제 각 연령대별로 신체적, 인지적, 심리사회적, 신앙적 발달 특성을 알아보기로 하자. 신체적, 인지적 발달에 대해서는 발달심리학 이론서인 정옥분의 『발달심리학』과[1] 박성연과 도현심의 『아동발달』을[2] 주로 참고하였다. 심리사회적 특성은 발달심리학자인 에릭슨E. Erikson의 이론을 참고하고[3] 신앙발달 특성은 기독교 교육학자인 파울러J. Fowler의 이론을 참고하였다.[4] 자신의 자녀가 속한 연령대의 내용에 더 주의를 기울여서 내용을 보고, 이미 지난 시기나 앞으로 다가올 시기의 내용도 연결해서 함께 살펴보면 자녀의 전인발달의 역사를 이해하는 데 도움이 될 것이다.

1. 영·유아기

영·유아기는 보통 자녀가 태어나서 만 6세가 되어 초등학교에 들어갈 때까지를 가리킨다. 한 아기가 태어나서 만 2세까지 인생의 가장 초기인 영아기는 모든 측면에서의 변화가 많아 아주 짧은 기간들로 발달단계를 나누어서 설명해야 하므로 이 시기에 대한 설명을 생략하고 여기서는 만 3세 이상또는 2세 이상의 유아기 아동들을 대상으로 설명하고자 한다.

유아기는 인지능력이 발달하여 눈앞에 존재하지 않는 대상을 기억할 수 있는 표상능력이 발달하고, 상상과 환상이 풍부해지는 시기이다. 또한 주변 환경에 대한 탐색이 활발해지고, 많은 어휘를 습득하여 다른 사람과의 의사소통도 활발해진다. 이러한 능력의 향상에 따라 발

---

1   정옥분, 『발달심리학』(서울: 학지사, 2005).
2   박성연·도현심, 『아동발달』(서울: 동문사, 2005).
3   Erikson, Erik H. *Childhood and Society*, 윤진·김인경 역, 『아동기와 사회』(서울: 중앙적성출판사, 1988).
4   박원호, 『신앙의 발달과 기독교교육』(서울: 장로회신학대학교 출판부, 1996).

달하는 놀이는 유아기의 중요한 과업이 된다. 놀이를 통해 자신이 새로 습득한 기술을 실제로 적용해 보고 발전시켜 나가며, 일상생활에서의 긴장감을 해소시켜 나간다. 놀이는 유아의 사회성 발달에 매우 중요한 역할을 한다. 놀이를 통해 유아는 사회적 관계를 형성하고, 사회적 기술과 역할을 습득하게 된다. 유아기에는 또한 성에 대한 호기심이 차츰 증대하여 자신이나 부모, 형제자매, 친구의 성별에 관심을 보이게 된다. 동시에 부모의 사랑과 관심을 독차지하려는 경향이 나타나 형제자매나 동성의 부모가 경쟁의 대상이 되기도 한다.[5]

1) 신체적 성장

영아기의 급격한 신체적 성장에 비한다면 유아기의 성장속도는 느린 편이다. 가장 눈에 띄는 변화는 신체의 크기나 모습에서의 현저한 변화다. 영아기의 신체적 특징이던 큰 머리, 둥글고 통통한 얼굴, 볼록 나온 배, 짧은 사지 등은 더 이상 유아에게서 찾아볼 수 없다. 뇌와 신경계의 성숙으로 유아는 새로운 운동기술과 인지능력을 발달시키게 된다.[6]

유아기 아동의 신체적 성장은 영아기에 비해 현저하지는 않으나, 대근육 운동 기술과 소근육 운동기술 같은 운동능력이 크게 증진된다. 달리기나 공차기 같은 대근육을 사용하는 운동기술이 발달하고 한 발로 뜀뛰기를 할 수 있다. 동시에 단추구멍 끼우기, 색연필로 그림그리

---

5   정옥분, 『발달심리학』, 257.
6   위의 책, 258.

기, 가위질하기, 선 안에 색칠하기 등의 소근육 운동기술도 발달한다.[7]

2) 인지발달

유아는 이제 눈앞에 존재하지 않는 대상이나 사건에 대해 정신적 표상에 의한 사고를 할 수 있으며, 상징을 사용할 수 있는 능력을 갖게 된다. 이 시기에 습득하는 언어의 발달은 매우 중요한 역할을 한다. 그러나 유아기에는 아직 실제와 실제가 아닌 것을 완전히 구분할 수 없으며, 자기중심적인 사고를 하는 특성을 지닌다. 또한 어떤 사물이나 사건을 대할 때, 사물의 두드러진 속성에 압도되어 두 개 이상의 차원을 동시에 고려하지 못한다.[8]

유아기 아동의 사고는 중심화를 보인다. 즉, 어떤 상황의 한 측면에만 집중해서 다른 측면들을 고려할 수 있는 능력이 없고 종종 비논리적 결론에 도달하는 경향이 있다. 이들의 사고는 자신들의 눈으로 보는 것에만 제한되어 있어서 논리에 결함이 있다.[9]

유아가 일단 말을 하기 시작하면, 이에 따라 사회적 상호작용도 보다 활발해지면서 언어발달이 가속화된다. 유아기 동안 언어발달이 활발히 진행되어, 보통 5세 정도가 되면 대부분의 유아들은 모국어를 유창하게 구사할 수 있다. 유아는 언어를 통해 타인과 상호작용하고, 새로운 정보를 서로 교환하고, 자신들이 바라는 바를 표현한다.[10]

7　박성연 · 도현심, 『아동발달』, 259.
8　정옥분, 『발달심리학』, 268-69.
9　박성연 · 도현심, 『아동발달』, 267-68.
10　정옥분, 『발달심리학』, 290.

유아기 아동은 주변의 모든 세계에 관심을 가지며 모든 것에 대해 질문을 한다. 이것은 그들이 호기심을 가지고 알고 싶어 하기 때문이기도 하고 또 질문함으로써 대화를 주고 받을 수 있다는 것을 알아내었기 때문이기도 하다. 이렇게 대화를 통해 이들의 언어기술은 급속히 발달한다.[11]

3) 사회정서발달

유아기는 영아기에 비해 대인관계의 폭이 넓어지고 다양해지는 시기이다. 유아기에 와서 활짝 꽃피우는 언어능력의 발달로 인해 자신의 주장을 관철하기 위해 언어적 표현을 많이 하게 된다. 놀이는 유아의 사회성발달에 매우 중요한 역할을 한다. 놀이를 통해 유아는 사회적 관계를 형성하고, 사회적 기술과 역할을 습득하게 된다. 또래와의 놀이 상황을 보면, 남아와 여아는 성을 분리해서 따로따로 노는 경향이 있다. 유아가 최초로 맺는 인간관계는 부모와의 관계다. 부모가 제공하는 환경은 유아의 신체적, 지적, 사회정서적 발달에서 중심적 역할을 하게 된다. 유아기에는 또한 동생을 보게 되면서 자신에게 오던 관심이나 사랑이 다른 사람에게 전이된다고 생각하여, 사랑받으려는 노력의 일환으로 미성숙한 행동양상을 자주 보이게 된다.[12]

유아기의 아동은 어떤 목표를 달성하기 위해 주도성을 가질 수 있다. 이 시기의 아동은 부모에게 공격적으로 보일만큼 활력적이다. 그

---

11 박성연 · 도현심,, 『아동발달』, 277.
12 정옥분, 『발달심리학』, 295.

러나 아동이 자신의 활력을 지나치게 사용한다고 해서 부모가 심하게 야단을 치면 아동이 죄책감을 갖게 된다. 자아통제력의 발달을 위해 어느 정도의 통제는 필요하지만 죄책감을 지나칠 정도로 많이 갖게 될 때 아동의 주도성과 창의성이 손상될 수 있다.[13] 유아기 아동은 부모같이 자신에게 중요한 사람을 기쁘게 하고자 하기 때문에 부모가 자기에게 대하는 반응에 따라 좋은 행동과 나쁜 행동에 대한 개념을 갖게 된다.[14]

유아기 아동은 또래와의 상호작용을 통해 사회적 기술을 학습하는 기회를 가진다. 또래는 부모나 손 위 형제자매들과 노는 경우와 비교해서 동등한 수준에서 상호작용하기 때문에 이 관계를 통해 훨씬 더 큰 책임감을 느낀다. 또래와의 가상놀이는 유아기 동안 볼 수 있는 협동놀이의 보편적인 유형인데, 이러한 놀이는 사회정서적 발달에 도움이 된다. 유아기에는 물건을 소유하기 위한 신체적 싸움은 감소하는 한편 위협, 약올리기 같은 언어적 공격성이 점차 증가한다.[15]

4) 신앙 발달적 특성

유아기 이전의 단계인 영아기가 신앙의 기초가 되는 '기본적 신뢰'를 형성하는 시기라면 유아기는 그 신뢰를 기초로 해서 신앙에 대한 구체적인 이미지들을 형성하는 시기이다. 이미지는 대상에 대한 전체적인 그림을 말해 주는 것으로서 논리적 개념보다 훨씬 큰 영향력

---

13 박성연 · 도현심,, 『아동발달』, 285.
14 위의 책, 289.
15 위의 책, 291-97.

을 가진다.[16] 상상력의 사용은 유아기 아동에게 가장 중요한 도구이며 이 때 얻은 이미지들은 그 이후 오랫동안 영향을 끼치게 된다. 그러므로 이 시기에는 하나님, 예수님, 교회, 성경말씀, 자연, 세상 등에 대해 성경적 이미지를 심어주기를 힘써야 한다.

유아기 아동은 부모와 같이 주변의 중요한 사람들로부터 신앙의 태도, 교회생활에 필요한 행동 등을 배우게 되는데 이것은 이들의 평생의 신앙 형성에 깊은 영향을 끼치게 된다. 이 시기에 처음으로 자신의 성과 죽음에 대해 의식하게 되며 자신이 속한 사회와 가정이 가진 금기사항도 깨닫게 된다.[17]

2. 아동기

아동기는 아동이 초등학교에 입학하는 만 6세부터 사춘기 이전까지를 말한다. 생활의 중심이 가정에서 학교로 옮겨 감에 따라, 이 시기의 발달에서는 학교생활이 중요한 역할을 하게 된다. 학교생활을 통해 아동은 많은 사회적 관계를 형성하게 되며 또래 집단의 비중이 점차 커지게 되므로, 이 시기를 학동기 또는 도당기 gang age 라고도 한다. 또한 아동기는 유아기나 사춘기의 격동에 비해 상대적으로 조용한 시기라는 점에서 잠복기라고도 한다. 표면적으로는 조용하게 보이지만 아동기의 에너지는 내부적으로 조작능력을 획득하고 급격한 인지발달을 육성하기 위해 사용된다.[18]

---

16 박원호, 『신앙의 발달과 기독교교육』, 260.
17 위의 책, 68.
18 정옥분, 『발달심리학』, 335.

1) 신체발달

아동기의 신체발달은 비교적 완만한 편이다. 성장속도가 둔화되기는 하지만 아동기에도 성장은 꾸준히 계속된다. 아동기 말에는 사춘기의 성장급등으로 인해 신장과 체중이 급격히 증가한다. 머리의 크기가 신체에서 차지하는 비중이 작아져서 성인의 수준에 가까워진다.[19]

아동은 만 6세 경이 되어 아래쪽 앞니가 빠지기 시작하는데 이렇게 유치가 빠지는 것은 명백한 신체적 성숙을 의미하는 것이다. 이전 시기에 비하면 느린 속도지만 아동의 신장과 체중은 꾸준히 증가하며, 체중이 신장에 비해 훨씬 더 현저하게 증가한다. 아동의 성장 속도와 신체의 크기는 개인차가 크다. 이러한 개인차에는 유전적 요인뿐만 아니라 영양과 운동 등 후천적 요인의 영향도 작용하는 것으로 알려졌다.[20]

2) 인지발달

이 시기에 이르러 아동은 처음으로 논리적인 사고가 가능해진다. 이 시기의 아동은 사물 분류하기, 숫자를 가지고 작업하기, 시간과 공간 개념 다루기, 실제와 환상을 구별하기에서 유아기 아동보다 훨씬 더 유능하다. 또한 자기중심적인 사고에서 벗어나서 상황의 모든 측면들을 고려할 수 있고, 다른 사람들의 입장을 이해할 수 있는 능력이 증

---

19 위의 책.
20 박성연·도현심,, 『아동발달』, 319.

가되면서 다른 사람과 보다 효율적으로 대화할 수 있다. 그러나 이들의 사고는 현재 시점에 고정되어 있는 경향이 있고 구체적인 것, 자신이 직접적으로 경험한 세계에 한정되며, 추상적이고 가설적인 개념을 이해하는 데는 한계가 있다. 아동기의 이러한 사고의 특징을 발달심리학자 삐아제는 '구체적 조작기'라고 불렀다.[21]

언어적 유능성을 판가름하는 중요한 발달은 보통 아동기에 이루어진다. 학동기 아동들은 보다 많은 단어를 학습하게 되고, 길이가 길고 문법적으로 복잡한 문장을 이해하고 사용할 수 있게 된다. 동시에 타인과의 의사소통 기술도 대상에 따라 그리고 맥락에 따라 보다 세분화된다. 무엇보다도 이 시기의 언어발달에서는 읽기와 쓰기 능력이 빠르게 발달하기 시작한다.[22]

3) 사회정서발달

이 시기의 아동은 초등학교에 입학하게 되는데, 학교에서 무엇인가에 대해 배우는 것에 관심을 갖게 된다. 아동은 자신의 일을 잘 해내려고 애를 쓰며 이때 성공적인 경험을 하게 되면 근면성이 발달하게 되지만, 반대로 지속적인 실패를 경험할 경우에는 열등감을 갖게 되어 자신을 쓸모없는 사람으로 여기게 된다. 그러므로 부모는 아동의 능력에 적합한 일들을 제공하여 아동으로 하여금 성취감을 경험할 수 있도록 배려해 주어야 한다. 심리학자 에릭슨은 이 단계를 '근면성 대 열

---

21 위의 책, 327-28.
22 정옥분, 『발달심리학』, 367.

등감' Industry vs. Inferiority 의 단계라고 불렀다.[23]

아동기에는 또래와의 상호작용이 활발해지면서 또래집단을 형성한다. 주로 남자는 남자끼리, 여자는 여자끼리와 같이 동성끼리의 우정이 생겨난다. 아동과 부모와의 관계가 아동의 사회성에 영향을 미친다는 연구결과들이 많이 나오고 있는데, 아동에 대해 부모가 수용적이고 우호적으로 대하게 되면 아동이 또래에게 우호적이며 덜 공격적이되고, 반대로 부모가 억압적으로 아동을 대하게 되면 아동이 또래에게 공격적으로 대하게 되기 때문에 또래로부터 잘 받아들여지지 못하고 인기도 얻지 못하게 된다고 한다.[24]

아동이 자기 자신에 대한 개념을 형성하게 됨에 따라 그들은 자신의 속성에 대해 긍정적 또는 부정적인 가치를 부여하게 되는데, 자신에 대한 이러한 평가를 자아존중감이라고 한다. 자아존중감은 인간이라는 존재에 존엄성을 부여하며, 개인의 행, 불행에 영향을 미치는 중요한 심리적 변인이다.[25]

도덕성 발달은 자신이 속한 사회의 문화규범에 따라 행동하도록 배우고, 이를 자신의 것으로 받아들이는 과정을 통해 이루어진다. 부모는 도덕성 발달에 있어서 역할모델 노릇을 한다. 아동은 특히 나쁜 행동을 쉽게 모방하기 때문에, 자녀에게 좋은 모델 노릇을 하기 위해서는 부모 자신이 도덕적이어야 한다.

아동기 초기에는 우정은 서로 주고받는 것으로 생각한다. 또한 친구가 갖지 못한 것을 함께 나눠 갖는 것을 우정의 상징으로 생각한다.

---

23   박성연·도현심,, 『아동발달』, 348.
24   위의 책, 349-58.
25   정옥분, 『발달심리학』, 371.

이 시기에는 서로에 대해 헌신적인 태도가 충분하지 못하다. 그러나 아동기 중반부터 이들은 단지 같이 놀거나 서로를 위해 무엇을 해주는 것 이상의 지속적이고 헌신적인 관계를 유지하게 된다. 그 결과 친구는 선택적으로 이루어지며, 소속감이 강하게 나타난다. 일반적으로 집단을 이루어 친구를 사귀는 남아들에 비해 여아들은 일대일의 단짝 친구와 보다 강한 유대감을 형성한다. 여아들은 자신의 감정을 이야기하고 나눔으로써 친밀감이 형성된다. 반면 남아들은 운동경기를 함께 하거나 관람하는 등 같은 활동을 함으로써 친밀감을 형성한다.[26]

부모의 양육행동은 아동의 성취행위와 관련이 있다. 부모가 애정적, 수용적이고, 자녀의 성취에 대해 칭찬을 해 주며, 적절한 통제를 하고, 자녀의 독립심과 자율감을 격려해 주는 이른바 권위적 양육행동은 아동의 학업성취와 관련이 있는 것으로 보인다.[27]

4) 신앙 발달적 특성

기독교교육학자 제임스 파울러에 의하면 이 시기는 '신화적, 문자적인 신앙의 단계'로 이 시기의 어린이들은 자신이 속한 집단의 이야기나 신앙, 관습 등을 스스로의 힘으로 받아들이기 시작한다. 이 시기의 아동은 하나님을 사람의 관점에서 바라보며 상징이나 신앙의 깊은 의미를 깨닫기보다는 문자적으로 이해하는 경향이 있다.[28]

이 시기의 아동은 하나님이 세상을 만드셨다는 것을 잘 받아들이

---

26   위의 책, 402.
27   위의 책, 409.
28   박원호, 『신앙의 발달과 기독교교육』, 69-70.

고, 예수님이 하나님의 아들이심을 문자 그대로 받아들인다. 성경읽기를 좋아하며 성경의 인물 이야기를 특별히 좋아한다. 고학년이 되면서 죄에 대한 인식이 보다 심화되어서 예수님을 통한 하나님의 용서에 대한 확신을 가질 수 있다.

3. 청소년기

청소년기는 아동기에서 성인기로 옮겨가는 과도기로서 이 시기의 청소년은 어린이도 아니고 어른도 아닌 어중간한 상태에서 불안정과 불균형으로 인한 심한 긴장과 혼란을 경험하게 된다. 이 때문에 청소년기를 흔히 '질풍노도의 시기'라고 한다. 청소년기는 언제 시작되는가? 청소년기는 생물학적으로 시작되고 문화적으로 끝난다는 말이 있다. 즉, 사춘기의 시작과 성적 성숙으로 청소년기가 시작되고, 청소년이 속한 사회에서의 문화적 기대와 기준을 따르는 것으로 청소년기가 끝난다는 뜻이다.[29]

이 청소년기를 두 개의 하위단계로 나누어 청소년 초기, 청소년 후기로 구분하기도 한다. 청소년 초기는 대략 중학생에 해당되고. 대부분의 사춘기 변화가 이때 일어난다. 청소년 후기는 대략 10대 후반에서 20대 초에 해당되며 이성교제, 정체감 문제, 직업에 대한 관심이 이 때 주로 나타난다. 청소년기에는 급격한 신체변화, 성적 성숙과 더불어 인지적, 정서적 변화가 일어난다. 또한 청소년기는 자아정체감의 확립, 자기 성에 적합한 성역할의 습득, 직업선택에 대한 의사결정 등

---

[29] 정옥분, 『발달심리학』, 411.

의 발달과업을 수행해야 되는 시기이다. 청소년기는 또한 동성 또래집단에서 이성 또래집단으로 관심이 옮겨 가는 시기이기도 하다. 청소년은 이성교제를 통해 정상적인 인격형성을 도모할 수 있고, 성인남녀의 역할을 배움으로써 사회적 기술과 예의를 배우게 된다.[30]

1) 신체발달

청소년기 또한 성장의 다른 단계와 쉽게 구별될 수 있을 만큼 급격한 신체변화를 보인다. 신장과 체중이 증가하고 체형이 변화하며 제2차 성징이 나타나서 이제까지의 소년, 소녀의 모습에서 벗어나 어른이 되어간다. 이러한 신체변화의 중요성은 이에 수반되는 청소년의 심리적 작용으로 인해 더욱 의미가 있다.[31]

이때는 신체적인 성숙과 심리적인 미성숙 사이에서 오는 부조화 상태를 나타내기도 한다. 이러한 육체적인 발달은 단순히 신체적, 생리적인 면의 형태적 변화에만 그치는 것이 아니라 인지적, 심리 사회적 발달과 밀접한 관계를 맺고 있다. 신체적 건강 여부, 운동능력의 우열 등은 지적, 정서적, 사회적인 모든 활동에 큰 영향을 주게 된다. 또한 2차 성징은 남녀의 성적 차이를 명확하게 해줌으로 자아정체감을 갖는데 영향을 미치게 된다. 또한 그것은 이성에 대한 호기심을 일으킨다. 이때 자신의 갑작스러운 변화에 미처 대처하지 못함으로 고민과 불안에 빠지는 경우도 있다.[32]

---

30 위의 책.
31 위의 책, 415.
32 김재한, 『발달심리학』(서울 : 학문사, 1991), 209-10쪽.

2) 인지발달

청소년기의 지적 발달과 인지발달 또한 눈부시다. 이 시기에는 구체적 사물이 눈앞에 없어도 추상적으로 사물을 이해하고 논리적으로 증명할 수 있는 능력이 생기게 된다. 청소년기에 와서 현저한 성장을 보이게 되는 인지발달의 특징은 양적인 면뿐만 아니라 질적인 면에서도 증가를 보인다. 양적 증가란 전 단계인 아동기에 비해 훨씬 용이하고 빨리 그리고 효율적으로 지적 과업을 성취하는 것을 말하고, 질적 증가란 인지과정에서의 변화, 이를테면 추상적인 사고, 가설적 사고, 연역적인 사고, 은유에 대한 이해가 가능해지는 것 등을 말한다. 이것이 삐아제가 말하는 '조작적 사고'이다.[33]

청소년은 자신의 생각뿐 아니라 다른 사람의 사고 또한 체계화할 수 있게 된다. 그러나 청소년기의 급격한 신체적, 정서적 변화로 말미암아 자신의 외모와 행동에 너무 몰두해 있으므로, 다른 사람들도 자기만큼 자신에게 관심이 있다고 생각하여, 자신의 관심사와 타인의 관심사를 구분하지 못한다. 이것이 청소년의 자기중심성이다.[34]

3) 사회정서적 발달

이 시기에 청소년들은 스스로 나는 누구인가? 나는 무엇이 되기를 원하는가? 등의 자문을 하게 된다. 사실상 청소년기는 자신을 새로이

---

33 정옥분, 『발달심리학』, 415.
34 위의 책, 429.

창조하는 시기라기보다는 이미 있는 자신을 발견하는 시기라고 할 수 있다. 이 시기의 청소년들은 부모나 교사에 대한 비판적 태도를 보이며 또래의 친구 그룹이나 자기의 요구를 만족시켜주는 조직에는 열광적으로 참여한다. 이 시기의 청소년은 자기가 누구인지, 자신의 정체성에 관심을 갖는다. 이 시기의 가장 중요한 사회적 관계의 대상인 동료들과 어울림으로 자신의 정체성을 확인하기도 한다. 에릭슨은 이 시기를 '정체성 대 역할혼돈' Identity vs. Role Confusion 이라고 불렀다.

청소년들에게 주어진 발달과업은 여러 학자들에 의해서 다양하게 표현되어 왔다. 구체적인 과업은 문화에 따라 다르겠지만 대체로 공통된 몇 가지 과업을 살펴보면 다음과 같다. 이 중에서 가장 중요한 것이 자아정체감의 확립이다. 첫째, 사회적으로 책임 있는 행동을 수행한다. 둘째, 남성 또는 여성으로서 자기 성에 적합한 성역할을 습득한다. 셋째, 부모나 다른 성인으로부터 정서적 독립과 경제적 독립을 이룩한다. 넷째, 시민생활에 필요한 지적 능력을 개발한다. 다섯째, 직업선택과 그에 대한 준비를 한다. 여섯째, 자아정체감을 확립한다. 일곱째, 결혼과 가족생활에 대한 준비를 한다.[35]

청소년이 부모와 갖는 관계는 아동기에 가졌던 부모와의 관계와는 사뭇 다르다. 많은 청소년들은 부모로부터 독립하고 싶어하는 동시에 여전히 부모와 애착관계를 유지하기를 원한다. 가족이 청소년에게 줄 수 있는 위대한 선물 두 가지는 뿌리와 날개라는 말이 있다. 여기서 뿌리는 가족과 청소년과의 가까운 유대관계를 의미한다. 누군가로부터 사랑받는다는 느낌은 청소년들에게 매우 중요하다. 날개는 독립을

35　위의 책, 439.

의미한다.[36]

청소년기에는 친구의 존재가 더욱 중요하다. 청소년들에게 친구는 애정, 동정, 이해의 근원의 장이며, 실험의 장이며, 부모로부터 자율성과 독립을 얻기 위한 후원의 장이다. 청소년이 인생에서 겪게 되는 현저한 변화 중의 하나는 동성 친구와의 친밀한 우정에서 이성에 대한 우정과 낭만적인 애정으로의 이동이다. 관심이 동성 또래집단에서 이성 또래집단으로 옮겨가는 것은 성인기로 가는 과정에서 정상적이고 건전한 진행이다. 청소년은 이성교제를 통해 정상적인 인격형성을 도모할 수 있고, 성인남녀의 역할을 배움으로써 사회적 기술과 예의를 터득한다.[37]

부모와 십대자녀 간의 갈등은 주로 학교성적, 친구문제, 컴퓨터게임, 귀가시간, 용돈사용, 부모에 대한 불복종, 형제와의 갈등, 청결, 정리정돈, 자질구레한 집안일과 같은 일상적인 일에 관한 것이다.[38] 그러나 부모와 청소년 자녀 간의 갈등은 감소될 수 있는 것이다. 갈등이 발생하면 많은 부모들이 힘을 행사함으로써 갈등을 해결하려고 하지만, 대개의 경우 이 접근법은 역효과를 가져온다. 갈등을 해결하는 보다 효율적인 접근법은 가족의 중요한 의사결정에 청소년을 참여시키고, 그들의 의견을 존중해주고, 합리적이고 일관성 있는 규율을 적용하고, 그리고 십대들이 하는 일에 관심을 보이고 지원해줌으로써 부모와 청소년 자녀 간의 갈등을 최소화할 수 있다.[39]

---

36 위의 책, 451.
37 위의 책.
38 위의 책, 453.
39 위의 책, 454.

4) 신앙 발달적 특성

청소년기는 종교적 신앙의 성장에 결정적인 시기이다. 민감한 감수성과 깊어진 자의식은 이들의 종교적 경험을 더 깊고 풍부하게 해준다. 그리고 절대자를 만나려는 갈망과 그를 향한 열정적인 헌신이 강해진다. 한편 청소년은 이제까지 타인으로부터 주어진 설명에 이의를 제기하고 종교가 무엇이며, 나에게 어떤 관련을 맺고 있는가에 대한 질문을 하기 시작한다. 이런 과정을 통해 어린 시절의 맹목적인 믿음이 극복되는 것이다. 한편 이시기에 이러한 기독교신앙과 자기 자신의 관계에 대한 깊은 반성이나 선택이 없다면 다른 사람들이 하는 대로 따라가는 인습적 신앙에 머무르기 쉽다.[40]

이제까지 살펴본 자녀의 연령대별 발달 특성은 평균적인 관찰과 통계를 바탕으로 한 것이기 때문에 나의 자녀의 성장발달 양상과는 차이가 있을 수도 있고 자녀에게서 실제로 나타나는 어떤 현상들은 여러 발달 영역의 특성이 겹쳐져서 나타나는 것이기도 하다. 아동의 성장발달에 대한 이 교과서적인 내용들의 공부가 부모로서 평소에 알고 있다고 생각했으나 실제로는 오해하고 있던 부분들을 교정하거나 전혀 무관심했던 부분들을 알게 하는 계기가 되었을 것이다.

지금까지 살펴본 발달심리학적 지식을 포함하여 일반적으로 지식은 중립적인 도구적 가치가 있다. 지식은 그 자체로의 무슨 능력이 있다기보다는 그 지식을 쓰는 사람의 의도와 노력에 따라 그 효과가 달라지는 것이다. 자녀의 발달특성에 대한 지식은, 부모들이 내 자녀를

40　박원호, 『신앙의 발달과 기독교교육』, 70-1.

좀 더 잘 수용하고 좀 더 효과적으로 도와주는데, 그리고 궁극적으로는 자녀가 성숙한 신앙을 갖는 것을 부모가 효과적으로 돕는 일에 사용될 수 있을 것이다.

다음 절에서는 자녀의 행동유형별 특성을 알아보기로 하자. 연령별 특징이 그 연령대에 속한 자녀가 공통적으로 보이는 특성의 이유를 설명한다면, 행동유형별 특성은 두 자녀가 같은 연령대인데도 부모와의 상호작용 안에서 행동양상이 다르게 나타나는 이유를 설명해 주는 것이다.

III. 자녀의 행동유형별 특성 이해

아이들의 행동을 살펴보면 어떤 유형으로 분류될 수 있음을 알게 된다. 우리가 아이의 성격적 특성과 그 특성에 적절한 양육방식에 대한 지식이 있다면 우리가 아이들과 덜 부딪치고 아이들에게 심리적인 상처도 덜 줄 수 있을 것이다. 올바른 사랑은 상대방에 대한 이해를 전제한다. 우리가 아이를 사랑하고 신앙으로 잘 양육하고자 할 때 우리는 아이의 성격을 구체적으로 이해하고 그에게 가장 적합한 양육방식을 선택해야 한다. 성격심리학자들은 여러 가지 성격 유형들을 연구하고 있는데 그 중에서 부모들이 가장 손쉽게 파악할 수 있는 DISC라는 행동유형별 분류를 가지고 자녀의 성격을 파악해 보기로 하자.

두 개의 축'속전속결형/심사숙고형'과 '일 중심형/사람 중심형'을 가지고 사람의 행동유형을 4개의 영역으로 나눈 것이 DISC모델이다. 이 모델은 윌리암 마스톤 William Moulton Marston 박사의 책 『정상인의 감정 상태』 *The Emotions of Normal People* 에서 소개되고 있는데, 그는 히포크라테스의 유명한 네 가지 기질론인 담즙질 Choleric, 다혈질 Sanguine, 점액질 Phlegmatic, 우울질 Melancholic 을 오늘날 일상생활에 적용 가능한 DISC 인간행동유형으로 재정리하였다.[41] 그는 담즙질을 주도형 D형: Dominance 으로, 다혈질을 사교형 I형: Influence 으로, 점액질을 안정형 S형: Steadiness 으로, 그리고 우울질을 신중형 C형: Compliance 으로 분류할 수 있다고 보았다.[42] 이러한 행동유형은 행동에 있어서 속도와 과업에 대한 태도와 깊은 관련을 맺고 있다. 즉, 속도가 빠르고 일 중심적인 사람은 D형, 혹은 주도적인/단호한 행동유형으

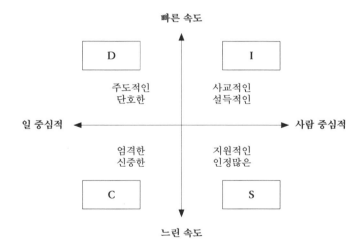

〈그림 4〉 DISC 모델

---

41 Ken R. Voges, *Discovering the Leadership Styles of Jesus*, 이경준 · 김영희 역, 『DISC 행동유형으로 배우는 예수님의 리더십』(서울: 디모데, 2016), 21.

42 위의 책, 23.

로 분류된다. 속도가 빠르고 사람 중심적인 사람은 일반적으로 I형, 혹은 사교적인/설득력이 있는 행동유형으로 분류된다. 속도가 느리고 사람 중심적인 사람들은 S형, 혹은 지원적이고/인정 많은 유형이다. 마지막으로 속도가 느리고 일 중심적인 사람들은 C형 혹은 엄격한/신중한 유형이다.

1. D형 자녀 양육하기

D형은 주도성 Domination 을 지니기를 좋아하고 단호하며 지배하며 다스리기를 좋아하는 자녀유형이다. D형의 자녀들이 지니는 주요 특징으로는 자신감에 차 있고 명령하기를 좋아하며 경쟁적이며 변화를 주도하려는 경향이 있다.[43] 이러한 유형의 자녀를 양육하는 데 있어서는 자녀가 해낼 수 있는 특별한 목표를 주는 것이 바람직하다. 예를 들어서 자기 방 청소를 주어진 시간 내에 끝마치면 특별한 상이나 칭찬을 해주는 게임 방식을 응용하는 것도 한 방법이다. D형의 자녀들에게는 가능한 많은 선택권을 주는 것이 좋다. 예컨대 다음과 같이 말하면서 잠자리에 일찍 들도록 준비시킨다. "지금 잘래? 아니면 이 TV프로를 다 보고 잘래?" 이를 통해서 스스로 선택하게 하는 것이다. 행동으로 옮겨야 할 때는 아주 짧고 강하게 지시하는 것이 통한다. "이제 그만 잘 시간이다!", "지금부터 네 방을 청소해라!" 등등. 이 유형의 아이에게는 육체적인 활동이 매우 필요하기 때문에, 달리고 뛰고 움직일 수 있는 기회를 많이 제공하는 것이 바람직하다. 무엇보다 기억해야

---

43 위의 책, 24.

할 것은 D형 아이와는 힘겨루기를 하지 않는 것이 좋다. 다정다감하고 논리적으로 그러나 장황하지 않게 이유를 함축적으로 설명하는 것이 좋을 것이다.

2. I형 자녀 양육하기

I형은 다른 사람에게 영향력 Influence 을 주고받기를 좋아하며 사교적이고 설득력 있는 자녀유형이다. I형의 자녀들이 지니는 주요 특징으로는 사람 중심적이며 감정적이고 이야기하기를 좋아하며. 사회적인 인정과 칭찬을 중요시한다는 점이다. I형의 자녀들을 양육하는 데 있어서는 재미있는 시간을 계획하고 따뜻하고 친근감이 느껴지는 분위기를 만드는 것이 중요하다. 그리고 이러한 유형의 자녀에게는 끊임없이 용기를 북돋아 주며, 그가 해낸 일에 대해서 구체적으로 이야기해주는 것이 큰 격려가 된다.[44] 구체적으로 I유형의 자녀가 어떤 일을 잘했을 때는 특별한 상을 주거나 칭찬을 해주는 등 즉시 보상을 해주는 것이 좋으며 자주 껴안아 주고 쓰다듬어주는 것이 바람직하다. 왜냐하면 이 유형의 자녀는 끊임없이 애정이 듬뿍 담긴 행동을 필요로 하기 때문이다. I유형의 자녀들에게는 특히 조심해야 하는 것이 있는데 여러 사람 앞에서, 특히 친구들 앞에서 이 아이를 깎아내려서는 안 된다. 이 아이에게는 친구들과의 관계만큼 소중한 것은 없기 때문이다. 그리고 이 유형의 자녀들은 친구를 사귀고 싶어하는 소망이 강하므로 부모는 이 자녀와 함께 놀아줄 친구가 되는 것이 좋을 것이다.

---

44   위의 책, 25.

3. S형 자녀 양육하기

S형은 끈기 Steadiness 가 있으며 안정적이고 지원적이며 인정 많은 자녀유형이다. S형 자녀의 주요 특징으로는 다른 사람들과 잘 협력하며 친근감이 있으며 친구들을 도우려 하며 사람들에게 헌신적이다.[45] 이러한 S형 자녀를 양육하기 위해서는 기본적으로 가정을 가능한 안정되게 유지하는 것이 중요하다. 이 유형의 자녀는 변화하기 위해 준비시간이 많이 필요하기 때문에 자녀에게 빠르게 결정하거나 빨리 적응하도록 강요하지 않는 것이 좋다. 그리고 자녀가 목표를 정할 수 있도록 도와주고, 자녀의 가치를 진심으로 인정해주는 것이 바람직하다. 자녀와의 약속을 지키도록 모든 노력을 기울여야 하며, 만약 부모가 어떤 사정이 생겨서 이 자녀와의 약속을 지키지 못하면 그 아이는 실망감으로 괴로워한다는 것을 이해할 필요가 있다. 또한 이 유형의 자녀들에게는 일을 시키기에 앞서 따뜻하고 인격적으로 대하는 것이 중요하며, 이 유형의 자녀에게 말할 때는 말투에 유의해야 하는데 큰 목소리나 화난 말투는 자녀가 심적으로 위축되어 말문을 닫아버리게 하기 때문이다. 그리고 S유형의 자녀들에게는 그들을 대신해서 결정해주지 않으며, 자녀 스스로 결정하는 법을 가르쳐주는 것이 바람직하다.

4. C형 자녀 양육하기

C형은 신중 Conscientiousness 하며 분석적이며 엄격한 자녀유형인데,

---

45 위의 책

이러한 자녀들은 기준이 높으며 핵심적인 세부 사항에 주의를 기울이고 '올바른 방법'으로 일하기를 원하며 자신을 잘 다스리는 경향이 있다. C형의 자녀를 양육하는 데 있어서는 밀어붙이거나 재촉하지 아니하고 수준 높은 일을 하도록 시간적인 여유를 줄 필요가 있다. 왜냐하면 이 유형의 자녀가 능장을 부리는 것은 그 일을 '올바로'하고 싶은 것이기 때문이다.[46] 이 유형의 자녀와는 약속을 지키는 것이 매우 중요하며 아주 작은 것이라도 실행하는 것이 필요하다. C형의 자녀의 행동이나 말에 동의하지 않을 때는 부모가 그 이유를 명백히 설명하는 것이 좋다. 그리고 자녀의 "왜?"라는 질문에 항상 대답해준다. 자녀에게 질문할 시간을 주고 상세하게 설명한다. 또한 자녀로 하여금 재충전할 수 있도록 혼자 있는 시간을 준다. 이 유형의 자녀에게는 생각할 시간이 필요하기 때문이다. 이 유형의 자녀에게는 잘한 일에 대해 인정해주며, 칭찬할 때는 구체적으로 하는 것이 좋다. 예를 들어 단순히 "피아노를 잘 치네"라고 칭찬하기보다는 "피아노 독주를 완벽하게 해내기 위해서 네가 얼마나 열심히 연습했는지 알겠구나"와 같이 구체적인 진술을 하는 것이 필요하다. 또한 이 유형의 자녀에게는 의사 결정을 하도록 너무 재촉하지 않는 것이 좋으며, 아이가 일하고 있을 때는 방해하지 않는 것이 좋다. 더욱이 이 유형의 자녀에게는 너무 높은 기준을 설정하지 않도록 주의할 필요가 있는데 왜냐하면 이 유형의 자녀는 이미 높은 기준을 가지고 있기 때문이다.

서로 다른 자녀들의 행동특성에 대한 지식을 올바로 적용하기 위해서는 자녀의 특성을 잘 파악해야 한다. 특성 유형을 잘못 파악하면

---

46   위의 책.

지식이 오히려 해를 가져올 수 있기 때문이다. 위에서 설명한 아동의 행동유형별 특성에 따라 자녀의 유형을 파악하는 단계는 이렇다.

첫째, 가능한 다양한 상황에서 자녀를 관찰한다. 자녀를 관찰할 때, 지시하고 바로잡아줄 행동을 찾지 마라. 단지 아이를 지켜 보기만 해라.

둘째, 다른 상황에서 자녀를 보는 다른 사람들의 의견을 듣는다. 아 이 친구의 엄마와 아빠, 학교 선생님과 이야기해 본다.

셋째, 최선을 다해서 추측해본다.

넷째, 2차 행동유형을 주시한다. 자녀에게 맞는 유형을 알기 위해 DISC행동 유형에 대한 설명을 이해한다.

다섯째, 자녀에 대한 인식을 언제든지 바꿀 수 있어야 한다. 자녀는 변하고 있으며 또한 성장하고 있다. 자녀를 당신이 원하는 형태로 만들려고 하지 말고 자연스럽게 내버려둔다.

여섯째, 배우자의 이야기를 듣는다. 한 아이를 두고 부모가 서로 다 르게 인식하는 것은 드문 일이 아니다. 왜 그런가? 그 아이 와의 상호작용이 서로 다르기 때문이다.

위의 유형 특성을 보고 부모 자신의 유형도 파악해 보자. 부모와 자녀의 행동유형이 모두 파악되었을 때는 서로 조화를 이루는 데 필 요한 정보를 얻을 수 있다. 비슷한 점과 차이점들을 이해하고 받아들 이고 인정할 때, 모든 부모와 자녀는 강점을 갖게 된다. 모든 부모와 자녀 간에는 갈등 요소가 있다. 이러한 갈등의 핵심은 일 처리 속도, 일의 우선순위, 의사결정 등과 같은 문제들이다. 자녀의 행동특성을 무조건 문제라고 여기고 부모의 유형대로 바꾸려고 하기보다는 자녀 행동유형 특성의 장점을 파악하고 격려하는 양육방법을 쓰는 것, 자녀의 행동유형에 꼭 보완이 필요한 부분을 자연스럽게 개발해 주는 것 등은 부모의 사랑에서 우러나는 지혜다.

IV. 자녀의 문화 이해

인간에게 있어 문화란 물고기에게 물과 같다는 말이 있다. 그만큼 문화가 중요하다는 이야기다. 옛날에는 부모의 문화와 자녀의 문화가 크게 다르지 않았다. 그래서 비슷한 종류의 음식을 즐기며 비슷한 형태의 옷을 입었고 무엇보다도 자녀의 언어를 부모가 다 알아들었다. 그러나 21세기를 맞이한 오늘날은 자녀는 부모가 그 이름을 들어보지도 못한 음식을 먹고, 한 번도 보지 못한 옷을 입고, 알아듣지 못하는 용어를 쓴다. 이렇게 부모가 자녀의 문화를 이해하지 못해서 일어나는 문제가 심각한 수준이기에 부모의 자녀의 문화이해가 과거의 어떤 시대보다도 중요한 과제로 떠올랐다.

과거에도 '세대차'generation gap가 존재했지만, 오늘날의 세대 차이는 단순한 삶의 경험 차이만이 아니라 문화적인 차이다. 현대는 짧은 시간 내에 급격하게 문화가 변화되기 때문에 부모와 자녀가 경험하는 이질감이 심각하다. 그러므로 자녀를 이해하기 위해서 빼놓을 수 없는 것이 자녀의 문화를 이해하는 것이다. 오늘날 자녀와의 관계에 어려움을 겪는 많은 부모의 경우, 부모가 자녀와 자신 간의 문화적 차이를 이해하지 못하기 때문인 경우가 많다. 이제는 부모 문화의 입장에서 자녀들을 바라보고 판단하는 것이 아니라, 자녀들 세대의 문화를 이해하고 그들의 입장에서 생각하면서 대화를 시작할 때 비로소 신앙교육에도 효과적이며 성공적인 자녀교육의 문이 열리게 된다.

영·유아기 자녀는 부모와 지내는 시간이 많으므로 상대적으로 부모와의 문화 차이로 겪는 어려움이 적다고 볼 수 있다. 그러므로 이 장에서는 주로 아동기 후기와 청소년기 자녀의 문화 이해를 중심으로 내용을 펼쳐나가겠다.

1. 21세기 신세대의 명칭과 그들의 문화 이해

우리의 자녀들이 살고 있는 21세기의 문화는 여러 가지 이름으로 불리고 있는데, 포스트모던 문화, 영상문화, 사이버문화, 세계화문화, 소비문화 등으로 다양하게 표현되고 있다. 역사상 어느 시기에도 경험하지 못했던 영상문화의 발달과 인터넷, 사이버 문화의 급격한 확산으로 오늘날 자녀세대의 문화는 과거의 사고방식으로는 이해할 수 없는 형태로까지 이질화되고 있다. 요즈음 자라나는 세대를 일컬어서 '신세대'라고 부르고, 보다 구체적으로 X세대, Y세대, N세대, W세대, 그리고 요즘에는 P세대라고 지칭하는데, 이 세대들을 이해하기 위해서 먼저 이런 이름이 어떻게 생겨났는지 살펴보자.

1) X세대

먼저 X세대를 이해하기 위해서는 미국의 '베이비 붐Baby boom 세대' 부터 이해하여야 한다. 1945년도 제2차 세계 대전이 끝난 후 경제 호황과 TV 등 방송매체의 영향을 받으면서 높은 출산율을 유지한 가운데 태어난 아이들을 '베이비 붐 세대'라고 통칭한다. 1946-1964년의 20여년 사이에 태어난 사람들이 이 세대에 속한다. 그런데 1977년부터 최근까지 '베이비 부머 세대'가 어른이 되어 출산을 하는 때를 '베이비 버스트 세대'라고 부르며, 베이비 부머의 메아리가 전해졌다는 의미로 '메아리 세대'로 지칭한다. 이렇듯 베이비 부머에 연이은 베이비 버스트 세대가 'X세대'에 해당한다.[47] X세대는 기성세대베이비 부머와 이질적 형태의 문화를 가지고 살며, 자기중심을 지향하면서 소비에 아주 민감하다는 데 특징이 있다. X세대, 곧 버스트 세대는 미국 역사에서 가장 교육을 잘 받은 세대이다. 그러나 막상 이 세대가 사회에 진출하는 1980년대는 미국 경기가 상당히 어려웠던 시기였기에, 배운 지식과 성취 욕구는 높았지만 높은 실업률로 인해서 큰 좌절을 맛보았다. 이러한 사회적 동요나 불안정에 이들은 나름의 대응방식으로 저항 문화를 보여주었고, 이러한 문화적 특성이 기존의 문화적 특성에 견주어 볼 때 마땅히 규명하기 어렵다는 의미에서 X세대라고 불리게 되었던 것이다.[48]

---

47 임성빈, 『21세기 문화와 기독교』(서울: 장로회신학대학교 출판부, 2004), 115.
48 위의 책, 116.

2) N세대

이어진 메아리 세대는 21세기인 Y^{Year} 2000의 주역이 될 세대라는
의미에서 'Y세대'로 불렸다. 그러나 이 이름은 대중적 호응을 받지 못
하였고 곧 'N세대'로 흡수되었다. 디지털 매체 기술의 발달로 인하여
인터넷 환경이 사회적 망^{social network}으로 정착되고 보편화된 환경에서
성장한 신세대를 일반적으로 N세대라고 한다. 미래학자인 돈 탭스콧
Don Tapscott이 지은 'N세대의 무서운 아이들' Growing Up Digital: Net Generation, 1998
이라는 책은 본격적으로 N세대를 다루는데 N세대를 인터넷 시대의
주역이라고 평가하였다.[49] 베이비 붐 세대나 베이비 버스터 세대가
TV세대라면 메아리 세대와 연결되는 N세대는 그 접촉매체를 기준으
로 할 때 컴퓨터 세대라 할 수 있다. TV는 시청자가 프로그램을 일방
적으로 시청하기 때문에 수동적이지만, 컴퓨터는 채팅이나 게임 등의
프로그램에 쌍방적으로 참여할 수 있는 매체이기 때문에 보다 멀티미
디어적 디지털 특성을 가진다.[50]

3) P세대

얼마 전 제일기획에서 대한민국 17-39세 연령의 젊은이들의 문화
를 분석한 연구보고서를 발표하였는데, 이 보고서는 이들 세대를 P세
대로 지칭하였다. P세대는 월드컵, 대선, 촛불시위 등을 거치며 나타

---

49 위의 책, 116-117.
50 위의 책, 119.

난 세대로서 사회 전반에 걸쳐 적극적으로 참여 Participation 하며, 열정 Passion 을 지니고 있고, 힘 Potential Power 을 바탕으로 사회의 패러다임의 변화를 일으키는 Paradigm-shifter 세대라고 할 수 있다. 이러한 P세대가 성장할 수 있었던 것은 정치적 자유화가 실현되었고, 이동이 자유로운 유목성, 인터넷을 통한 정보화, 그리고 물질적인 부유함이 그 배경이라는 것이다. 이 보고서는 P세대를 특징짓는 다섯가지 키워드를 제시하고 있는데, 권위와 고정관념을 거부하고 새로움을 추구하는 도전 Challenge, 정보를 공유하고 비슷한 성향끼리 뭉치기를 좋아하는 관계 Human Network, 솔직한 표현과 개성 및 다양성을 존중하는 개인 Individual, 한 분야의 전문가보다 다양한 체험을 중시하는 경험 Experience, 그리고 옳고 그름보다는 좋고 싫음으로 판단하는 감성 Fun/Feel 등이다.[51]

이러한 신세대는 한마디로 문화세대이며, 영상세대라는 특징을 지니고 있다. 이들은 태어날 때부터 TV와 비디오, 컴퓨터와 인터넷 환경 속에서 자라난 세대이며, 글자나 문자보다는 영상에 익숙한 세대이다. 문자세대는 이성적인 사고를 하는 반면, 영상세대는 감성적인 사고를 하며, 문자세대에게는 개념 concept 이 중요하다면 영상세대에게는 이미지 image 가 중요하다. 문자세대는 제한된 지면으로 인해 정보의 양이 한정되지만, 영상세대는 무한한 인터넷 정보를 접할 수 있다. 한마디로 문자세대는 '아날로그'사고에 익숙하다면, 영상세대는 '디지털' 사고에 익숙하다.

대부분의 가정에서는 이들 두 세대간의 문화적인 차이로 인해 의사소통 communication 이 원활히 이루어지고 있지 못하고 있다. 부모들은

---

51   제일기획, '대한민국의 태풍: 젊은 그들을 말한다', 2004.

<표 13> 문자세대와 영상세대의 문화적 차이

문자세대	영상세대
신문, 책 선호	TV, 컴퓨터 선호
유익함 추구	재미추구
이성적, 논리적	감성적, 직관적
옳고 그름으로 판단	좋고 싫음으로 판단
미래의 득실이 기준	당장의 좋고 나쁨이 기준
동질지향 가치관	이질지향 가치관
자기절제	자기표현
억제된 감정	해방된 감정
지속적 인간관계	일회적 인간관계
전통과 형식존중	전통과 형식파괴
타인의식	자기에게 충실
성 역할의 구분	성역할의 모호
문화의 수동적 향유	문화의 생산, 소비에 참여
소유가치 중시	사용가치 중시
설득이 통하는 세대	자극이 통하는 세대

문자세대로서 문자문화의 코드를 지니고 있는 반면 자녀들은 영상세대로서 영상문화의 코드를 지니고 있다. 아직도 대부분의 자녀교육의 형태나 교육내용은 문자시대의 전통적인 방식을 취하고 있어서 영상매체와 인터넷에 익숙한 아이들의 감각을 담아내지 못하고 있다. 이러한 문화지체 현상과 세대간의 문화적 분리현상은 자녀교육을 더욱 어렵게 하고 있다.

2. 포스트모던 시대를 사는 자녀의 문화 코드

앞에서는 우리 자녀들 세대가 지닌 문화의 특성을 다양한 이름을 통해 알아보았는데, 여기에서는 포스트모던 시대를 사는 자녀들 세대의 문화를 레너드 스윗 박사의 분류방식으로 구분하여 이해하려고 한다. 스윗 박사는 포스트모던 문화를 EPIC이라는 네 글자로 묘사하고 있는데, 경험 Experience, 참여 Participation, 이미지 Image, 그리고 관계 Connectedness 이다. 이 네 가지는 우리 부모들이 어떻게 자녀들의 문화에 대응해야 할지를 가르쳐 준다.[52]

1) 경험

"현대인 모던인들은 삶이 무엇인지 알고 싶어 한다. 포스트모던인들은 삶이 무엇인지 경험하고 싶어 한다. 특별히 스스로 경험하고 싶어 한다. 포스트모던인들은 경험할 수 없는 곳에서는 살고 싶어 하지 않는다. 그들은 경험이 폭발하는 환경 속에서 살고 싶어 한다. … 포스트모던 문화는 간접적으로 경험하는 하나님, 즉 다른 사람 교회, 전통, 교회 사역자, 교회 제도이 정의하는 하나님에 대해서는 관심이 없다. 그곳에서는 누구나 이스라엘이 되고 하나님과 씨름한 사람인 야곱이 된다. 만남, 바로 경험이 메시지가 된다."[53]

모더니즘의 사고가 이성을 중시하여 설명해 내려 하고 증명하려 하였다면 포스트모더니즘의 사고는 경험을 중시한다. 포스트모던 시대를 사는 자녀들에게는 그저 보여주고 설명하는 것으로는 충분하지 않다. 이러한 경향을 가장 먼저 파악하고 응용하는 곳이 자본주의 시장 마케팅 전략이다. TV 속 광고는 더 이상 설명하지 않는다. 시청자의 감각에 호소하며 "느껴봐"를 강조한다.

---

52 Leonard Sweet, *Post-Modern Pilgrims: First Century Passion for the 21ˢᵗ Century World*, 김영래 역, 『영성과 감성을 하나로 묶는 미래교회』(서울: 좋은씨앗, 2002).

53 위의 책, 67, 78.

포스트모던 문화 속에서 살아가는 우리의 자녀는 경험하고 느끼는데 익숙한데 모던시대 문화에 익숙한 부모 세대는 논리적인 말로써 설명하는 것으로 자녀들에게 영향을 미치려고 한다. 그것은 전압이 맞지 않는 콘센트에 전기코드를 꽂으려는 것과 같다. 말이나 논리적인 설득보다도 자녀와 함께 느끼고 더불어 경험할 수 있는 기회를 많이 갖는 것이 부모-자녀간의 의사소통을 원활하게 하는 방법이 될 것이다.

2) 참여

"포스트모던인들은 상호 작용할 수 없는 것에는 전혀 관심을 가지지 않는다. 무엇을 소유하거나 보고 즐기는 것만으로는 더 이상 만족하지 않는다. 이제 그러한 것들을 현실로 만들거나 자신의 것으로 만드는 일에 직접 참여해야 한다. 사람들은 어떤 것이든 그 생산 과정에 참여하기를 원한다."[54]

포스트모던 문화의 또 하나의 특징은 네티즌의 적극적인 참여다. 네티즌은 인터넷 Internet과 시티즌 Citizen의 합성어로서 인터넷을 통해 정치, 경제, 사회, 문화 활동에 참여하는 시민들을 일컫는다. 요즈음 "네티즌의 힘"이란 용어를 심심찮게 들을 수 있는데, 정부에서도 어떤 정책이 나오면 언론은 네티즌의 반응에 주목한다. 라디오, 텔레비젼의 여러 프로그램은 시청자들이 참여할 수 있는 장을 마련한다. 이들은 네트워크를 통해 참여하고 상호작용하며, 쌍방향의 커뮤니케이션을

---

54 위의 책, 101-102.

원한다. 능동적으로 클릭하여 자신이 원하는 정보를 얻고 물건을 구매하며 사람을 만나고 메신저를 통해 대화를 나누기를 원한다. 그런데 그러한 참여보다 그들에게 더 필요한 참여가 있는데, 그것은 사이버 공간 안에서만이 아니라 현실에서 만나 대화하고 인격적 사귐을 갖는 것이다.

부모들은 인터넷을 통한 만남이나 경험에 대한 선입견을 가지고 있다. 그러나 인터넷을 통한 다양한 만남은 자녀의 삶을 풍요롭게 해 줄 수도 있다는 면도 인식하는 가운데 자녀들이 인터넷을 제대로 활용할 줄 아는 주체적 인간이 되도록 관심을 가질 필요가 있다. 자녀가 인터넷이라는 도구에 갇히는 중독자가 되지 않도록 하기 위해서 부모가 노력할 일들을 꼽아 본다면, 부모도 인터넷을 사용해서 자녀와 SNS로 대화를 하는 방법이 있고, 가족이 즐거운 시간을 계획해서 인터넷의 과다 사용으로 부족하기 쉬운 인격적 만남을 보충해 주는 방법 등이 있다.

3) 이미지

"포스트모던 문화는 이미지를 추구한다. 근대^{모던} 세계는 언어에 근거를 두었다. 신학자들은 이성과 질서를 종교의 핵심에 놓으면서 지적인 신앙을 창조하려고 했다. 신비와 은유는 지나치게 불분명하고, 모호하며, 비논리적이라고 여기고 배제했다. 이야기 전달자로서의 역할을 미디어에게 빼앗겨버린 교회는 이제 이야기와 은유가 영적 핵심에 놓인 세계로 발을 내딛고 있다."[55]

포스트모던 문화는 이미지를 추구한다. 인터넷을 통해 문서를 보낼 때 항상 따라다니는 것은 자신만의 아바타이다. 그 아바타를 통해 네티즌들은 자신만의 이미지를 만들어 낸다. 지금은 서로 간에 소통할 때에 글자보다는 이미지인 이모티콘을 사용한다. 글로 묘사하는 것 이상으로 희노애락의 다양한 감정을 이모티콘을 통해서 표현하고 소통할 수 있다. 코카콜라, 나이키도 이미지를 통해서 세계적인 음료수, 스포츠용품으로 자리 잡았다고 할 수 있다. 이미지는 엄청난 정보를 일순간에 전달할 수 있는 힘을 지니고 있는 것이다.

이미지에 익숙한 자녀세대에게 부모도 이미지로 다가서려는 사고의 전환을 가져야 한다. 부모의 말은 포스트모던 시대 자녀에게는 진부하고 피곤한 '잔소리'로만 여겨질 뿐이다. 자녀가 가입된 SNS가 있다면 자녀의 동의를 얻어 그곳에 방문해 볼 수도 있고, 부모 자신이 인스타그램이나 페이스북에 가입해서 자녀와 사진을 주고받을 수도 있다. 그리고 디지털 카메라로 찍은 사진의 처리 등을 자녀에게 물어본다든지, 좋은 인터넷 사이트나 앱을 자녀에게 추천받는다든지 하는 과정을 통해 부모도 자녀의 문화 양식을 익히고 자녀도 부모와의 거리감을 줄이는 효과를 가져올 수 있다.

4) 관계

"수줍어하고 사회적으로 소외받는 사람일지라도, 또는 '공동체'를 고통스럽고 박해하는 곳으로 느끼는 사람일지라도 관계를 필요로 한다. 이러한 관계는 자연으로부터, 아름다움으로부터, 예식으로부터,

---

55 위의 책, 133.

가족으로부터, 동물로부터 부분적으로 얻을 수 있다. 그러나 가장 온전하고 거룩한 관계는 오직 하나님으로부터 온다. 교회는 관계성을 구현하고 관계를 맺는 중대한 의식을 가르치기 위해 존재한다. 일상 속에서 '나'는 어쩔 수 없이 '우리'와 연결되어 있다. 혼자 있을 때조차 '나'는 나 자신과 전적으로 다른 문화와 언어로 이루어진 '우리'라는 세계적 혼합체에 연결되어 있고 그것에 의존하고 있다."[56]

포스트모던 시대를 살아가는 자녀들은 비슷한 성향끼리 뭉치는 경향이 있다. 자녀들은 집으로 돌아오면 메신저를 통해 채팅하는 것이 일상사가 되었으며 인터넷 속 다양한 카페에 가입하여 정보와 의견을 주고받는다. 때로는 온라인 속에서 나와 오프라인 상에서의 번개모임[57]을 통해 만남을 가지며 관계를 형성하기도 한다. 포스트모던인들은 아주 개인적이면서도 동시에 공동체적인 경험을 하고 싶어 한다.[58] 그들은 온라인상에서 공통 관심사에 따라 끊임없이 무수한 카페와 방을 만들며, 어떤 사회적 이슈가 생길 때 그들은 온라인에서 오프라인으로 나와 힘을 결집하며 광화문 촛불시위와 같은 대규모 집회를 형성하기도 하는 것이다.

부모는 자녀가 학교에서 만나는 친구 뿐 아니라 인터넷으로 연결되는 까페 등 그들이 소속된 가상의 공동체는 어디이며 그들의 공통 관심사는 무엇인지 관심을 기울이야 한다. 함께 집으로 데리고 와서 노는 친구뿐 아니라 온라인상에서 클릭하며 만나는 만남 또한 자녀에

---

56 위의 책, 170.
57 온라인을 통해서 만나다가 오프라인에서 만남을 가지는 것을 지칭하며 번개처럼 만나서 번개처럼 놀고 헤어진다는 뜻에서 "번개"라 일컬어진다.
58 Leonard Sweet, 『영성과 감성을 하나로 묶는 미래교회』, 166.

게 매우 강력한 영향을 미치는 존재이기 때문이다. 온라인에서의 만남과 오프라인에서의 만남이 적절한 균형을 이루도록 부모는 자녀의 관계형성에 관심을 가져야 한다.

3. 자녀문화에 대한 부모의 반응

자녀들의 문화에 대한 부모들의 반응은 크게 다섯 가지 유형으로 분류할 수 있다. 이 분류는 리차드 니버 H. Richard Niebuhr의 '그리스도와 문화'에 나타나는 문화의 다섯 가지 유형에 근거한 것이다.[59] 이 다섯 가지의 모델은 오늘날 자녀들이 경험하는 문화에 대해서 우리가 어떤 관점을 가져야 할지에 대한 의미 있는 통찰을 제공한다. 그는 '문화에 대립하는 그리스도', '문화의 그리스도', '문화 위에 있는 그리스도', '역설적인 관계를 가진 그리스도와 문화', '문화의 변혁자 그리스도' 등으로 분류하였다. 이 가운데 '문화의 변혁자 그리스도'는 어거스틴으로부터 종교개혁자 칼빈에 이르는 관점으로서 세상의 문화를 변혁시켜 나가는 바람직한 모델을 시사해 주고 있다. 이를 근거로 한 다섯 가지 '자녀들의 문화에 대한 부모의 반응 양식'을 제시하면 아래 도표와 같다. 이 가운데 올바른 기독교적 문화 대응방식은 창조변혁형에 가깝다고 볼 수 있다.

또한 오늘날의 문화 속에서 자녀교육을 위해 부모들이 더 많은 관심을 가져야 할 부분이 미디어 교육이다. 영상세대의 아이들에게 기독

---

59 Ricard H. Niebuhr, *Christ and Culture*, 김재준 역, 『그리스도와 문화』(서울: 대한기독교서회, 1958).

<표 14> 자녀들의 문화에 대한 부모의 반응

특징	유형	반응의 모습
절대로 안돼!	거부형	대중문화, 컴퓨터 게임… 요즘 문화는 모두 다 잘못됐어. 다 세속주의고, 사탄의 문화란다.
뭐든지 괜찮다!	동조형	너 하고 싶은 대로 하려무나~~
바쁘단 말이야!	무관심형	엄마, 아빠 지금 바쁘단다~ 너의 얘기를 들어주고 놀아 줄 시간이 없다.
진지하게 생각해 보자!	비판형	무엇이 문제인지 비판해보자. 문화를 누릴 줄 알면서도 비판할 수 있는 기준이 있어야지.
함께 만들어보자!	창조변혁형	이 세상 안에서 하나님이 기뻐하시는 문화를 우리가 함께 만들어 가자.

교적 세계관으로 다양한 매체들을 비평할 수 있는 눈을 기르는 것이 중요하기 때문이다. 아이들이 접하고 있는 매체들은, 그것이 인터넷이든, 비디오든, M-TV든, 영화든 대중문화를 담고 있다. 매체 그 자체가 죄악된 것은 아니지만 대중문화 속에 담겨 있는 내용이 비기독교적인 가치관인 세속적 인본주의와 상업적 쾌락주의에 영향을 받은 것들이 포함되어 있다. 그리고 대중문화는 보다 더 구매력을 높이기 위해 선정성과 폭력성으로 대중을 유혹한다. 아이들은 알게 모르게 이러한 대중문화의 가치관으로 주입되고 그 가치관에 의해서 행동하게 된다. 부모는 이러한 자녀들에게 '신앙적인 관점으로' 대중문화를 비판할 수 있는 능력을 길러주고, 보다 건전하게, 주체적으로 미디어를 다룰 수 있는 방법과 태도를 가르쳐 주어야 하는 것이다. 그리고 더 나아가 현대 문화를 선도하는 문화의 창조자가 될 수 있도록 격려하고 지원하여야 할 것이다.

4. 자녀와의 문화차이를 극복하는 자녀교육

오늘날 자녀문화와 부모문화의 차이가 심각하고, 두 문화 간의 커뮤니케이션이 제대로 이루어지지 않을 정도로 이질감이 심화되고 있다면, 어떻게 이런 문화차이를 극복할 수 있을까? 소위 세대차이와 문화차이를 극복할 수 있는 방안들을 생각해보자.

1) 부모-자녀간 대화

세대 차이와 문화 차이를 극복하기 위한 가장 좋은 방법은 대화이다. 대화야말로 자녀를 이해하고 자녀를 교육하기 위한 최고의 커리큘럼이다. 전통적으로 커리큘럼은 '축적된 전통으로서의 지식체계'로 이해되어왔다. 즉 조상들, 또는 기성세대가 가진 문화의 내용을 다음세대에게 전수하는 것을 교육과정으로 보았다. 그러나 이런 구조는 일방적인 커뮤니케이션으로서, 부모는 지시를 하고 학생은 지시를 받는 피동적인 존재로만 간주한다. 자녀교육에 있어서도 부모가 가르치는 것만을 생각했지, 부모와 자녀 간의 만남이나 창조적인 상호작용은 배제되어 있다. 그러나 가장 좋은 자녀교육의 커리큘럼은 대화이다. 대화는 두 사람 이상이 만나서 서로가 서로를 존중하며 나누게 될 때 이루어지게 된다. 커리큘럼은 일방적으로 무엇인가를 전달하는 것이 아니라 만남 자체이며 대화의 역동적인 과정이다. 세대간, 문화간의 차이는 무엇보다 대화하려고 하는 노력을 통해 해소될 수있고, 서로의 다름을 인정하는 것에서부터 시작될 수 있다. 가정에서 부모와 자녀가 식탁에 둘러 앉아 서로 대화하는 가운데서 세대차이와 문화차이는 이해되고 존중되고 수용되기 시작할 것이다.

2) 성육신의 원리

자녀와의 문화 차이를 극복하기 위한 교육의 원리를 성육신에서 배울 수 있다. 하나님께서 하나님과 인간의 차이를 극복하시고 인간을 변화시키시기 위해 선택하신 방법이 성육신 Incarnation 이다. 사실 칼 바르트 Karl Barth 라는 신학자가 말한 대로 '하나님은 하늘에 계시고, 인간은 땅에 있다.' 이 하나님과 인간의 '차이'를 극복하고 만남을 이루시기 위하여 하나님께서 자신을 낮추시고 육신을 입고 이 땅에까지 찾아오신 모습이 성육신이다. 사도 바울은 우리도 이 성육신의 마음을 품을 것을 권면하고 있다. "너의 안에 이 마음을 품으라 곧 그리스도 예수의 마음이니 그는 근본 하나님의 본체시나 하나님과 동등됨을 취할 것으로 여기지 아니하시고 오히려 자기를 비워 종의 형체를 가져 사람들과 같이 되었고 사람의 모양으로 나타나셨으매 자기를 낮추시고 죽기까지 복종하셨으니 곧 십자가에 죽으심이라"빌 2:5-8. 이 성육신의 원리는 모든 '차이'를 극복하고 해결할 수 있는 원형적 원리가 된다. 부모가 자녀를 진정으로 이해하기 위해서는 자녀의 삶 속으로 성육신하여, 그들의 세상과 문화 속으로 들어가야 한다. 반대로 자녀는 부모를 이해하기 위해서 부모님의 세계 속으로 들어가려는 마음 자세를 가져야 한다. 세대 간의 차이와 문화적 간격이 크면 클수록 이러한 성육신적 노력은 중요하다. 왜냐하면 저절로는 서로를 결코 이해할 수 없기 때문이며, 있는 자리를 지키면서는 진정한 대화를 할 수 없기 때문이다.

3) 타문화권 선교적인 노력

성육신의 원리에 입각하여 세대 차이를 극복하기 위해서는 타문화권 선교적인 노력이 필요하다. 오늘날의 세대 차이는 단지 연령의 차이라고 하는 생리적, 발달심리적 차이에서만 오는 것이 아니라 문화적 차이로 인한 것이다. 지금의 자녀세대는 기성세대와는 전혀 다른 문화를 갖고 있다. 단지 생활방식의 차이 정도가 아니라 인식론epistemology이 다르다고 할 수 있다. 무엇을 인지하는 방식과 그것에 반응하는 방식이 전혀 다르다. 사실 젊은 세대가 사용하는 언어는 같은 한글을 사용하는 기성세대가 이해할 수 없는 것들이 너무나 많다. 언어만이 아니라 의상, 음식 등의 기호와 모든 문화적 특성에 있어서 큰 차이가 있다. 그렇기 때문에 같은 문화권에 살고 있다기보다는 타문화권에 속해 있다고 이해해야 옳은 경우가 많이 있다. 이런 의미에서 마치 지금 아이들에게 교육한다는 것은 일종의 '타문화권 선교'임을 인식해야 한다. 선교사들이 타문화권 속에 들어가서 선교활동을 하기 위해서는 그들의 문화와 언어를 배우고 익힘으로 그들의 문화와 언어로 복음을 설명하기 위해 노력하는 것처럼, 부모들은 자녀들의 문화를 이해하기 위한 노력을 기울여야 한다. 선교사들이 타문화권 종족을 선교하기 위해서는 그들의 음식을 먹고, 그들의 의상을 입으며, 그들의 생활규칙들을 배워야 하듯이 부모들은 이런 노력들을 통해 '성육신의 원리'에 입각한 '눈높이 교육'을 실천해야 하는 것이다.

4) 공유문화 발견하기

부모와 자녀 간의 문화차이를 극복하기 위해서는 '차이'를 어떻게 이해하고 극복할 것인가를 생각하는 방법이 있는가 하면, 다른 한편 두 세대 간의 공통점을 강화하고 공감대를 확장하는 방법이 있다. 이를 위해서 시도할 수 있는 한 가지 방법은 자녀세대와 부모세대가 공유하고 있는 문화를 발견하고 이를 더불어 누릴 수 있도록 돕는 것이다. 사실 오늘날 세대 간의 이질적인 요소는 과장될 정도로 부각되고 있는 반면 공통적인 요소는 과소평가되는 경향이 있다. 그러나 가정에서나, 학교, 교회에서 기성세대와 젊은 세대가 더불어 할 수 있는 여러 가지 프로그램을 마련할 수 있다. 예컨대 운동을 통해서 세대 간의 공감대를 형성할 수도 있으며, 영화, 음식, 놀이 등 더불어 할 수 있는 다양한 기회를 제공함으로 부모세대와 자녀세대가 하나의 공동체를 이루고 있음을 확인케 하는 교육이 중요하다.

5) 다른 문화 체험하기

부모와 자녀 세대 간의 차이를 극복하고 서로를 보다 깊이 이해하기 위해서 다른 세대의 문화를 체험하는 경험을 하는 것도 큰 도움이 된다. 자녀세대는 부모세대들이 즐겨 부르는 노래와 영화, 소설, 시들을 접해보고 경험하는 기회를 가짐으로써 다른 세대의 삶의 향취를 느낄 수 있고 그 문화를 이해하려는 노력을 기울일 수 있다. 부모세대는 자녀세대를 이해하기 위해 PC방을 방문하거나 새로운 음악공연장에서 빠른 리듬에 맞추어 몸을 움직여보고, 아이들이 좋아하는 컴퓨터

게임을 해보는 기회를 갖는 등의 문화를 체험함으로써 그들이 왜 그 것을 즐기며 누리는 지를 더불어 느낄 수 있다. 또한 부모가 자녀세대 에 속해 있다고 가정하고 '내가 그 세대라면 지금과는 어떻게 다른 모 습일까'를 나눔으로써 부모와 자녀 간에 서로를 더 깊이 이해할 수 있 는 기회를 가질 수 있다.

부모와 자녀 간의 세대 차이는 결코 부정적인 것만이 아니다. 이 세대 간의 차이가 없다면 그것이야말로 발전이 있을 수 없는 절망적 인 상황일 것이다. 이 차이를 나와 다르기 때문에 배척하는 대상으로 여기는 것이 아니라 그 '다름'을 통해 더 풍성히 서로가 배울 수 있는 자원으로 인식하는 것이 필요하다. 부모와 자녀 간의 문화 차이를 극 복하기 위한 첫걸음은 부모-자녀 사이의 문화 차이를 인정하는 데서 부터 출발한다. 그리고 그 차이를 이해하고, 수용하며, 존중하게 될 때 비로소 '차이의 교육'을 경험하게 된다. 즉, 이 부모와 자녀 간의 차이 를 세대간 갈등이 아닌 하나님이 우리에게 주시는 선물로서 받아들일 수 있게 된다.

V. 유바디 자녀 이해

유바디 교육목회는 자녀를 기독교적인 관점으로 바라보는 것으로 시작된다. 모든 자녀는 하나님의 형상imago Dei으로 창조된 존재이며, 하 나님이 사랑하셔서 이 땅에 태어나게 하신 존귀한 사람이다. 기독교적인 관점으로 사람을 바라보는 가장 모범적인 모습은 요한복음 1장 42절에 나타나는 베드로를 바라보시는 예수님의 관점이다. "데리고 예수께로 오니 예수께서 보시고 가라사대 네가 요한의 아들 시몬이니 장차 게바라 하리라 하시니라"^{게바는 번역하면 베드로라} 안드레가 자기의 형제 시몬을 데리고 예수님께로 왔을 때 그 시몬을 바라보는 예수님의 눈길은 부모나 교회학교 교사를 포함한 우리 모든 교육자가 가져야할 눈길이다. '예수께서 보시고'라고 간단히 표현되어 있지만 깊은 의미가 담겨 있는 눈길이다. 외모로 판단하지 아니하고 중심을 바라보시는 눈길이며, 현재만을 바라보고 포기하는 것이 아니라 장차를 바라보시는 눈길이며, 관조적으로 바라보시는 것이 아니라 관계적으로 바라보시며, 그를 위해 치를 값을 아시면서도 희생을 결단하며 바라보시는 눈길이다. 그리고 예수님의 눈길은 단지 지적인 접근만이 아니라 민망히 여기시는 감성이 동반된 눈길이며 그를 위해 당신의 삶을 허비하시기로 확정하며 바라보시는 의지적인 눈길이다. 우리는 어떤 눈길로 자녀를 바라보는가?

　　성경은 우리가 자녀를 바라보는 관점이 달라질 것을 요청한다. 구체적으로 부모가 자녀를 바라보는 관점, 교사가 학생을 바라보는 관점이 어떻게 달라져야 할 것인가?[60] 첫째, 자녀들이 어떠한 경우에 처해 있든지 그들이 하나님의 형상으로서의 절대적 가치가 있다는 점을 잊지 말아야 한다. 소위 학습부진아, 지체장애아, 성격이상아, 비행청소년이라 하더라도 인격적인 관계를 가져야 하며 존재 자체로 존엄한 인격체임을 인정하고 바라보아야 할 것이다.

60　졸저, 『기독교학교교육론』(서울: 예영커뮤니케이션, 2006), 99-107 참조.

둘째, 자녀 각각의 독특성을 인정하여야 할 것이다. 은사와 개성은 다른 사람과 비교하여 우열을 따질 대상이 아니라 개개인에게 하나님께서 주신 선물이고 독특한 것이기 때문에 모든 자녀에 대해 이런 다양성과 독특성을 발견하고 이를 개발하는 것을 중요한 교육 목표로 삼아야 할 것이다.

셋째로, 가능성에 대한 신념을 가질 필요가 있다. 하나님께서 자기 형상을 따라 창조했다는 사실을 잊지 말아야 하며 여러 가지 좋지 않은 증상들을 회복 가능한 것으로 받아들이는 믿음이 있어야 한다. 그리고 무엇보다 하나님께서 이러한 것들을 변화시킬 것이라는 믿음의 기도가 필요한 것이다.

넷째로, 전인全人, total Being에 대한 관심이다. 성경적인 인간관은 인간의 한 부분만이 귀한 것이 아니라 지, 정, 의, 덕, 체를 포함한 전인이 가치가 있다는 것이고 따라서 부모는 자녀의 전 생활에 대한 관심을 가져야 할 것이다. 좁은 의미의 신앙만이 아니라 학교생활, 친구관계, 건강, 감정과 정서 등이 균형 있게 성장하도록 도와야 할 것이다.

다섯째로, 관계적인 존재relational being로 바라보아야 한다. 모든 자녀는 인격적인 존재요 인격적인 관계를 필요로 하는 대상이다. 식물처럼 물이나 비료를 주기만 하거나, 동물처럼 먹이를 먹이는 것만으로는 불충분하며 관계 안에서 자라가야 하는 존재이다. 하나님께서 이 땅에 오셔서 인간과 관계를 맺고 변화시키신 것처럼, 부모는 자녀와 인격적인 관계를 맺어야 한다.

여섯째로, 자녀의 문화를 이해하여야 한다. 자녀의 심리적 특성만이 아니라 문화적인 특성을 이해하고 그들과 소통할 수 있어야 한다. 오늘날 자녀세대는 디지털 네이티브라고 할 수 있는데, 부모세대와는 전혀 다른 문화를 지니고 있는 그들을 이해하기 위해서는 문화의 차이를 이해하고, 자녀의 입장에서 생각하고 느끼며 우리가 전하고자 하는 복음이 그들의 내면과 접촉할 수 있도록 해야 할 것이다.

끝으로, 무엇보다 부모는 자녀의 영혼에 대한 사랑을 가져야 할 것이다. 이것이 성경이 말씀하는 바 기독교적 인간관의 가장 중요한 특징일 것이다. 육신만 잘 살다가 죽으면 끝이라는 생각이 팽배한 현실 속에서 그들 자신의 영혼의 문제를 일깨워주며 복음을 소개하는 일은 이런 인간관을 지닌 부모만이 할 수 있는 사역일 것이다. 이것이 부모가 다른 누구보다도 먼저 자녀를 제자 삼아야 하는 이유인 것이다.

1. 성경에서 모든 자녀는 '하나님의 형상'^{창 1:27}이라고 말씀한다. 그 의미를 자신의 말로 설명해 보자.

2. 자녀의 발달단계 중 자신의 자녀가 속해 있는 단계를 찾아 ① 신체발달, ② 인지발달, ③ 사회정서발달, ④ 신앙발달의 특징이 무엇인지 말해 보자.

3. 자녀의 행동유형을 DISC모델에 따라 분류할 때, 자신의 자녀들은 어디에 속하는지 말해보고, 그 유형에 따른 자녀교육에 있어서 가장 중요하게 고려해야 할 것이 무엇인지 말해 보자.

4. 오늘날 당신이 가장 심각하게 느끼는 자녀와의 '세대차이'는 무엇인지 나누어 보자.

5. 전혀 다른 문화를 지닌 자녀와 소통하기 위해서 자신이 지금까지 해 온 노력이 무엇인지, 그리고 앞으로 새롭게 어떤 노력을 기울이려고 하는지 나누어 보자.

제4장

유바디 학업 이해

Ⅰ. 신앙과 학업의 분리: 세속적인 자녀교육관

우리나라 다음세대 기독교교육의 가장 큰 위기는 부모와 학생 모두 기독교적 학업관을 지니지 못한 채 입시위주의 교육에 함몰되어 있다는 점이다. 부모가 자녀교육에 관심이 많지만 그것은 세속적인 자녀교육일 뿐 신앙교육에 대한 관심이 아니다. 우리나라 교육에서 가장 큰 톱니바퀴는 입시위주의 교육이고, 그 교육에 가장 최적화되어 있는 교육은 공교육이 아니라 사교육이며 학원교육이다. 사실 입시위주의 교육이라는 점에서는 공교육이나 사교육이나 차이가 없기에 이를 합하여 거대한 톱니바퀴로 이해한다면, 교회교육 또는 기독교교육은 마치 그 톱니바퀴에 붙어서 함께 돌고 있는 작은 톱니바퀴와 같다. 교회교육이 철저히 세속주의 입시교육에 종속되어 있는 모양새라는 것이다. 수능시험이 다가오면 교회는 수능기도회를 하고, 중간고사, 기말고사 기간이 되면 중고등부 학생들은 주일 예배에 참석하지 않고 학원에 간다. 고등학생이 되면 교회학교 고등부 다니기를 그만두고 소위 대예배만을 드리거나 아예 교회를 다니지 않는 경우도 있다. 입시위주의 교육이라는 거대한 톱니바퀴에 장식품처럼 달려있는 작은 톱니바퀴와 같은 교회교육은 하나님이 원하시는 다음세대 기독교교육이 아니다. 이 거대한 톱니바퀴가 돌아가도록 하는 힘은 무엇인가? 부모의

'자녀교육열'인데 좀 더 직접적으로 표현하자면 부모의 자녀를 향한 욕망이다. 명문대 입학을 위한 욕망, 자녀 출세를 위한 욕망, 다른 가정과의 경쟁 속에서 이겨야 한다는 욕망, 내신 1등급과 수능 1등급을 향한 욕망이다. 그 욕심이 잉태한즉 죄를 낳고, 죄가 장성한즉 사망을 낳는 것이다. 이제는 작은 톱니바퀴가 큰 톱니바퀴를 돌리도록 해야 한다. 비록 작게 보이지만 그 축이 강하다면 작은 톱니바퀴가 큰 톱니바퀴를 오히려 돌릴 수 있다. 그 축이 하나님의 축, 성령의 축이 된다면 얼마든지 작은 톱니바퀴가 큰 톱니바퀴를 돌릴 수 있다. 기독교교육이 입시위주 교육을 변화시킬 수 있다. 부모와 자녀가 신앙적 학업관, 기독교적 학업관을 지닐 수 있다면 이러한 놀라운 변화가 일어날 수 있다. '여호와를 경외하는 것이 지식의 근본'이라는 말씀은 다른 뜻이 아니다. 신앙이 학업의 근본이요, 신앙이 학업과 분리된 것이 아니라는 것이다. 여호와를 경외하는 것에 교육의 승부를 걸면 그 열매로서 진정한 역량을 갖추게 되고, 하나님 나라의 일꾼으로 쓰임 받게 되는 것이다.

교회학교의 위기, 다음세대의 위기는 간단한 문제가 아니다. 그동안 교회교육이 세속교육에 대한 대안적 가치를 제시하고 기독교교육의 중심이 되어야 했음에도 불구하고, 세속교육의 거대한 흐름에 편입되어 있었고, 그 영향력에 예속되어 있었다. 공교육에서 이루어지고 있는 학교교육이라는 것이 입시위주의 교육으로서 학생들을 경쟁으로 내몰고 있다. 입시위주의 교육은 획일주의, 출세주의, 경쟁주의, 개인주의 등의 특징을 지니고 있는데, 모든 교육이 왜곡되고 있다. 입시위주의 교육에서는 교육목적이 건강한 전인을 양성하는 것이 아니라 소위 명문대에 들어가는 것으로 왜곡되었고, 교육내용은 입시에 나오는 것만으로 제한되며, 교육방법은 점수를 잘 맞을 수 있는 정답찍기의 요령을 가르치고 터득하는 것이며, 교육평가는 그 학생의 전체 역량을 평가하는 것이 아니라 인지적인 영역 중에서도 단기 기억력을 평가하는 것으로 변질되었다.

마치 애굽의 압제 밑에서 이루어졌던 애굽의 교육, 파라오의 교육처럼 학생들은 노예가 되어 계속 벽돌을 구어내듯이 월화수목금금금 쉼없이 교육받지만 왜 공부하는지, 어디를 향해 가는지, 진정한 내 삶은 무엇인지? 등에 대한 생각을 할 겨를조차 없이 다람쥐 쳇바퀴 돌듯한 삶을 반복하고 있다. 최근 한 방송사에서 방영한 드라마 'SKY 캐슬'처럼 오직 명문대 의대 입학을 위해 죽음의 경쟁을 하며, 수십억 원의 입시코디를 자녀에게 붙여 주고 온갖 부정을 통해 성적을 올리는 행태가 전혀 현실과 거리가 먼 것이 아니다. 적어도 자녀교육에 있어서 부모가 갖는 욕망만큼은 현실을 그대로 드러낸 것이라고 보여진다. 필자가 그 드라마에서 주목했던 것은 때로 '윤 권사'로 불리는 예서의 할머니이다. '권사님'이란 존재가 오늘의 왜곡된 교육현실 속에서 이를 변화시키는 기제로 선한 영향력을 끼치는 것이 아니라 오직 삼대가 서울의대를 가야 한다는 강박관념 속에 자녀를 옥박질러 더 왜곡된 교육을 강요하는 역할을 담당하고 있는 모습이다. 이는 한국교회의 대부분의 부모들이 교회에서 집사님이고 권사님이라 하더라도 세속교육의 현실 속에서 오히려 이를 강화하는 역할을 하고 있음을 드러내 준다.

기독교학교교육연구소가 교회학교 학생 1,019명을 대상으로 설문조사를 실시한 적이 있다. 주일 아침에 교회학교에 나오지 못하는 이유가 무엇인지를 묻는 설문이었다. 가장 많이 나온 응답이 '학원가기 때문'이었다. 주일 아침에 학원을 가느라고 교회학교 예배에 참석하지 못한 것이다. 그 아이가 스스로 교회 안 나가고 학원 간 것이 아니다. 누군가 그렇게 하라고 보낸 것이다. 누가 보내었는가? 부모다. 그러나 부모라고 말하는 것은 정확한 것이 아니다. 왜냐하면 아빠는 그렇게 모질게 교회 가지 말고 학원에 가라고 말하는 경우가 거의 없다. 그냥 '네가 알아서 해라'고 말하는 정도이다. 엄마이다. 엄마가 학원을 보낸 것이다. 그래서 그 엄마가 어떤 분들인지 추적을 해보니 놀랍게도 집사님들이다. 권사님도 계셨다. 물론 그 엄마는 '오늘은 중간고사 기간이니까 기말고사 기간이니까 오늘 만큼은 그냥 교회 가지 말고 학원 가면 안 되겠니?'라고 말했겠지만 그 자녀는 무엇을 배웠느냐 하면 '교회는 여차하면 제껴도 되는구나'라는 것을 배웠다는 것이다. '예배보다 더 중요한 게 있구나, 하나님보다 더 중요한 게 있구나, 말씀보다 더 중요한 게 있구나'라는 것을 배운 것이다. 신앙은 우선순위이다. 먼저 그의 나라와 의를 구하는 것이 신앙이다. 기독교교육에서 제일 중요한 것이 우선순위를 가르치는 것이다. 주일성수는 주일에 교회에 와서 많은 것을 배우는 것 이전에 우선순위를 배운다는 점에서 그 자체로 중요한 기독교교육이다.

한국의 부모들은 교육열이 높다. 어떤 다른 에너지보다도 뜨거운 에너지가 부모의 교육열이다. 핵에너지보다도 더 강력할 것이다. 그런데 그 부모의 자녀 교육열이 신앙교육열이 아니다. 자녀 신앙성숙을 위해서 학원을 보내거나 과외 선생님을 모셔 본 적이 있는가? 필자가 알고 있는 한도 내에서는 한 케이스를 들 수 있다. 영등포구의 S교회 장로님인데 자녀의 신앙교육을 위해서 그 교회 교육전도사님을 과외 선생님으로 모셔서 성경을 가르치게 하였다는 것이다. 그 이야기를 듣고 정말 놀라운 도전을 받았다. 그러나 거의 모든 경우는 신앙교육이 아닌 명문대 입학을 위한 교육열이다.

오늘날 교회교육을 보면 생각나는 시가 있다. 이상화 선생의 "빼앗긴 들에도 봄은 오는가?"라는 시인데, 그 시는 이렇게 시작된다. "지금은 남의 땅, 빼앗긴 들에도 봄은 오는가?" 이 시는 1926년 개벽開闢지誌에 발표되었는데, 일제에 대한 저항의식과 조국에 대한 애정을 절실하게 노래하고 있다. 과연 언제 광복이 올 것인지? 나라를 빼앗긴 슬픔과 절망 속에서도 희망을 포기하지 않은 시이다. 이 시의 가장 핵심적인 부분은 첫 행의 "지금은 남의 땅, 빼앗긴 들에도 봄은 오는가"라는 구절이다. 그런데 오늘날 교육을 빼앗겼다. 자녀교육을 빼앗겼다. 세속교육, 입시교육, 사교육에 빼앗겼다. 애굽의 교육, 바로의 교육에 빼앗겼다.

필자가 주일학교를 다닐 때만 하더라도 신앙교육이 교육의 중심이었다. 1960년대 70년대에는 어린이 수요예배가 있었고, 문학의 밤이 있었고, 토요집회, 주일 오후집회가 있었다. 성경암송대회, 성경퀴즈대회, 찬송가경연대회도 얼마나 자주 있었는지 모른다. 그런데 이제는 거의 사라졌다. 지난 몇십년 간 교회교육의 역사는 사라지는 역사이다. 이것은 가정에서도 마찬가지이다. 가정예배가 사라졌고, 식탁에서의 부모-자녀 대화마저도 사라졌다. 학원에, 사교육에, 입시교육에 밀려나서 신앙교육은 점점 사라져가고 있다. 마치 한국전쟁 때에 한국군이 소련제 탱크를 앞세운 북한군에게 밀려 낙동강 전선까지 후퇴하는 형국이다. 신앙교육이 입시교육, 사교육에 밀려 저 언저리로 후퇴한 셈이다. 이제는 인천상륙작전이 필요하다. 맥아더 장군이 인천상륙작전을 감행해서 9·28 서울 수복을 한 것처럼 신앙교육이 교육의 중심을 회복해야 한다.

Ⅱ. 신앙과 학업의 연계 필요성

한국교회의 교회교육이 회복되고 다음세대의 부흥을 경험하기 위해서는 신앙과 학업이 연계되어야 한다. 그동안 한국교회의 교회교육은 교회와 학교, 신앙과 학업이 서로 분리되어 있었다고 말해도 과언이 아닐 것이다. 한국교회가 학교구조를 그대로 교회에 가져와서 학교급 별로 교회학교 구조와 조직을 만들어 유치원생은 유치부로, 초등학생은 아동부로, 중고등학생은 중고등부로 속하게 하고 있다. 심지어 대형교회는 학교의 학년을 따라 학년별 부서를 조직하여 운영하기도 한다. 그러나 이러한 교육의 형식이 아니라 내용면에 있어서는 교회학교는 학교와 벽을 쌓았다고 말할 정도로 분리되어 있는 것이 현실이다. 교회와 학교, 신앙과 학업이 연계되어야 할 필요성은 다음 몇 가지로 정리될 수 있다.

1. 학생들의 고민: 학업, 성적 문제

대부분의 학생들의 가장 심각한 고민은 학업과 성적 문제이다. 교회교육이 학생들의 고민이나 관심과 괴리된 교육을 할 때 교육은 정곡을 찌르지 못하는 교육으로 전락하게 된다. 교육에 있어서 가장 중요한 것 중의 하나가 학생과의 접촉점 point of contact 을 갖는 것이다. 특히 교회교육은 학생들의 고민을 파악하고 이를 기독교교육의 접촉점으로 삼아 신앙과 연결시키는 노력이 중요하다. 우리나라 청소년들의 사망원인 가운데 가장 큰 비중을 차지하는 것이 '자살' 고의적 자해 로서

35.7%를 차지하고 있다. 통계청의 2018년 사망원인통계연보에 의하면 청소년에 해당하는 10-19세의 사망원인 가운데 단연 높은 비율을 차지하는 것이 '자살'로서, 인구 10만명 당 5.8명이 자살로 목숨을 잃고 있는데, 전체 청소년 사망원인 중 35.7%를 차지한다. 그다음이 '암'으로서 14.5%, 교통사고가 14%, 심장질환이 3%, 그리고 익사사고가 2.3%를 차지하고 있다. 이를 도표로 나타내면 다음과 같다.

〈표 15〉 청소년(10-19세) 사망원인별 구성비

사망원인	1위	2위	3위	4위	5위
	자살	암	교통사고	심장질환	익사
사망자 수	5.8	2.3	2.3	0.5	0.4
비율	35.7	14.5	14.0	3.0	2.3

(단위: 인구10만명당 명, % | 사망원인별 구성비자료: 통계청, 사망원인통계연보, 2018)

그런데 그 자살의 가장 큰 원인은 다름 아닌 '학업문제'이다. 한국청소년정책연구원이 조사한 2017년 아동, 청소년 인권실태조사에 의하면 중고등학교 재학중인 청소년들의 33.4%가 '죽고 싶다'고 자살충동을 느낀 것으로 나타나고 있다. '죽고 싶다'는 자살 충동을 느낀 가장 큰 이유는 '학업문제'로서 40.1%였고, 그다음이 '미래진로에 대한 불안'이 21.1%, '가족 간의 갈등'이 18.4%, '선후배나 또래와의 갈등'이 7.9%, 그리고 '경제적인 어려움'이 1.6%로 나타났다.

<표 16> 청소년 자살충동의 원인

자살충동 원인	1위	2위	3위	4위	5위
	학업문제	미래(진로)에 대한 불안	가족 간의 갈등	선후배나 또래와의 갈등	경제적인 어려움
비율(%)	40.1	21.1	18.4	7.9	1.6

자료: 한국청소년정책연구원, 아동청소년 인권실태조사, 2018

이러한 고민은 교회 다니는 학생들도 예외가 아니다. 기독교학교 교육연구소에서 조사한 통계에 의하면 이를 확인할 수 있다.[1]

<표 17> 교회학교 학생들의 고민

	빈도	유효 퍼센트
학업(성적)	470	49.2
진로	219	22.9
성격	43	4.5
친구/이성	46	4.8
용모/건강	63	6.6
가정	33	3.5
신앙	81	8.5
합계	955	100.0

교회학교 학생들이 가장 고민하는 것이 무엇인지를 묻는 질문에서 가장 높은 비중을 차지하는 것이 '학업성적'으로서 거의 절반에 해당하는 49.2%를 차지하고 있다. 그다음의 고민거리는 '진로문제'로서,

---

1   기독교학교교육연구소, "교회학교 부흥에 대한 새로운 접근", 세미나자료집, 2008.

교회학교 학생들이 학업이나 성적, 그리고 진로에 대해서 심각하게 고민하고 있음을 보여준다. 신앙에 관한 고민을 가장 심각한 고민이라고 응답한 경우는 8.5%에 불과하였는데, 이는 교회가 그들의 고민과 함께 하려고 한다면 학업과 진로에 대해서 보다 진지한 관심을 가져야 함을 의미한다. 신앙교육은 학생들의 고민과 필요에 응답하면서 그 문제에 대한 성경적 해답을 제시해 줄 수 있어야 한다. 이를 위해서는 교회교육이 학교 또는 학업과 분리되는 것이 아니라 연계되어 학생들의 진정한 고민에 응전할 수 있어야 할 것이다.

2. 학교생활의 비중

자녀들이 주일에 교회에서 보내는 시간과 주중에 학교에서 보내는 시간을 비교해 보면 그들에게 미치는 학교생활의 영향이 얼마나 큰 비중을 차지하는지를 알 수 있다. 학생들은 그들이 초등학생이든 중고등학생이든 대부분의 시간을 학교에서 보낸다. 그들이 교회학교에서 보내는 시간은 일주일에 하루, 그것도 주일 아침의 한두 시간에 불과하지만, 학교에서 보내는 시간은 일주일에 5-6일, 그것도 거의 하루종일의 시간을 보낸다. 이들이 대부분의 시간을 보내는 학교생활에 대한 기독교교육적 관심이 필요하다. 이들은 학교에서 교과목을 배움으로 세계를 이해하고, 친구를 만나고 더불어 생활함으로 인간관계를 형성하고, 학교의 문화와 친구들이 지닌 가치관에 강한 영향을 받고 있다. 사실 기독교교육은 주일 아침에 이루어지는 교회학교 교육만을 의미하는 것이 아니라 가정에서 이루어지는 교육, 그리고 학교에서 이루어지는 교육도 포함한다.

학생들이 학교에서 배우는 교과목이 신앙과 어떤 관계가 있는지를 설명해주는 것은 기독교교육의 중요한 과제이다. 학생들이 학교에서 배우는 교과목이 가치중립적인 것이 아니기 때문에 어떤 가치관에 터한 교육을 받는지를 비평적으로 성찰하고, 학생들로 하여금 기독교적 관점으로 세상과 지식을 바라볼 수 있는 눈을 갖게 하여야 한다. 만약 학생들이 학교에서 무신론을 배우고, 반기독교적 사상, 그리고 비기독교적 가치들을 배운다면 교회는 학생들로 하여금 기독교적 세계관으로 이러한 비기독교적 가치체계를 비판할 수 있도록 도와야 한다. 교회교육은 교회 안으로 제한되고, 학교교육은 기독교교육과는 전혀 관계없는 세속적인 영역으로 간주되어서는 안된다. 학생들이 교회에서 배우는 신앙과 학업이 어떻게 연계되는지를 이해하고, 기독교적 신앙에 근거한 건강한 지식체계를 형성해나가도록 도울 수 있어야 한다.

교회와 기독교가정은 학생들의 학교에서의 교과목 공부만이 아니라 학교에서의 생활에 관심을 갖고, 그들의 대인관계와 정서생활이 신앙과 분리되지 않고 균형 있게 잘 성장할 수 있도록 지원하여야 한다. 학생들이 공유하는 문화와 가치관이 기독교적 신앙과 상치되거나 위배될 때, 리차드 니버의 『그리스도와 문화』에서 다섯 번째 모형으로 소개되는 '문화의 변혁자 그리스도' 모형에 입각해 기독교적 문화와 가치관으로 변혁시켜 갈 수 있는데 까지 나아갈 때 그들을 향한 기독교교육적 사명을 온전히 감당할 수 있을 것이다.[2] 또한 학교에 팽배한 입시위주, 성적위주, 생존경쟁, 출세주의, 성공주의 가치관에 대해 기독교적으로 비판하고 성경적 가치를 추구할 수 있도록 도와야 할 것

---

2   Richard Niebuhr, 『그리스도와 문화』, 239-283.

이다. 소위 명문대 입시 준비학원식으로 전락한 학교에서 왜곡된 교육의 영향 아래에서 자신의 삶에 대한 건강한 조망을 하지 못하는 현실 속에서, 전인적인 교육의 가치와 저마다 지니고 있는 은사와 소질의 가치를 회복함으로 진정한 진로교육의 대안을 제시하는 것도 신앙과 학업을 연계함으로 추구할 수 있는 중요한 기독교교육적 과제 중의 하나일 것이다.

3. 자녀 교육열

한국 부모들의 자녀교육열은 세계 어느 나라에서 찾아볼 수 없을 정도로 그 열기가 뜨겁다. 조기유학 열풍이나 조기 영어 열풍, 사교육 열풍 등은 이런 자녀교육열에 기인한 것이라고 할 수 있다. 이러한 자녀교육열은 기독교인들에게도 예외가 아니다. 수능 100일 기도회, 수능 당일 기도회를 비롯한 자녀교육을 위한 다양한 기도회는 겉으로는 신앙적인 열기로 보이지만 실은 자녀교육열에서 비롯된 것이라고 할 수 있다. 이러한 부모들의 자녀교육에 대한 세속적인 관심은 자녀에 대한 신앙적인 교육보다는 입시위주의 교육에 더 비중을 두려는 경향으로 나타난다. 한국교회의 교회학교의 침체의 중요한 요인 중의 하나가 바로 이러한 부모들의 입시위주의 자녀교육관이라고 할 수 있다. 기독교인 부모이지만 자녀들의 신앙교육보다는 입시위주 교육이 더 중요하다고 생각할 때, 주일 아침에도 자녀를 교회학교에 보내지 않는 경향으로 나타나게 된다. 앞에서도 언급했지만 기독교학교교육연구소가 조사한 통계에 의하면 교회학교 학생들이 주일 아침에 교회에 나오지 않는 이유 중에 가장 큰 비중을 차지하는 이유가 바로 '학원가기 때문'이었다. 이것은 자녀들 스스로 학원 가기 위해서 교회학교에 나오지 않는 것이라기보다는 그 부모의 자녀에 대한 태도에 기인한 것이다.[3]

〈표 18〉학생들이 교회에 못 나오게 되는 이유 (복수응답) (N=998)

	빈도	유효 퍼센트
학원(학교)에 가야하기 때문에	252	25.4
학원에 가지는 않지만 공부를 하기 위해	78	7.8
교회에 친한 친구가 없어서	93	9.3
예배나 교회 활동이 재미없기 때문에	202	20.2
늦잠을 자서	244	24.4
시험(한자, 컴퓨터, 영어 등)으로 인하여	114	11.4
기타	135	13.5

기독교학교교육연구소가 조사한 통계에 의하면 학생들이 교회학교에 나오지 못하는 가장 큰 이유는 '학원 가야하기 때문'으로서 25.4%를 차지하고 있다. '학원에 가지는 않지만 공부를 위해서' 7.8% 나 '시험 등으로 인하여' 11.4% 를 합한다면 44.7%나 된다. 이는 일반적으로 교회에 나오지 않는 이유가 예배나 교회활동이 재미가 없기 때문이라고 생각하는데 이보다 훨씬 중요한 이유가 바로 학업 문제, 특히 학원의 영향임을 알 수 있다. 이 배후에는 이들을 주일 아침에도 학원에 보내는 부모의 왜곡된 자녀교육열이 숨어 있는 것이다.

---

3   박상진 외, 『하나님 앞에서 공부하는 아이』(서울: 좋은씨앗, 2011), 32.

이러한 왜곡된 부모의 자녀교육열은 건강한 기독교교육열로 전환될 것을 요청받고 있다. 교회는 부모들에게 무엇이 건강한 기독교교육인지를 가르쳐 주어야 한다. 자녀들에게 무엇이 가장 중요한 교육인지를 그 부모가 알 수 있도록 도와주어야 한다. 부모가 자녀교육에 대한 기독교적 관점을 확립하게 될 때 교회교육의 진정한 파트너가 될 수 있는 것이다. 이를 위해서는 교회교육을 학생들만을 대상으로 하는 교육으로 제한시킬 것이 아니라 부모들을 진정한 기독학부모로 세우는 노력을 병행하여야 한다. 이때의 부모교육은 단지 부모와 자녀 관계의 회복만을 의미하는 것이 아니라 학업과 입시, 진로의 문제를 기독교적으로 바라볼 수 있도록 돕는 것을 포함한다.

III. 기독교적인 교과^{학업} 이해[4]

1. 교과와 가치관

학생들이 학교에서 배우는 교과목이 신앙과 어떤 관계가 있는지를 설명해주는 것은 기독교교육의 중요한 과제이다. 학생들이 학교에서 배우는 교과목이 가치중립적인 것이 아니기 때문에 어떤 가치관에 터한 교육을 받는지를 비평적으로 성찰하고, 학생들로 하여금 기독교

---

4 이 부분은 필자의 졸저, 『기독교학교교육론』, 93-114를 요약, 수정한 것임.

적 관점으로 세상과 지식을 바라볼 수 있는 눈을 갖게 하여야 한다. 만약 학생들이 학교에서 무신론을 배우고, 반기독교적 사상, 그리고 비기독교적 가치들을 배운다면 교회교육은 학생들로 하여금 기독교적 세계관으로 이러한 비기독교적 가치체계를 비판할 수 있도록 도와야 한다. 교회교육은 교회 안으로 제한되고, 학교교육은 기독교교육과는 전혀 관계없는 세속적인 영역으로 간주되어서는 안된다. 교회학교 학생들이 교회에서 배우는 신앙과 학업이 어떻게 연계되는지를 이해하고, 기독교적 신앙에 근거한 건강한 지식체계를 형성해나가도록 도울 수 있어야 한다. 이를 위해서는 먼저 모든 교과가 어떤 가치관에 근거해 있음을 이해하는 것이 중요하다. 교육의 가치관과 교육실제의 관계를 그림으로 나타내면 다음과 같다.

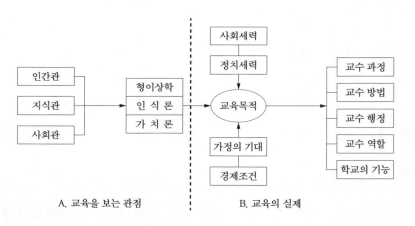

〈그림 5〉교육을 보는 관점과 교육실제의 관계

교육은 인간을 변화시키는 데에 관심을 갖고 있다. 오늘날 그렇게 많은 교과목과 교육활동을 통해 달성하려고 하는 것은 정말 바람직한 인간을 기르는 일임에 틀림없다. 그러나 놀라운 것은 교육자들이 그렇게 분주하지만, 막상 어떤 인간으로 길러야 할지 모르고 있든지 아니면 막연한 채로 남아있다는 사실이다. 도대체 어떤 인간으로 키우는 것이 바람직한가에 대한 분명한 논의없이 무슨 교육을 어떻게 하겠다는 것인가? 위 그림에서도 볼 수 있듯이 A 파트에 대한 논의 없이 B 파트를 실천한다고 하는 것은 자연적으로 그 시대의 이데올로기나 정치세력, 그 사회의 가치기준에 종속되어버리는 어처구니없는 결과를 낳게 되는 것이다.

'교육목적'을 둘러싸고 어떤 인간으로 키우는 것이 바람직한 교육인가에 대한 논란이 없었던 것은 아니다. 주로 교육철학의 영역에서 이 문제가 많이 다루어져왔다. 그중 가장 중요한 것이 '교육가치문제' 예컨대 어떤 인간으로 키우는 것이 가치로운가 등를 교육학 탐구에 포함시킬 것이냐 빼버릴 것이냐고 다른 한쪽은 그렇게 될 경우 결론날 수도 없는 형이상학적 논쟁으로 빠져들고 만다는 주장이었다. 우리나라의 경우 많이 쓰이는 교육의 정의인 '교육은 인간 행동의 계획적인 변화'라고 하는 것은 결국 가치 문제를 건드리지 않겠다는 입장인 것이다. 그러나 그 결과는 가치중립 value free 상태가 아니라 다른 가치 즉 현실을 지배하는 가치에 의해 지배당하기 마련인 것이다. 그것은 흐르는 강물 위에서 노를 젖지 않겠다는 것과 같다. 이와 반대의 입장을 취하고 있는 경우, 즉 무슨 가치든지 용납하고 교육에서 이를 구현하려는 경우도 문제는 심각하다. 왜냐하면 각자의 인간관이 다르면 그만큼 다양한 교육이 실천되어야 되기 때문에 혼란이 생기게 되기 때문이다. 특히 공교육 public education 과 관련지을 때는 자못 심각하다. 여러 가치 체계를 가진 사람이 공존하고 있기 때문이다.

그러나 이러한 현실적인 어려움 때문에 인간의 가치문제를 도외시하는 것은 교육을 포기하는 것과 같다. 더군다나 분명히 올바른 인간관을 갖고 있는 기독교육자에게는 더욱 그러하다. 민주주의 교육이라고 하는 것은 다양한 가치체계가 그들 가치를 전수하는 교육을 하되 그 질서와 전체의 공존을 유지하는 것이라고 할 수 있다. 그런 점에서 기독교교육Christian education 의 가능성이 있는 것이다. 오늘날처럼 일방적인 국가주도의 획일적 교육은 이것을 가로막으며 획일적 가치체계를 주입하게 될 위험성까지 지니고 있다고 할 수 있다. 결국, 어떤 인간이 가치로운가의 문제는 신념과 신앙의 문제이다. 가치중립이나 무無의 상태란 있을 수 없다. 기독교적 가치관을 가지고 교육하는 것은 마치 편견을 가지고 교육하는 것인 냥 생각할 필요가 없다. 다른 편견보다 얼마나 옳은 관점인가. 여기에 기독교교육자인 교사나 부모가 열정적이면 그럴수록, 헌신적이면 그럴수록 더욱 좋은 가능성이 있는 것이다.

2. 지식의 통일성

기독교적으로 교과를 이해할 때 먼저 생각해야 할 것은 '지식의 통일성'이다. 오늘날 학교교육은 지식을 조그마한 영역의 교과목으로 세분하는 경향이 있다. 이렇게 조각조각 나누어진 교과들을 통해서는 지식의 전체성을 보지 못하고 교과목들 사이의 관련성을 파악할 수도 없다. 그러나 지식은 본래 유기적인 단일성organic unity 을 지니고 있고, 교과목 서로 간에 깊은 연계성을 지니고 있다. 오늘날 교육에서 교회학교 교사나 부모가 수행하여야 할 가장 중요한 과제 중의 하나는 학생들에게 이러한 지식의 통일성을 인식시키고, 이 통일된 지식이 하나님께로부터 왔음을 깨닫게 하는 일이다. 사도 바울은 하나님이 모든 지식의 주인이심을 분명히 선포하고 있다. "만물이 그에게 창조되되 하늘과 땅에서 보이는 것들과 보이지 않는 것들과 혹은 보좌들이나 주관들이나 정사들이나 권세들이나 만물이 다 그로 말미암고 그를 위하여 창조되었고 또한 그가 만물보다 먼저 계시고 만물이 그 안에 함께 섰느니라 … 이는 친히 만물의 으뜸이 되려 하심이요"골 1:16-18 그리하여 모든 지식이나 교과목에 있어서도 그리스도의 주님되심을 인정하여야 한다. 사도 바울의 "모든 이론을 파하며 하나님 아는 것을 대적하여 높아진 것을 다 파하고 모든 생각을 사로잡아 그리스도에게 복종케 하니"고후 10:5라는 고백은 바로 교과에서도 그리스도의 주님 되심이 드러나야 함을 잘 보여준다.

기독교적으로 지식교과을 이해할 때, 지식이란 본래 분리되는 것이 아니고 하나이다. 마치 역사가 하나의 흐름인데 이를 인간이 시대구분하는 것처럼, 하나의 지식을 나누는 것은 인간의 구성 방식이다. 그렇다면 지식이 하나라는 것은 오늘날 교과이해에 대하여 어떤 통찰을 주는가? 무엇보다 지식의 전체성을 이해할 때 개별 교과의 의미가 가장 잘 드러남을 말해 준다. 개별 교과만을 들여다봄으로써가 아니라 전체를 바라볼 수 있고, 또한 이를 하나님과 관련지을 수 있을 때 그 교과의 의미가 명료하게 드러날 수 있다. 또한 모든 교과는 분리된 하나의 '독립된 개체'가 아니라 서로 깊은 연관을 지니고 있음을 알 수 있다. 모든 지식은 종교적이면서도 역사적이고, 미학적이면서도 철학적이다. 그렇기 때문에 어떤 교과나 지식도 하나님의 전체 지식과 연결되지 않은 것이 없다. 지식은 바로 하나님의 창조세계이며, 모든 진리는 그의 진리이다All truth is God's truth. 모든 지식이 그에게 속해 있고 그를 위해 존재하며 그로 말미암아 일어난다.

인간이 지식을 파편화시키고 전체성을 무시함으로 말미암아 나타나는 또 한 가지 현상은 마치 인간이 지식을 생산하고 이를 축적할 수 있다고 생각하는 경향이다. 지식을 더 많이 축적한 사람이 그렇지 못한 사람에게 전해주는 것을 교육이라고 생각한다. 그러나 이것은 은행저축식 교육banking education 일 뿐이고 그렇기 때문에 교육을 받을수록 더 교만해질 뿐이다. 지식은 바벨탑처럼 축적할 수 있는 그 무엇이 아니다. 지식은 하나님의 소유이고 하나님께서 그의 백성에게 주신 선물이다. 우리는 단지 하나님의 그 선물을 감사함으로 받을 뿐이다. 성경은 "하나님은 말씀을 내시며 너를 향하여 입을 여시고 지혜의 오묘로 네게 보이시기를 원하노니 이는 그의 지식이 광대하심이라 … 네가 하나님의 오묘를 어찌 능히 측량하며 전능자를 어찌 능히 온전히 알겠느냐"욥 11:5-7고 말씀한다. 결국 인간은 지식을 생산하거나 발명하는 것이 아니라 깨닫고 발견하는 것일 뿐이다. 하나님은 진리의 근원이실 뿐만 아니라 진리 그 자체이시다.

3. 하나님의 계시와 교과

기독교적 지식교과 이해는 계시 이해와 분리할 수 없다. 모든 교과나 학문은 하나님의 계시의 관점에서 이해되어야 한다. 계시 Revelation 는 문자 그대로 감추어져 있던 것을 드러내는 것이다. 불가해한 하나님의 존재를 인간이 알 도리가 없는데 계시를 통해 알리시는 것이다. 계시를 특별계시와 일반계시로 나누어 생각할 때, 교과는 일반계시의 영역에 속한다. 일반계시는 직접적인 하나님의 말씀의 전달형식으로 인간에게 오는 것이 아니고 자연현상, 인간의 역사와 경험, 사회적 현상 등을 통해서 나타나는 것이다. 하나님께서는 예수 그리스도를 통해서, 그리고 성경을 통해서 말씀하실 뿐만 아니라 전 창조 속에서, 자연현상 속에서, 이성과 양심의 소리를 통해서, 그리고 세계와 개인생활의 섭리적 통치를 통해서 말씀하신다. 그래서 시편 기자는 "하늘이 하나님의 영광을 선포하고, 궁창이 그 손으로 하신 일을 나타내는도다"시 19:1라고 노래한다. 그러나 문제는 인간의 타락 이후 이러한 삼라만상을 통해 하나님을 알고 찬양하는 눈을 상실하게 되었다는 점이다. 죄가 인간의 시야를 가리워 하나님의 아름다운 창조세계를 보면서도 하나님을 알 수 없도록 방해하였다. 자연은 하나님을 말하고 있으나롬 8:18-22 그것을 볼 수 있는 눈을 상실한 것이다. 여기에서 지식에 대한 오류와 왜곡이 생기게 되었고, 인간은 불의로써 진리를 반항하며 허위로써 진리를 바꾸게 되었다. 특별계시는 이러한 안개를 걷히게 한다. 예수 그리스도를 통한 복음은 하나님과 인간, 하나님과 자연, 인간과 자연의 관계를 올바르게 회복시켜 줌으로써 죄로 인해 얼마나 모든 관계가 파괴되었고 지식이 왜곡되었는지를 보여주고 다시금 지식의 전체성을 파악하게 해준다. 따라서 특별계시를 통해 인간은 많은 현상의 궁극적인 실재를 볼 수 있다.

교과나 학문은 일반계시의 한 소산이라고 할 수 있다. 자연과학은 자연현상을, 사회과학은 사회현상을 각기 관찰하여 일련의 법칙을 도출하고 이를 체계화시킨 것이다. 그러나 이때까지의 교과나 학문, 즉 하나님 없는 교과나 학문은 진리의 전체성을 볼 수 있도록 하기보다는 국부적인 영역의 인과를 밝히고 그것으로 전체를 설명하려는 오류를 범하여 왔다. 그것은 마치 장님이 코끼리 만지는 식이라고 할 수 있다. 갈라디아서에 나오는 몽학선생의 구실밖에 하지 못하는 것이다. 특별계시로 인한 전체성의 파악, 바른 신앙적 전제의 기초 위에 각각의 지식은 올바른 위치에 자리잡게 되는 것이다. 여기서 바른 전제pre-supposition를 강조하는 것은 모든 교과나 학문은 어떤 전제를 갖게 되는데, 그 지식이 진리인가의 여부는 과연 올바른 전제에 기초한 것인가에 달려있기 때문이다. 어떤 전제를 갖느냐는 결국 선택의 문제이고, 어떤 신앙을 갖느냐의 문제인데, 기독교적 지식관은 하나님을 믿는 참된 신앙을 전제하고 있는 것이다. 그렇기 때문에 학문과 신앙 간의 갈등이 있다고 이해하기보다는 참 신앙에 기초한 학문인가 아니면 거짓 신앙에 기초한 학문인가의 갈등이 존재한다고 할 수 있다.

학문이나 사상의 전제를 살펴볼 때, 계몽주의 이후 지식관은 '과학'이 모든 것을 해결할 수 있다고 믿는 소위 과학주의scientism의 전제를 지니게 되었다. 모든 인과관계는 자연 내에 있고, 객관적 관찰과 인간의 감각을 신뢰하며, 분석을 진리 탐구의 가장 중요한 수단으로 인정하며, 인식의 주체는 인식의 객체와 분리될 수 있다고 생각하여 가치중립적인 탐구가 가능하다고 생각하는 전제를 갖고 있다. 그리고 그러한 과학의 발달은 인류의 미래를 얼마든지 낙관적으로 보장하리라 믿는다. 그러나 오늘날 그러한 신념은 무너지고 있다. 과학만능의 근대주의가 지닌 편협성이 드러나고, 전근대pre-modern적인 것으로 간주되었던 중세와 중세 이전의 가치들이 오히려 일면 회복되고 있다. 근대적인 지식교과 이해의 또 하나의 전제는 인본주의humanism이다. 인간이 만물의 척도이고 인간의 행복을 위해서는 모든 것이 수단화될 수 있다고 생각한다. 그러나 이렇게 인간을 삼라만상의 정점으로 이해하는 관점도 그 정당성을 잃어가고 있다. 생태계에 대한 관심은 인간도

전체 생태계의 한 구성원임을 드러내고 있다. 기독교적 교과이해는 과학주의나 인본주의의 전제를 가지고 교과와 지식을 규정하는 것이 아니고 하나님의 살아계심과 그가 창조주요 구속주요 심판자임을 고백하는 믿음으로 교과를 바라보는 것이다. 보이는 세계에 관한 지식만이 아니라 보이지 않는 세계까지를 포함한 전체 지식을 바라볼 수 있고, 이 모든 것을 통치하시는 하나님을 인정하고 그를 영화롭게 하는 비전으로 지식을 바라보는 것이다. 이러한 신앙의 눈을 통해서 바라볼 때 교과는 원래의 모습으로 이해될 수 있다.

IV. 입시에 대한 기독교적 이해[5]

1. 입시위주의 교육으로의 왜곡

오늘날 수능시험을 비롯한 다양한 전형까지를 포함한 대학및 중고교 입학시험을 일컫는 '입시'는 한국 교육을 심각하게 왜곡시키고 있다. 입시 경쟁이 과열될수록 교육 전반에 걸쳐서 그 왜곡은 크게 나타난다. 입시 전의 모든 교육이 입시를 준비하는 교육이 되고 '입시위주'의 교육으로 전락하게 된다. 입시가 교육에 끼치는 부정적 영향과 왜곡은

---

5 이 부분은 필자의 글 박상진 외, 『입시에 대한 기독교적 이해』(서울: 예영, 2008), 13-52를 수정, 보완한 것임.

교육목적, 교육내용, 교육방법, 그리고 교육평가에 이르기까지 전 영역에서 나타난다.

1) 교육목적

입시가 교육에 미친 가장 부정적인 영향 중의 하나가 교육목적의 왜곡이라고 할 수 있다. 입시는 교육의 목적을 입시 위주로 재설정하게 만듦으로서 본래의 교육목적을 상실한 채 입시 준비 교육으로 전락하고 있는 것이다. 무엇보다 교육 본래의 목적인 "고등정신기능의 양성을 외면하고 단순지식의 암기나 곧 낡아버릴 지식의 습득"을 강조하며 입시에 출제되는 내용에만 집중한 나머지 창의력, 탐구력, 비판력 등은 제대로 가르치지 못하고 있다.[6] 또한 입시는 인간교육을 방해하고 있는데, 학생들의 인격과 성품 형성, 잠재되어 있는 재능 개발을 교육적 관심에서 벗어나게 하고 있다. 오직 입시위주의 교육에 몰두한 결과 민주시민의식이나 도덕성, 협동심, 질서의식 등을 가르치는 가치교육도 사라지고 있다.[7]

결국 입시 위주의 교육은 국가교육과정에서 표방되고 있는 전인교육이라는 교육의 중요한 가치를 약화시키고 있다. 전인교육은 지, 정, 의, 체의 균형을 말하며, 그 기초 위에서 개개인의 특성을 살리는 교육을 하는 것을 의미하는데 입시 위주의 교육은 그 가운데 지적인 교육에만 집중하도록 만들며, 그마저도 전체 지식이 아닌 입시에 출제

---

6 정범모 외, 『교육의 본연을 찾아서: 입시와 입시교육의 개혁』(서울: 1993), 100.
7 위의 책.

되는 내용 중심으로 제한되는 한계를 지니고 있다.[8] 정범모 교수는 교육이 추구해야 할 전인교육적 가치를 다섯 가지로 설명하고 있다. 첫째는 더 높은 지력을 가진 사람, 둘째는 더 예민한 인간적 감수성을 가진 사람, 셋째는 더 투철한 가치관을 가진 사람, 넷째는 더 넓은 국제 시야와 더 긴 미래전망을 가진 사람, 그리고 다섯째로 더 굳센 의연성을 가진 사람 등이다.[9] 그런데 입시 위주의 교육은 이러한 요소들을 두루 갖춘 전인으로 교육하는 것이 아니라 편협하고 왜곡된 교육이 이루어지도록 하고 있다.

2) 교육내용

입시는 교육목적만이 아니라 교육내용을 왜곡시킨다. 교육평가로서의 입시는 교육내용이 가르쳐진 후에 이를 평가하는 기능이 있지만, 입시위주의 교육은 교육평가가 교육내용을 결정하게 된다. 즉, 입시의 내용이 교육내용의 범위와 성격을 규정하게 된다. 일반적으로 교육과정을 선정할 때에 전체 문화 속에서 1차적 선택이 이루어지고, 또한 교육과정의 모든 교육내용이 시험에 출제되는 것이 아니라 2차적 선택이 이루어진 내용에 국한되는 것이다. 결국 입시에 어떤 내용이 출제되는가에 의해 교육내용은 제한될 수밖에 없고, 입시위주의 교육은 출제되지 않는 교육내용을 교육에서 제외시키는 경향이 있다.

입시로 인한 교육내용의 왜곡은 교육내용의 범위만이 아니라 교

---

[8]   위의 책, 101.
[9]   위의 책, 103.

육내용의 성격에도 강한 영향을 준다. 필답고사의 형태로 치르는 입시, 객관식 시험으로 치르는 입시는 그런 형태에 맞는 교육내용으로 국한시키는 경향을 낳는다. 단편적인 지식을 암기하거나 사실관계에 대한 정보들을 주로 다루게 되고 깊은 사고를 요하는 것과 창의성이 필요한 내용은 교육내용에서 제외시키는 경향이 있다. 더 나아가 교육내용은 입시에서 높은 성적을 받을 수 있는 형태로 변질되는데, 입시 문제에 효과적으로 답하는 형태로서 예컨대 '문제풀이' 방식으로 왜곡된다.

3) 교육방법과 교육평가

입시 위주의 교육은 교육방법에 있어서도 심한 왜곡현상을 가져온다. 오늘날 한국의 고등학교에서 통용되는 교육방법은 "대학입시에서 좋은 성적이 나오도록 가르치는 것"이라고 할 수 있다. 다양하고도 창의적인 교육방법을 활용할 수 있는 여지가 없다. 자율학습도 타율학습으로 전락하고 "대학입시에 출제되는 부분만을 반복하여 가르치고, 학생들은 교사가 제시하는 내용만을 반복하여 훈련하고 연습하게 되는 것이다."[10] 바람직한 교육방법은 학생을 인격적으로 존중하면서 전인적인 변화를 가능케 하는 다양한 교수법을 적절하게 사용하는 것이다. 강의법만이 아니라 토의법, 역할극, 워샵, 예술을 통한 심미적 교수방법, 탐방 및 실습 등 다양한 교육방법을 사용함으로써 지적, 정의적, 행동적 변화를 추구하는 것이다. 그러나 입시는 교육방법을 왜곡시켜

---

10 위의 책, 105-106.

일방적인 지식전달과 지적 차원에 국한하게 하며, 서로를 인격적으로 존중하며 협동하기보다는 수단적 존재로 생각하며 경쟁하는 관계로 전락하게 된다. 입시에서 높은 성적을 올리는 것을 가능케 하는 교육 방법이 최고의 교육방법으로서 소위 '쪽집게 과외' 같은 형태의 교수 방법이 환영을 받게 된다. 학생들을 경쟁의 각축장으로 몰아넣고 무한 경쟁으로 다투게 하는 것이 입시를 위한 교육방법의 가장 중요한 특징이다.

입시를 교육평가의 측면에서 이해할 때 입시가 과연 학생들의 능력을 제대로 평가하고 있는지에 대한 질문을 제기할 수 있다. 교육평가는 교육을 통한 성취를 돌아봄으로 보다 나은 교육이 가능하도록 기회를 제공하는 것이다. 그러나 입시는 이러한 교육평가를 입시위주의 교육평가로 왜곡시킨다. 획일적인 기준으로 학생들을 규정하며, 상대평가에 의해서 학생들을 서열화시키며, 학생들의 재능이나 소질을 발견하는 것이 아니라 입시라는 정해진 기준과 그 틀에 맞게 주형되기만이 요구될 뿐이다. 또한 지적인 성장 - 그나마도 주로 암기력이지만-만을 강조하여 다양한 다른 영역은 평가조차 되지 않고 무시되는 경향이 있다. 각자의 기준에서 그 성취가 측정되고 평가되어 그동안의 진보에 대해서 감사하기보다는 자신의 삶과는 분리된 기준에 의해서 판단된다. 이로 인해 긍정적인 자아상을 상실한 채 열등감과 바람직하지 않은 우월감에 사로잡힐 수 있다. 입시로 인해 왜곡된 교육평가는 모든 학생이 인간의 존엄성을 지님을 드러내는 것이 아니라 몇 점짜리 인생이라는 낙인을 찍는 방식이다.

2. 한국 학부모의 우상: 입시 이데올로기

우리나라의 입시경쟁은 서양의 다른 나라의 입시경쟁과는 그 양상이 사뭇 다르다. 이는 교육제도의 차이나 사회구조의 차이에도 연유하지만 상당 부분 문화적인 차이에 기인한다. 무교와 유교라는 종교적, 정신적 영향과 오랜 기간동안 한국인의 의식구조를 지배해 온 문화적 성향들이 이런 형태의 과열 입시경쟁이라는 하나의 현상을 이루었다고 볼 수 있다. 이는 반대로 이러한 문화와 의식의 변화는 입시에 대한 새로운 이해를 가능케 할 수 있다는 함의를 지니고 있다. 기독학부모는 자녀교육을 왜곡시키는 입시 이데올로기의 실상을 파악하고 자신 속에 내면화되어 있고 외부로부터 지속적으로 영향을 받고 있는 입시 이데올로기의 가치관을 배격하고 기독교적 자녀교육관으로 재정립해야 할 과제를 안고 있다. 입시 이데올로기는 크게 네 가지 측면으로 설명할 수 있다.

1) 입시 출세주의

한국인의 문화이면서 의식 밑바탕에 자리잡고 있는 것이 현세적 물질주의이다. 현세적 물질주의는 오늘날 한국의 입시 경쟁의 근저를 이루고 있는데, 입시 출세주의 형태로 나타나게 된다. 정수복은 그의 책 『한국인의 문화적 문법』에서 현세적 물질주의를 "지금 살고 있는 이곳에서의 물질적 행복을 인생의 최고 가치로 놓는 가치관"으로 정의하고 이러한 가치관으로 인해 한국 사람들은 물질적 풍요와 장수, 자녀들의 일류학교 입학, 좋은 회사 입사, 그리고 좋은 가문과의 결혼을 추구한다고 보았다.[11] 우리나라에서의 현세적 물질주의는 무교와 유교로부터 강한 영향을 받은 것으로 보여지는데, 불교와 기독교도 이러한 현세적 물질주의와 결합되면서 본래의 모습을 상실한 채 현세적 물질주의를 정당화하고 강화하는 모습으로 변질되는 경향이 있다. 현세적 물질주의는 쉽게 출세지상주의로 이어지는데, 입시는 이런 출세지상주의의 가장 중요한 통로가 되고 있다.

2) 입시 가족주의

가족주의는 다른 어떤 소속 집단보다도 가족의 이익을 우선시하는 의식을 말하는데, 긍정적인 가족관계로 머무는 것이 아니라 가족만을 위하는 '가족이기주의'라는 왜곡된 현상을 갖게 한다. 가족주의는 가족을 넘어선 공공을 위해서 자기와 자기 가족의 이익을 제한당하는 것을 인정하지 않는다. 가족주의는 하나의 종교로서 가족을 위해서라면 어떤 희생도 각오하는 헌신이 있지만, 가족의 울타리를 넘어서지 못하는 한계가 있다. 한국의 가족주의는 유교를 통해 강화된 것이 분명하다. 가족과 가문을 중시하고 조상의 제사를 중시하는 유교는 '가족의 종교'라고 불리울 수 있다.[12] 특히 한국인의 가족 중 어머니는 가족주의를 강화시키는 역할을 한다. 한국에서 가족주의가 가장 강하게 반영되는 현상 중의 하나가 입시일 것이다. 한국에서의 입시는 입시를 치르는 학생 개인의 문제가 아니라 가족의 중대사이며 소위 가문의

---

11 정수복, 『한국인의 문화적 문법』(서울: 생각의나무, 2007), 110.
12 위의 책, 125.

영광과 관련된 문제이다. 특히 한국의 어머니들은 자녀의 입시를 자신의 입시로 받아들인다. 여기에는 유교적인 체면문화가 강하게 작용하고 있는데 다른 사람들의 시선을 지나치게 의식함으로 자녀의 적성이나 실력과는 다른 요구를 하게 되는 것이다.

3) 입시 지상주의

수단방법 중심주의란 어떤 목적을 달성하는 데 있어서 수단과 방법을 가리지 않고 성취하기만 하면 된다고 생각하는 사고방식이다. 왜 그 목적지에 도달해야 하는가에 대해서는 큰 관심을 갖지 않은 채 어떻게 해서라도 목적만 달성하면 된다고 생각하는 경향이다. 이는 비윤리적, 비합법적 방법을 정당화하는 기제로도 작용한다. 입시를 위한 사교육비의 팽창은 이런 의식구조가 상당히 반영되어 있다고 할 수 있다. 사실 입시, 그 자체는 진정한 교육의 목적이 아니다. 입시는 하나의 과정이요 그 입시를 통해서 궁극적으로 이루어야 할 교육의 목적이 존재한다. 그러나 더 이상 입시에 대해서 왜why를 묻지 않고 수단방법을 가리지 않고 입시에서 성공하려고 하여 입시 자체가 교육의 목적의 자리를 차지하게 되었다. 마치 입시가 사회계층 상승을 보장하고 출세를 보장해주는 것으로 인식하게 되었고, 따라서 입시 경쟁에서 이기는 것이 인생의 승리라도 되는 것으로 착각하고 입시에 매진하게 된다.

4) 입시 세속주의

이중규범주의는 입시 세속주의의 기초가 된다. 이중규범주의는 "겉다르고 속다른 윤리의식이며 상황에 따라 다른 윤리적 기준을 적용하는 문화적 문법"이다. 즉, 이중규범주의는 겉으로는 보편적 기준을 내세우지만 뒤로는 자기 자신의 사적 기준을 적용하는 문화적 풍토인 것이다.[13] 이러한 이중규범주의는 이론과 실천, 이성과 감정, 원칙과 현실이 이중적으로 존재할 수 있도록 하고, 이에 대한 죄책감을 심각하게 느끼지 않을 수 있는 정당화의 기제가 된다. 교회의 교인들이 대부분 학부모들인데 이들이 기독교인이지만 자녀들의 입시에 대한 가치관은 비기독교인의 세속적인 가치관과 크게 다르지 않다.

기독학부모교육에 있어서 왜곡된 교육가치관을 제거하는 것이 중요하다. 의학에서 '디톡스' 개념은 기독학부모교육에도 유용하다. 마치 독소를 제거하듯이 기독학부모의 내면에까지 침투해있는 입시위주의 교육 가치관과 입시 이데올로기를 제거하고 자녀를 있는 모습 그대로 볼 수 있고 자녀의 진실에서부터, 자녀의 꿈과 끼로부터 자녀교육은 시작되어야 한다. 이를 위해서 기독학부모교육에 있어서 자신을 성찰하되 기독교적 가치관에 근거해서 자신을 돌아보며 성서에 계시된 하나님의 자녀교육의 원리에 입각하여 자녀를 바라보고 교육할 수 있어야 할 것이다. 기독학부모 교육의 과정은 왜곡된 교육의 가치관을 벗어 버리고 새로운 생명의 가치관으로 덧입는 과정이라고 할 수 있다.

---

13 위의 책, 177.

3. 입시에 대한 기독교교육적 이해

입시를 기독교교육적으로 이해한다는 것은 입시를 하나님과 인간, 자연, 이웃, 세상과의 관계에서 바라보는 것을 의미한다. 입시를 관계 회복의 관점에서 조망할 때 입시를 기독교교육적으로 이해하고 기독교적 입시관을 정립할 수 있는 다섯 가지 중요한 주제를 발견하게된다. 입시와 하나님과의 관계에서는 소명, 입시와 개인의 관계에서는 은사, 입시와 자연의 관계에서는 탁월성, 입시와 이웃의 관계에서는 공동체, 그리고 입시와 세상의 관계에서는 하나님 나라라는 주제이다. 기독교교육적으로 입시를 이해한다는 것은 입시가 하나님이 의도하신 본래의 관계로 회복되는 것을 의미하는데, 이는 소명, 은사, 탁월성, 공동체, 하나님 나라의 관점으로 입시를 이해하는 것을 의미한다.[14]

1) 입시와 소명

기독교교육적으로 입시를 이해한다는 것의 첫 번째 의미는 '소명'의 관점으로 입시를 이해하는 것이다. 대학입시가 갖는 가장 중요한 특징 가운데 하나는 전공을 선택한다는 것이다. 계열별 모집에 응시한다고 하더라도 넓은 전공 영역을 선택하는 것이다. 이러한 전공의 선택은 직업과 연계될 수밖에 없고 또한 그런 연계성을 갖는 것이 바람

---

14 입시에 관련된 기독교적 주제가 이 다섯 가지로 제한되는 것을 의미하는 것은 아니다. 성공, 축복, 자유, 평등 등 다양한 개념이 연관되어 있다. 그러나 이런 여타의 주제들이 소명, 은사, 탁월성, 공동체, 하나님 나라라는 주제들과 역시 연계되어 있기 때문에 이 글에서는 이 다섯 가지 주제에 초점을 맞추려고 한다.

직할 것이다. 이런 점에서 기독교적 직업이해는 기독교적 입시이해와 분리될 수 없다. 향후 내가 어떤 영역과 분야에서 일할 것인가를 생각하며 '나의 길'^my way^을 선택하는 과정이 입시이다. 직업이라는 영어 단어인 vocation은 '소명' 또는 '부르심'에 해당하는 라틴어 단어 'vocatio'에서 왔다. 직업은 부르심과 관련되며, 입시는 그 부르심에 대한 첫 번째 응답이라고 할 수 있다. 학생들이 태어나서 초등학교, 중등학교를 다니면서 전체 지식에 대한 기본적인 이해를 하고, 사회의 전체 영역에 대한 학습을 했다면, 입시는 그 가운데서 자신이 향후 몸담고 일하게 될 영역을 선택하는 과정의 한 부분이다.

기독교적으로 입시를 바라본다는 것은 입시를 소명의 관점으로 이해하고 학생들로 하여금 입시를 소명의 관점에서 준비할 수 있도록 돕는 것을 의미한다. 지금까지는 기독교인 학생일지라도 입시를 획일적인 관점으로 바라보고 소명의 관점보다는 출세지향적 입장에서 상대주의적 경쟁을 추구하는 경향이 있었지만, 하나님의 부르심과 소명의 입장에서 자신의 삶을 생각할 수 있는 기회를 제공할 수 있다면 기존의 소위 입시경쟁 현상은 변화될 수 있는 단초가 될 수 있을 것이다. 특정 대학이나 특정 학과(예컨대 법학과나 의학과)에 입학하는 것보다 더 중요한 것은 하나님의 부르심과 소명에 응답하는 것이며, 무엇이 하나님이 자신을 부르시는 영역과 전공인가에 대한 관심을 갖도록 돕고 그 관점으로 입시를 바라보게 하는 것이다.

소명으로서 입시를 이해하게 될 때 입시는 삶을 바라보는 중요한 '창'이 된다. 하나님이 나를 어떤 영역으로 부르시는가를 생각하며 자신의 비전과 연관지어 입시를 생각할 수 있는 기회를 준다. 또한 남과의 경쟁이 아니라 하나님이 자기에게만 주시는 '나의 길'의 가치를 생각하며 비교의식으로 속박당하는 것이 아니라 자유함을 누릴 수 있다. 소명으로서 입시를 이해할 때, 입시는 기독교교육의 매우 중요한 과정이 될 수 있는 것이다. 그리고 여기에서 기독교적 가치관과 입시는 서로 갈등되는 요소가 아니라 상호 분리될 수 없는 통합이 이루어지게 된다.

2) 입시와 은사

입시에 대한 기독교적 이해는 입시를 은사의 관점에서 생각하는 것을 포함한다. 대학에서 전공을 공부하기 위해 입학한다는 것은 하나님이 그 학생에게 주신 은사를 개발하는 것과 분리하여 생각할 수 없다. 은사gifts에 해당되는 헬라어는 카리스마타charismata로서 크게 두 가지 용법으로 사용된다. 하나는 일반적인 것으로서 하나님의 은혜와 섭리를 통하여 각각 개인이 받는 은혜, 역량, 진리, 재능 등이고, 다른 하나는 특별한 것으로 교회를 위한 특별한 능력을 부여받는 것을 의미한다.[15] 여기에서는 하나님께서 주신 모든 재능을 은사로 이해하는 전자의 용법에 초점을 맞추어 논의하려고 한다.

은사는 인간의 독특성과 관련된다. 하나님은 인간을 독특하게 창조하시고 각자에게 독특한 은사를 허락하신다. 다른 사람과의 비교를 통해서 비로소 그 가치가 확인되는 것이 아니라 각 사람이 지니는 독특성이 존재한다. 오성춘은 "하나님은 우리가 태어나면서부터 가지고 나온 유전적 요소들, 정신 능력, 신체적 능력, 영적인 능력들-이것들도

15　『성서백과대사전(5)』(서울: 성서교재간행사, 1980), 874.

하나님께서 우리에게 주신 은혜의 선물들이다-과 우리가 태어난 이후에 경험하는 성공과 실패, 입원, 질병, 자녀, 가족, 친구, 교회생활, 학교생활, 사회생활 등 갖가지 요인들을 조합시키면서 독특한 나를 만들어 가신다."고 말한다.[16] 즉, 우리의 존재의 깊이에는 하나님께서 주신 은사가 있고, 이것이 우리 각자를 독특한 존재로 만들어 간다.

교육은 교육의 어원인 educare가 의미하는 그대로 내면의 가능성을 드러내게 하는 것이다. 하나님이 내면에 주신 은사를 개발하며, 그 독특성을 구현해 나가는 것이 진정한 교육의 본질이며 자아실현의 과정이다. 입시는 이러한 자신만이 갖고 있는 독특한 은사가 발현되는 하나의 통로로서 남과의 비교가 아닌 자신만이 가야 하는 길을 가는 것이다. 각각의 삶을 향한 하나님의 뜻도 이러한 은사개발과 무관하지 않다. "하나님이 창조하신 은사들의 독특한 배열 속에 하나님의 분명한 뜻이 들어있다."[17] 각자의 은사와 재능 속에 하나님의 뜻이 기록되어 있는 셈이다. 오성춘은 이렇게 말한다. "우리가 우리의 은사들을 발견할 때에 하나님의 뜻을 발견하게 된다. 하나님께서 그 은사를 우리에게 주신 것은 바로 그 은사를 사용하여 하나님의 뜻을 성취하라는 의미가 담겨있는 것이다. 우리가 자신을 보면서 우리에게 주신 하나님의 은사들을 발견한다면 그 은사로 하나님의 나를 향하신 뜻과 계획을 유추하여 발견할 수 있다. 그리고 그 은사를 우리가 사용하여 일할 때에 우리는 하나님이 우리에게 주시는 근본적인 뜻에 순종하여 헌신하는 것이 된다."[18]

---

16 오성춘, 『은사와 목회』(서울: 장로회신학대학교 출판부, 1997), 145-146.
17 위의 책, 152.
18 위의 책, 153.

이런 점에서 은사는 소명과 만난다. 자신의 은사를 개발하고 그 은사로 하나님의 뜻을 이루는 것이 바로 하나님의 부르심이기 때문이다. 학생들은 교육의 과정을 통해서 자신의 재능이 무엇인지를 발견할 뿐 아니라 이를 극대화시키도록 개발하여야 한다. 그 은사의 발현이라는 관점에서 사역의 영역과 전공을 선택할 수 있도록 해야 한다. 입시는 자신의 은사가 개발되고 이웃을 위해 섬김의 도구로 사용될 수 있도록 하는 통로가 되어야 한다.

3) 입시와 탁월성

입시에 대한 기독교적 이해는 입시를 경쟁의 관점에서 바라보기보다는 탁월성의 관점에서 바라보는 것을 의미한다. 입시를 기독교적으로 접근한다는 것이 입시를 부정적으로 인식한 나머지 탁월성의 가치까지 부인하는 것을 의미하는 것이 되어서는 안 된다. 학생은 공부에 최선을 다해야 하고 자신의 가능성을 충분히 발휘할 수 있도록 노력하여야 한다. 자기의 잠재적 가능성을 극대화시키고 자신의 속에 있는 은사가 "불일 듯 일어나게"딤후 1:6 하는 것은 교육적으로 가치 있는 일이며 하나님이 기뻐하시는 일이다. 하나님께서 창조하신 자연에 내재된 이치를 깨닫는 것은 탁월성을 추구할 때만이 가능하다. 모든 지식은 하나님의 지식이고, 하나님은 그 지식을 깨달을 수 있는 지혜를 인간에게 주셨다. 인간은 그 지혜를 탁월하게 개발하여 하나님의 탁월하심을 만방에 드러내야 한다. 이러한 탁월성 excellence 은 경쟁 competition 과는 구별된다. 경쟁은 상대적 개념이라면 탁월성은 절대적 개념이다. 경쟁은 끊임없이 남들과 비교함으로서 자신을 판단하지만, 탁월성은 남들이 인정하는 것과는 관계없이 하나님 앞에서 Coram Deo 자신의 최선을 다하는 것이다. 사도 바울의 고백처럼 오직 우리를 판단하실 분은 주님뿐임을 인정하며 주님의 칭찬을 받기 위해 노력하는 것이다.

기독교에서 탁월성을 가능케 하는 것은 '여호와 경외'이다. 여호와를 두려워하고 경배하는 것은 다른 어떤 피조물을 두려워하지 않고 그것들을 경배하지 않는 것을 의미한다. 여호와를 경외하는 사람은 사람들과의 비교가 아니라 하나님의 기준에 입각해서 살아간다. 그리고 그 하나님의 기준을 자신의 푯대로 삼기 때문에 탁월한 삶을 살 수 있다. 하나님을 인정하고 그를 두려워하는 사람은 다른 사람들이 보지 않는 곳에서도 하나님의 임재 속에서 살아가며 최선을 다하게 된다. 이러한 기준이 없는 사람들은 오직 남과의 비교에 의해서, 그리고 그 비교와 경쟁에서 더 앞서기 위해 노력한다. 이 경우 남보다 앞설 때에는 교만에 사로잡히며, 남보다 뒤쳐질 때에는 열등의식에 빠지게 된다. 그러나 탁월성은 상대적 비교가 아닌 하나님 앞에서 절대적 기준을 갖고 자신을 개발하며, 하나님의 비전을 품고 나아가기에 비교를 넘어선 충성을 가능케 한다.

입시위주의 교육은 오히려 탁월성을 억압하고 방해한다. 비교의식이나 경쟁의식만으로는 탁월성에 이를 수 없다. 학습을 가능케 하는 가장 중요한 요인은 동기유발 motivation 인데, 하나님 앞에서 갖게 되는 비전과 꿈이야말로 학습을 위한 가장 강력한 동기유발의 요소이기도 하다. 사도바울의 고백처럼 "너희에게나 다른 사람에게나 판단 받는 것이 내게는 매우 작은 일이라 나도 나를 판단치 아니하노니 … 다만 나를 판단하실 이는 주시니라"고전 4:3-4고 하나님의 판단 앞에 서게 될 때 탁월한 삶이 가능하다. 기독교교육적 입시 이해는 경쟁을 통해 수월성을 추구하는 것이 아니라 남과의 비교가 아닌 하나님과의 관계 속에서 탁월성을 추구하는 것이다.

4) 입시와 공동체

입시는 상당 부분 개인주의에 기초해 있다. 개인을 대상으로 하는 필답고사는 개개인의 성취를 측정하는 데에 관심이 있다. 입학시험을 치르게 될 때 각각은 답안지에 자신의 이름을 적는다. 그리고 가능한 한 서로와 분리된 채, 때로는 담을 쌓고 시험을 치른다. 입학시험은 서로 이야기하거나 문제의식을 공유하는 것을 허용하지 않고 서로를 바라보는 것조차 허락하지 않는다. 격리된 개인의 성 안에서 개인의 학업성취에 대한 측정이 이루어지는 것이다. 이런 입시의 경쟁주의적 성격은 개인주의적 성격과 불가분의 관계를 맺는다. 학생들 서로 간의 경쟁을 유발하는 시험은 공동체를 와해하며 집단을 개체화시킨다. 특히 입학시험은 내가 합격하기 위해서는 다른 사람을 낙오시켜야 하는 이기주의적 성격을 지닌다. 입시는 '우리'를 생각하게 하기보다는 '나'와 '나의 성공'만을 생각하게 하는 경향이 있다. 입시는 그 자체로 이를 표방하고 있지는 않지만 개인주의적으로 교육하는 가장 강력한 제도이다.

입시를 통해 개인의 욕구를 실현하려는 개인주의적 교육을 극복하는 방안은 공동체적인 교육을 추구하는 것이다. 원래 성경에서 강조하는 교육의 형태는 공동체적이다. 구약에 나타나는 히브리 쉐마교육은 공동체 교육이며, 벧하세퍼나 벧하미드라쉬 같은 이스라엘의 교육도 공동체성을 강하게 지니고 있다. 신약에 나타나는 예수님의 제자교육도 제자공동체 안에서 이루어진 교육을 의미하며, 사도행전에 나타나는 초대교회는 사도행전 2장 44-46절에서 "믿는 사람이 다 함께 있어 모든 물건을 서로 통용하고 또 재산과 소유를 팔아 각 사람의 필요를 따라 나눠 주고 날마다 마음을 같이 하여 성전에 모이기를 힘쓰고"라고 말씀하듯이 강한 공동체를 이루고 있었고, 그 안에서 교육이 이루어졌다. 그런데 학교가 생기고 학교는 주로 앎을 다루어 가정과 노동, 삶의 현장과 분리됨으로 말미암아 공동체성이 상실되고 개인주의적 경쟁에 의해 지배당하기 시작하였다. 오늘날 학교의 발전은 경쟁의 심화를 의미하고 이는 오히려 공동체성을 약화시키고 개인주의적 성향이 강화되는 것을 의미하게 되었다.

최근에는 교육, 특히 기독교적인 교육은 이러한 개인주의적 한계를 극복하고 공동체적이어야 한다고 주장하는 학자들이 많이 등장하는데, 무엇보다 신앙공동체이론을 주장하는 학자들을 들 수 있다. 이 가운데 가장 대표적인 학자는 존 웨스트호프 John H. Westerhoff III 일 것이다. 그는 "다음세대의 신앙계승이 가능한가" Will Our Children Have Faith? 라는 책에서 오늘날의 기독교교육이 그 기초부터 흔들리고 있다고 보았는데, 그 원인을 '학교 수업형 패러다임' Schooling Instructional Paradigm [19] 으로 보았다. 그는 진정한 교육 Education 은 학교식 Schooling 과는 구별되어야 한다고 주장하면서, 교육의 가장 중요한 특징을 공동체성으로 보았다. 그래서 그는 '학교 수업형 패러다임'의 대안으로서 '신앙공동체-문화화 패러다임' Community of Faith & Enculturation Paradigm [20] 을 제안하고 있다. 그는 신앙이란

---

19   John Westerhoff III, *Will Our Children Have Faith?* 정웅섭 역, 『교회의 신앙교육』(서울: 대한기독교교육협회, 1983), p. 32.

20   위의 책, 87.

학교 수업을 통해 이룰 수 있는 것이 아니라 신앙공동체 안에서 형성되는 것이라고 보았다.[21] 형식적 교육과정을 강조하며 교육을 학교식 수업과 동일시하는 학교교육을 통한 교육보다는 공동체를 이루며 그 안에서 공동체적 삶을 통해 진정한 교육이 이루어질 수 있다고 본 것이다. 이러한 협동을 강조하는 공동체적 교육이 종래의 경쟁주의적 입시교육을 극복하는 입시에 대한 기독교교육적 접근의 한 방안이 될 수 있을 것이다.

5) 입시와 하나님의 나라

입시를 기독교적 관점으로 조망할 때 하나님의 나라와 관련된다. 입시는 하나님의 백성들이 하나님의 나라를 향해 나아가는 관문이다. 기독교교육은 교회 안에서 이루어지는 교육만을 의미하는 것이 아니고 하나님 나라를 향한 교육이며, 정치, 경제, 사회, 문화, 예술 등 각 영역 속에서 하나님의 통치를 이루어갈 일꾼들을 파송하는 과정을 포함한다.

성경은 그리스도인이 궁극적으로 추구해야할 가치를 '하나님의 나라'로 이해한다. 교회도 이 하나님 나라를 지향하고 있는 것이다. 공관복음서에서 '하나님의 나라' *basileia tou Theou* 라는 개념은 100회 정도 사용되고 있는데, 교회 *ecclesia* 라는 개념은 단 2회 정도 언급되고 있는 정

---

21 웨스트호프와 유사한 강조를 한 신앙공동체 이론가로 엘리스 넬슨을 들 수 있다. 엘리스 넬슨 (Ellis Nelson)은 그의 책 『어떻게 신앙이 성숙하는가』(*How Faith Matures*)에서 신앙이 성숙하는 곳을 회중(congregation)으로 보았다. 이 회중의 가장 중요한 특징은 공동체라는 점이며, 단지 학교이거나 정치적인 집단, 도덕적인 모임이 아닌 신앙을 서로 나눌 수 있는 신앙공동체라는 데에 있다. C. Ellis Nelson, *How Faith Matures* (Louisville Kentucky: Westminster/John Knox Press, 1989), p. 155.

도이다. 예수님은 장차 도래하는 '하나님의 나라'를 가르치신 것이지, 단지 교회를 세우신 것이 아니다. 스탠리 그렌츠 Stanley Grenz가 그의 책 『하나님의 공동체를 위한 신학』The Theology for the Community of God에서 분명히 밝히고 있듯이 "올바른 교회론은 교회를 하나님 나라라는 맥락 속에서 이해"하는 것인데, 왜냐하면 "성경에서 하나님 나라라는 개념은 교회라는 개념보다 넓기 때문"이며, 동시에 "교회가 하나님 나라에 의존하기 때문"이다.[22] 기독교교육도 소위 종말론적 긴장 가운데 존재하는데, '이미 이루어졌음'already fulfilled, '아직 완성되지 않음'not completed yet 사이에 존재한다. 기독교교육은 이러한 종말론적 긴장 가운데서 이미 선취된 하나님의 나라와 도래할 하나님의 나라를 선포하고 실현해 가야하는 책임을 지닌다. 이미 정치, 경제, 사회, 문화, 예술, 교육 모든 분야에 있어서 하나님이 주인이심을 선포하고, 실제적으로 왜곡된 제 분야가 하나님의 통치와 다스리심 가운데에서 회복을 경험할 수 있도록 도와야 한다.

이런 점에서 입시는 하나님 나라의 관문이다. 기독교교육은 학생들로 하여금 입시라는 창을 통해 하나님 나라를 바라볼 수 있도록 도와야 한다. 그리고 하나님 나라의 비전을 품고 각 분야 속으로 들어가야 한다. 요한복음 17장에서 예수님이 제자들을 위한 대제사장적 기도 가운데 제자들이 '세상 속에 있지만in the world, 세상에 속한 것이 아니요not of the world, 또한 세상 밖으로 데려감을 위한 것도 아니요not out of the world, 세상 속으로 보냄 받은 존재into the world'임을 말씀한 것은 하나

---

22 Stanley Grenz, *The Theology for the Community of God*, 신옥수 역, 『조직신학: 하나님의 공동체를 위한 신학』(서울: 크리스찬 다이제스트사, 2003), 685.

님 나라를 향한 파송을 의미한다. 입시에 대한 기독교교육적 이해는
학생들을 하나님 나라로 파송하는 '파송식'의 의미를 지니고 있다.

4. 기독학부모의 의식변화

기독교인의 자녀교육관을 성경적 가치관으로 재정립하기 위해서
는 입시에 대한 기독학부모의 의식변화가 필요하다. 과열 입시경쟁의
뿌리에는 한국의 문화적 문법, 즉 왜곡된 한국인의 의식구조가 존재한
다. 입시 출세주의, 입시 가족주의, 입시 지상주의, 그리고 입시 세속주
의와 같은 입시에 대한 의식이 바뀌지 않는 한 입시문제는 해결되기
가 어렵다. 입시 문제의 해결은 기독교인의 의식개혁으로부터 시작되
어야 한다. 신앙과 괴리된 세속적인 입시관을 지닌 채 왜곡된 입시 위
주의 교육에 매달리는 구습을 깨고 입시를 소명과 은사, 탁월성과 공
동체, 그리고 하나님 나라의 관점에서 볼 수 있는 변화가 필요하다. 기
독교인의 입시에 대한 의식개혁은 오늘날 왜곡된 입시교육을 새롭게
변화시키는 촉매제 역할을 할 것이다.

어떤 점에서 입시는 기독교교육의 가장 좋은 기회가 될 수 있고,
또한 되어야 한다. 입시야말로 진정한 기독교적 가치관이 무엇이며,
기독교인의 삶이 무엇인지, 어떻게 내 인생에서 그런 삶을 구현할지를
깨닫는 기회가 될 수 있기 때문이다. 이 때에 입시는 본래의 위치를 찾
게 되며 기독교교육에 꼭 필요한 통로가 된다. 유바디 교육목회는 부
모들에게 입시에 대한 기독교적 관점을 확립함으로 건강한 기독교적
자녀교육이 이루어지도록 돕는다. 입시와 학업에 대한 성경적 관점 없
이 자녀의 신앙만 강조하는 접근은 신앙과 학업의 분리현상을 가져오

고 결국은 세속적 자녀교육으로 귀결될 수밖에 없는 것이다.

V. 신앙과 학업의 연계: 여경지근의 교육[23]

신앙과 입시, 신앙과 학업이 분리되어 있는 것이 아니라 연결되어 있다는 것이 성경의 가르침이다. 하나님을 아는knowing God 신앙과 하나님이 창조한 피조세계를 아는 교과는 연결되어 있다. 이것을 가장 선명하게 보여주는 원리가 여경지근의 원리이다.

1. 여경지근의 원리

성경은 자녀교육에 관한 가장 놀라운 전문서적이다. 창세기부터 요한계시록까지 자녀교육에 대한 하나님의 뜻이 상세하게 기록되어 있다. 하나님은 우리의 자녀들이 천대까지 이르도록 복을 받기를 원하시고, '자녀교육'이라는 통로를 통해 그 복이 전해지기를 원하신다. 그러나 불행히도 사람들은 자녀교육에 대해 뜨거운 관심이 있고 그래서 여러 권의 자녀교육에 관한 책을 읽으면서도 성경을 읽지 않는 부모들이 얼마나 많은지 모른다. 성경 안에 자녀교육의 축복이 넘쳐나고

---

[23] 이 부분은 필자의 책 『성경 속에 나타난 하나님의 학습법』(서울: 두란노, 2010)의 제1장을 수정, 보완한 것임.

있는데, 그 복을 자신의 복으로 삼지 못하고 있는 셈이다. 성경에 기록된 자녀교육에 관한 수많은 구절을 한 구절로 요약한다면 잠언 1장 7절의 "여호와를 경외하는 것이 지식의 근본"이라는 말씀이다. 여경지근의 원리는 다름 아닌 이 말씀의 첫 글자들을 나타낸다. 이 원리의 핵심은 '여호와를 경외'하는 것과 '지식의 근본'은 분리되어 있는 것이 아니라 연결되어 있다는 점이다. 많은 부모들과 학생들이 '신앙'과 '학업'이 분리되어 있는 것으로 이해한다. 이 두 가지가 서로 상충한다고 생각한다. 신앙생활을 열심히 하면 학업에 지장이 오고, 학업에 몰두하기 위해서는 신앙을 등한히 할 수밖에 없다고 생각한다.

신앙과 학업, 신앙과 학문은 연결되어 있다. 하나님은 반지성주의자가 아니다. 하나님은 우리의 자녀들이 무식하게 되기를 원하시는 분이 아니다. 모든 지식을 창조하신 하나님이 우리의 자녀들이 그 지식과 상관없는 자가 되기를 원치 않으신다. 하나님은 진정으로 우리의 자녀들이 지혜로워지고 슬기로워지고 '지식의 근본'이 되기를 원하신다. 우리의 자녀들이 진정 '지식의 근본'이 되기를 원하는가? 그렇다면 답은 분명하다. 여호와를 경외하는 것이다. 지혜로운 자녀가 되기를 원하는 부모는 '여호와 경외'에 승부를 걸어야 한다. 이것이 성경의 교훈이고 수많은 사람들의 간증이다. 성경에서 자녀에 대한 여호와 경외 교육의 대표적인 두 사례를 발견하게 된다. 하나는 성공 사례이고 다른 하나는 실패 사례이다. 성공사례는 아브라함의 자녀교육이다. 아브라함은 백세에 낳은 아들 이삭에게 여호와 경외 교육을 실천하였다. 아브라함의 여호와 경외교육의 클라이막스는 모리앗산에서 이삭을 제물로 바치는 순간이다. 그때 이삭이 배운 것이 무엇이었겠는가? 자녀를 제물로 바치기까지 하나님께 순종하는 아버지 아브라함을 통해 여호와를 경외하는 것이 무엇인지를 뼈저리게 배웠을 것이다. 그때 여호와의 사자가 아브라함에게 말씀하신다. "내가 이제야 네가 하나님을 경외하는 줄을 아노라" 창 22:12.

실패사례는 엘리의 자녀교육이다. 엘리는 제사장이었지만 자녀교육에서 실패하였는데, 자녀에 대한 여호와 경외교육에서 실패한 것이다. 엘리의 두 아들인 홉니와 비느하스의 문제는 IQ의 문제도, 어떤 학교를 다녔는가의 문제도 아니었다. 이들의 문제는 여호와의 제사를 멸시하고 회막 문에서 수종 드는 여인들과 동침하는 등 여호와를 경외하지 않은 것이었다. 제사장이라고 해서 자녀교육이 저절로 되는 것이 아니다. 엘리가 훌륭한 제사장이었지만 자녀교육에서 실패한 것은 오늘날 목회자나 교회 직분자들에게 자녀에 대한 여호와 경외 교육에 대해 경종을 울리는 것이라 여겨진다. 하나님의 사람이 엘리에게 와서 하신 말씀이 무엇인가? "네 아들들을 나보다 더 중히 여겨" 삼상 2:29. 결국 엘리는 두 아들 홉니와 비느하스를 사랑하되 하나님보다 더 사랑한 나머지 여호와 경외 교육에서 실패하고 만 것이다. 하나님은 말씀하신다. "나를 존중히 여기는 자를 내가 존중히 여기고 나를 멸시하는 자를 내가 경멸하리라" 삼상 2:30 왜 여호와를 경외하는 것이 지식의 근본이 되는가? 하나님의 약속이기 때문이다. 그렇기 때문에 이 말씀을 믿고 순종하기만 하면 그 축복을 누린다. 이 말씀을 붙들고 자녀들에 대하여 여호와 경외 교육을 실천하면 자녀들이 지식의 근본되는 복을 누릴 수가 있다.

2. 신앙, 태도, 학업의 연결

성경은 여호와를 경외하는 신앙과 지식의 근본이라는 학업은 분리된 것이 아니라 연결되어 있음을 선포한다. 사실 기독교교육은 학업을 소홀히 하는 교육이 아니다. 보다 더 균형 잡히고 온전한 교육을 추구하는 것이다. 신앙과 학업, 신앙과 학문은 연결되어 있다. 하나님은 반지성주의자가 아니다. 하나님은 우리의 다음세대들이 무식하게 되기를 원하시는 분이 아니다. 모든 지식을 창조하신 하나님이 우리의 자녀들이 그 지식과 상관없는 자가 되기를 원치 않으신다. 하나님은 진정으로 하나님의 자녀들이 지혜로워지고 슬기로워지고 '지식의 근본'이 되기를 원하신다. 우리는 여기에서 중요한 구조를 발견하게 된다. 그것은 신앙 - 태도 - 학업의 관계 구조이다. 이것을 그림으로 나타내면 〈그림 6〉과 같다.

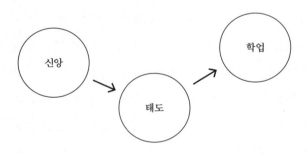

〈그림 6〉 신앙, 태도, 학업의 관계 구조

신앙과 태도, 그리고 학업은 서로 연결되어 있다. '여경지근'의 원리는 바로 이것을 강조하고 있다. 여호와를 경외하는 것이 지식의 근본이 되는 것이다. 성경적인 교육은 이 세 가지의 연계성에 주목하면서 여호와를 경외하는 하나님의 자녀로 세우고, 그래서 그녀의 태도가 달라지고, 그 태도의 변화로 말미암아 지속적으로 학업을 향상시켜 나가도록 돕는 것이다. 신앙과 태도가 형성되지 않은 채, 학업 성적만을 올리려는 노력은 지혜롭지 못하다. 왜냐하면 기본이 형성되어 있지 않기 때문에 곧 무너질 수밖에 없기 때문이다. 공부의 목적과 의미도 모른 채, 그리고 공부하는 태도와 습관도 형성되지 않은 채, 억지로 공부시키는 것은 효과적이지 않은 방법이다. 가장 온전한 교육은 바로 신앙과 태도, 그리고 학업이 더불어 성숙하는 '성경적 교육법'이다. 왜냐하면 이것이 성경에 계시된 하나님의 교육방법이기 때문이다.

신앙, 태도, 학업을 각각 어떻게 강조하느냐에 따라 다양한 자녀교육형으로 분류해 볼 수 있다.

<표 19> 자녀교육의 8가지 유형

분류	신앙	태도	학업	자녀교육유형
1	×	×	×	무관심, 방임형
2	×	×	○	입시위주형
3	×	○	○	핀란드형
4	×	○	×	열린대안교육형
5	○	×	×	신비주의형
6	○	○	×	반지성주의신앙형
7	○	×	○	이원론형
8	○	○	○	성경적교육형

첫 번째 유형은 신앙, 태도, 학업 모두에 대해서 관심을 갖지 않는

유형으로서 무관심형 또는 방임형이라고 부를 수 있다. 이 유형은 부모가 자녀교육에 애시당초 관심을 갖지 못하는 상황이라고 할 수 있는데, 부부의 문제와 가정의 경제적 여건 때문에 이 유형에 해당되는 경우에는 이 가정의 자녀들에 대한 교회적, 사회적 배려와 관심이 필요하다.

두 번째 유형은 한국 교육 현실 속에서 가장 많은 비중을 차지하는 유형으로서 입시위주형이라고 부를 수 있다. 이 유형은 자녀의 신앙이나 인성 및 태도에 대한 관심은 없는 채 성적에만 관심을 갖는 경우이다. 자녀가 왜 공부해야 하는지도 모른 채, 그리고 스스로 공부할 수 있는 태도가 형성되지도 않은 채 입시위주와 성적위주의 공부에 매이게 된다. 이러한 유형은 신앙과 태도가 뒷받침해 주지 못하기 때문에 학습에 대한 흥미와 만족을 느끼지 못하게 되고 결국 지속적인 학습이 이루어지지 못하게 된다.

세 번째 유형은 신앙에는 관심이 없지만 태도와 학업에는 관심을 갖는 경우로서 핀란드형이라고 부를 수 있다. 핀란드는 OECD 국가 가운데서 학업성취도도 높으면서 학업흥미도나 학업만족도가 상대적으로 높은 국가이다. 기본적으로 공부하는 태도가 형성되는 것과 학업이 연계되어 있기 때문에 학업에 흥미와 만족을 느끼면서 지속적으로 공부하는 유형이라고 할 수 있다. 우리나라에서도 최근 지나친 엄마주도형 사교육의존 교육에서 벗어나서 스스로 공부하는 태도를 형성하는 것의 중요성을 인식하고 '자기주도적 학습'을 강조하는 다양한 시도들이 이루어지고 있다.

네 번째 유형은 신앙에도 관심이 없고 학업 자체에 대해서도 초점이 없고 오직 인성과 태도만을 강조하는 경우로서 열린대안교육형이라고 부를 수 있다. 대안교육도 다양하여서 학업을 강조하는 대안학교들도 많이 있는데, 학업을 무시하는 것은 아니지만 인성교육에 모든 관심이 집중되어 있는 대안학교들이 이 유형에 속한다. 영국의 섬머힐이나 우리나라의 간디학교 등이 이 유형에 가깝다고 볼 수 있다.

다섯 번째 유형은 신앙만을 강조하는 유형으로서 신비주의형이라고 부를 수 있을 것이다. 신앙이 삶과 분리된 채, 초월적 경험만을 강조하는 자녀교육의 유형으로서, 이단이나 사이비종파의 경우 이 유형을 갖는 경우가 많다. 마치 변화산에서 베드로가 신비한 경험을 한 후 예수님께 "주여 우리가 여기 있는 것이 좋사오니 만일 주께서 원하시면 내가 여기서 초막 셋을 짓되 하나는 주님을 위하여, 하나는 모세를 위하여, 하나는 엘리야를 위하여 하리이다"마 17:4 한 것과 같다. 그러나 하나님의 뜻은 이 세상을 떠나는 것이 아니고, 우리의 자녀들에게 좁은 의미의 신앙만을 강조하는 것이 아니다.

여섯 번째의 유형은 신앙과 태도는 강조하지만 학업은 강조하지 않는 유형으로서 반지성주의 유형이라고 부를 수 있다. 신앙적 삶을 중요하게 생각하지만 학업을 세속적인 것으로 인식한 나머지 신앙과 태도의 함양에만 관심을 갖는 경우이다. 하나님의 뜻에 순종하기를 원하지만, 그것은 이 땅의 학업과는 상치되거나 관계없는 영역으로 이해한다. 영혼구원에 대한 강조는 있지만 학문은 이 세상에 속한 것으로 보는 경향이 있다.

일곱 번째의 유형은 신앙과 학업을 강조하지만 이 두 가지가 분리되어 있는 것으로 인식하는 유형으로서 이원론유형이라고 부를 수 있다. 신앙의 변화가 학업과 관련되어 있는 것이 아니고, 학업이 신앙으로 말미암는 것도 아니라고 생각한다. 기독교인은 기독교적 신앙에 충실해야 하고, 이 세상의 시민으로서 이 세상의 학문에 충실해야 한다고 생각한다. 기독교적 세계관과 기독교적 학문에 대한 관심을 통해 신앙과 학업을 연계하는 것이 아니라 '기독교인'이면서 '학생'으로 인식하기에 두 영역 각각에 충실하려는 유형이다.

마지막 유형은 신앙과 태도, 학업 모두를 강조하면서 서로가 연계되어 있음을 깨닫는 유형으로서 성경적 교육형이라고 부를 수 있다. 성경의 가르침은 앞에서 살펴본 대로 "여호와를 경외하는 것이 지식의 근본"이다.잠 1:7 신앙과 학업이 분리되어 있지 않고, 신앙의 변화는 태도의 변화를 가져오고 이것은 학업성취에 영향을 주는 것으로 이해한다. 이 유형은 태도와 학업을 강조하는 핀란드형과는 달리 신앙이 태도와 학업의 근본임을 직시하고 있다. 또한 신앙과 태도만을 강조하는 반지성주의 유형과는 달리 학업은 하나님의 창조세계를 깨닫고 하나님의 재창조 사역에 동참하는 과정임을 인정한다. 그리고 신앙과 학업만을 강조하는 이원론형과는 달리 신앙이 학업과 통합되어야 하고 신앙을 통해서 학업을 바라보는 기독교적 학업, 기독교적 학문, 기독교세계관적 접근을 강조한다.

3. 세상의 교육, 하나님의 교육

하나님의 교육원리는 세상의 교육원리와 다르다. 하나님의 교육에는 신앙과 학업, 교회와 학교가 연계되어 있다. 교회교육이 이 비전을 보여주고 신앙이 학업과 분리된 것이 아니라 연결되어 있음을 깨닫도록 할 때 학생들은 통합된 기독교적 관점을 확립할 수 있다. 그들은 신앙에 기초해서 학업을 이해하게 되고, 비전을 형성하게 된다. 입시를 이러한 관점에서 바라보면 전혀 다른 전망을 갖게 된다. 입시를 기독교적으로 이해할 때, 입시는 소명, 즉, 하나님의 부르심과 관련되며, 입시는 자신의 은사와 재능이 개발되고 표현되는 통로이며, 최선을 다하는 탁월성의 기회이며, 자신의 길 my way 만큼이나 다른 사람의 길을 존중하는 공동체적 경험이며, 정치, 경제, 문화, 예술, 교육 등 하나님 나라의 각 영역 속으로 학생들을 파송하는 파송식이다. 입시준비를 소홀히 하는 것이 기독교적인 것은 아니며, 그렇다고 해서 입시에 매달리고 입시위주의 교육으로 전락하는 것도 기독교적인 것이 아니다. 입시는 인생의 최종적인 종착점도 아니며 그것으로 인생의 승패가 판가름되는 것도 아니며 그렇게 생각하게 해서도 안 된다. 그렇기 때문에 궁극적인 교육성공을 위해서는 입시 자체가 교육을 좌지우지하지 못하도록 하고, 신앙과 인격, 태도와 비전이 뿌리와 줄기처럼 뻗어나게 함으로써, 진정한 실력의 꽃이 피고, 그 열매로서 입시가 준비될 수 있도록 하는 것이다. 입시 자체가 세속적인 것이 아니라 입시위주의 교육이 세속적이고 교육을 왜곡시키고 파행으로 치닫게 한다. 여기에서 기독교교육이냐 입시위주의 교육이냐의 선택의 문제가 아니라 진정한 통합이 가능할 것이다. 이렇듯 신앙과 학업이 연계되어 있음에 기초해서 교회학교 지도자와 부모는 다음과 같이 교회학교 학생^{자녀}들의 교육을 바라보는 방식이 바뀌도록 도와줄 필요가 있다.

첫째, 입시위주의 교육이 아니라 생애위주의 교육으로 바라볼 수 있도록 도와야 한다. 오늘날 한국 교육의 가장 심각한 문제는 입시위주의 교육은 하고 있지만 생애위주의 교육에서는 실패하고 있다는 점이다. 기독교인 부모들로 하여금 자녀들이 입시에서 어떤 결과를 내었느냐가 아니라 생애를 통해 어떤 결과를 낼 것인가에 관심을 갖도록 도와야 한다. 입시에서 성공하고 생애에서 실패하는 인생이 아니라, 행여 입시의 결과는 만족스럽지 못하더라도 생애에서 성공하는 것이 진정한 성공이기 때문이다.

둘째, 점수위주의 교육이 아니라 실력위주의 교육으로 자녀교육을 바라볼 수 있도록 도와야 한다. 기독교교육은 신앙만 좋고 실력이 없는 아이로 키우는 교육이 아니다. 오히려 진짜 실력을 키우자는 것이 기독교교육의 목적이다. 오늘날 입시위주의 교육은 결국 점수위주의 교육으로 전락하고 있는데, 기독교인 학생들과 부모들로 하여금 점수위주의 편협한 교육을 벗어나서 진정한 실력을 갖추는 교육을 추구하도록 도와야 한다. 소위 스펙을 쌓는 것이 중요한 것이 아니라 진정한 실력을 키우는 것이 중요하기 때문이다.

셋째, 결과 위주의 교육이 아니라 과정 위주의 교육이 중요함을 깨닫도록 도와야 한다. 오늘날 교육은 결과만을 중시한다. 시험에서 정답을 맞히는 것을 중시하고, 그 결과 얻게 되는 점수와 성적에만 관심을 갖는다. 그러나 사실 그 과정이 훨씬 더 중요하다. 어떤 과정으로 그런 정답을 얻게 되었는지를 아는 것이 더 중요하다. 그리고 출발점에서 어느 정도 발전했느냐를 중히 여겨야 한다. 교육은 변화인데 성장의 폭이 교육의 열매이기 때문이다. 성경의 달란트 비유는 바로 결과보다 과정을 중히 여기시는 예수님의 교육관이 반영되어 있다.

넷째, 편협한 수월성 교육에서 전인적 수월성 교육으로 그 방향을 전환하도록 도와야 한다. 수월성에도 다양한 수월성이 있다. 지적 수월성만 있는 것이 아니라 예술적 수월성, 도덕적 수월성, 인간관계적 수월성, 그리고 영적 수월성 등이 있다. 한국 교육의 안타까움은 지적 수월성, 그 중에서도 암기력 수월성이라는 편협한 수월성만을 추구하고 있는 것이다. 기독교인 부모들과 교사들은 다음세대들이 다양한 수월성의 추구를 통해 전인적인 성숙을 이루도록 돕고, 하나님께서 각각에게 주신 은사를 발견하고 이를 잘 계발함으로 말미암아 각자의 독특한 수월성이 나타나는 교육을 하도록 도와주어야 한다. 이러한 균형있고 통합적인 기독교교육이 되기 위해서 신앙과 학업, 교회와 학교가 연계되어야 하는 것이다.

4. 여경지근의 교육실천

1) 가정의 지성소: 가정예배

'여호와를 경외하는 것이 지식의 근본'이라면 자녀교육에 있어서 가장 중요한 우선순위는 '여호와 경외'에 있음은 자명하다. 여호와를 경외하는 가정이 되는 것이 자녀교육의 비결인 셈이다. 가정에서 여호와 경외 교육을 어떻게 할 것인가? 무엇보다 자녀들이 여호와 경외를 배울 수 있는 장은 가정예배이다. 부모와 자녀가 함께 드리는 가정예배는 자녀들에게 어릴 때부터 여호와 경외가 무엇인지를 생생하게 배우는 산실이다. 가정에 지성소가 있어야 한다. 거룩하신 하나님을 만나고 경험하는 장소와 시간이 있어야 한다. 자녀가 부모의 무릎 꿇는 모습을 보면서 자라야 한다. 가정예배가 바로 이런 여호와 경외 교육을 가능케 한다. 온 가족이 함께 하나님의 임재를 경험하며 하나님을 알아가는 교육의 장이다. 여호와 경외는 강의를 통해서 가르칠 수 있는 것이 아니다. 여호와 경외는 여호와 경외를 경험함으로써 깨닫고 실천할 수 있다. 가정예배는 여호와 경외에 관해서 about 가르치는 시간이 아니라 직접 여호와를 경외하는 시간이다. 성경에서 말씀하는바 하나님을 아는 앎은 히브리어로 야다yada로서 경험적으로 아는 것, 체험적으로 아는 것, 관계적으로 아는 것을 의미한다. 가정예배는 하나님을 경험하고 체험하고 관계 맺는 시간이다.

필자의 아버지 영파 박용묵 목사는 어린 시절 가난해서 제대로 학교를 다니지 못한 분이었다. 당시 성경학교만 나오셨으니 오늘날로 말하면 초등학교도 정식으로 다니지 못했다고 말할 수 있다. 그런데 우리 7남매 자녀들을 교육하는 데 있어서 승부를 거신 것이 있다. 그것이 바로 가정예배였다. 무슨 일이 있어도 가정예배를 드리셨다. 저녁 9시, 온 가족이 모여 가정예배를 드리는 것은 마치 하루의 클라이막스 같았다. 언젠가 우리 7남매 형제, 자매들이 모여서 서로 이야기를 나눈 적이 있다. "어떻게 우리가 이렇게 은혜를 받았는가?" 거기에는 부모님의 자녀교육이 있었고, 그 한복판에 가정예배가 있었음을 모두 공감하였다. 나의 지난 시절 교육 가운데 어떤 교육이 가장 영향력이 있었을까? 유치원부터 대학교, 대학원, 그리고 미국의 유학생활까지 포함하더라도 내 삶에 가장 강력한 영향력을 끼친 교육은 가정예배라고 분명히 말할 수 있다. 왜냐하면 그 가정예배를 통해서 여호와 경외를 배웠기 때문이다. 가정예배를 드릴 때 자녀들의 마음속에 하나님의 다림줄이 내려진다. 무엇이 선이고 무엇이 악인지를 구분할 수 있는 기준이 확립된다. 가정예배를 드리면서 꿈이 피어오른다. 비전이 꿈틀거리면서 일어난다. 가정예배를 드리면서 성경의 인물들을 만나고 그들과 대화한다. 무엇보다 가정예배를 드리면서 '하나님 존전' Coram Deo 이 무엇인지를 깨닫는다. 하나님을 대면하고 하나님의 음성을 듣게 되고 하나님의 마음을 품게 된다.

가정예배는 어려운 것이 아니다. 많은 부모들이 가정예배를 인도하는 것에 대해 부담감을 느끼곤 한다. 가정예배는 목사님이 주일예배를 인도하듯이 그렇게 형식적으로 잘 갖춘 예배를 드려야 하는 것은 아니다. 자녀들이 좋아하는 찬송가나 복음성가를 함께 부른다. 화음을 넣어서 부르거나 악기를 연주할 수 있는 자녀가 있다면 연주를 곁들여서 부른다면 금상첨화일 것이다. 자녀들로 하여금 찬송을 택할 수 있도록 하면 그들은 더 신나게 참여하게 된다. 찬송 후에 부모가 설교를 할 수도 있지만 성경말씀은 한 장씩 읽어 나가는 것도 좋은 방법이다. 온 가족이 몇 절씩 나누어 읽고 그 장에서 가장 자신에게 좋았던 구절을 하나씩 고르도록 한다. 그리고 왜 그 구절이 좋았는지를 서로 나누게 되면 그것보다 좋은 설교가 없을 것이다. 기도는 각자의 기도제목을 나누는 것이 좋다. 자녀들의 상담이 따로 필요 없다. 그날 하루에 있었던 자녀들의 삶, 특히 자녀들의 고민과 아픔을 기도제목으로 나누고, 이 기도제목을 놓고 합심해서 가족이 기도하면 치유의 역사가 나타나게 된다. 그리고 주님 가르쳐 주신 기도를 함께 드리고 마치면 되는 것이다. 기독교 절기와 생애 주기에 따라서 특별한 예배를 드릴 수 있다면 더욱 좋을 것이다. 가정예배 후에 부모가 자녀들을 꼭 껴안아 주고 머리에 안수하고 축복해 주면 자녀들은 단잠을 자며 행복과 감사한 마음으로 새날을 맞이하게 된다.

2) 말씀교육

말씀을 읽고 묵상하는 것은 하나님의 음성을 듣는 시간이다. 세상의 모든 것이 변하지만 변하지 않는 것이 하나님의 말씀이다. "모든 육체는 풀과 같고 그 모든 영광은 풀의 꽃과 같으니 풀은 마르고 꽃은 떨어지되 오직 주의 말씀은 세세토록 있도다"^{벧전 1:24-25} 모든 것은 변하고 사라지지만 하나님의 말씀은 영원하다는 베드로 사도의 고백이다. 이 변화 무쌍한 시대를 살아가는 자녀들에게 변치 않는 기준을 심어줄 수 있는 것은 오직 하나님 말씀의 능력이다. 오늘날 포스트모던 시대를 살아가는 우리의 자녀들을 가장 심각하게 위협하는 것은 상대주의이다. 이래도 좋고 저래도 좋다. 어차피 절대 진리란 없으니까. 소위 '필^{feel}이 꽂히는 대로' 행동하면 된다는 식이다. 결국은 이 세대를 지배하게 되는 것은 정욕과 쾌락, 폭력이다. 절대적인 기준을 상실하게 되면 방향감각을 상실하게 되고, 목적이 사라지게 된다. 또한 자기를 절제할 수 있는 근거를 상실하게 된다. 이런 시대를 살아가는 자녀들에게 가장 필요한 것이 변치 아니하는 기준으로서 하나님의 말씀이다. 시편 기자는 고백한다. "주의 말씀은 내 발에 등이요 내 길에 빛이니이다"^{시 119:105} "청년이 무엇으로 그의 행실을 깨끗하게 하리이까 주의 말씀만 지킬 따름이니이다."^{시 119:9} 말씀이 우리 삶의 기준임을 천명하고 있다. 말씀교육의 방법에는 여러 가지가 있겠지만 여호와 경외교육에 있어서 성경암송, 성경통독, 성경묵상의 세 가지가 특히 중요하다. 성경은 암송의 축복을 약속으로 선포하고 있다. "오늘 내가 네게 명하는 이 말씀을 너는 마음에 새기고"^{신 6:6}. 특히 기억력이 좋은 초등학교 시절에 성경암송은 평생의 재산이 된다. 그리고 성경을 통독하도록 격려한다. 성경 66권 모두가 하나님의 말씀이기 때문에 창세기부터 요한계시록까지 통독하는 것이 중요하다. 성경통독 카드에 읽은 부분을 색칠하면서 읽어 나가도록 격려하고, 다 읽은 경우에는 적절하게 칭찬하고 격려의 선물을 주는 것도 좋다. 처음에는 선물 때문에 읽는 경우도 있지만 점점 성경말씀이 꿀송이보다 더 달게 느끼게 되면 스스로 읽어 나가게 될 것이다. 성경묵상은 QT를 하도록 격려하는 것인데, 부모와 자녀가 함께 같은 본문을 갖고 묵상하도록 하고 이를 같이 나눌 수 있다면 말씀의 능력을 매일의 삶에서 경험하는 것을 확인할 수 있을 것이다. 성경묵상은 말씀을 자신의 삶과 생활과 연결지어서 적용할 수 있다는 점이 매우 중요한 강점이다. 공부에 대한 자녀의 고민, 학교생활에서 겪는 어려움, 진로나 삶의 방향에 대한 걱정 등을 말씀을 통해 조명하고 해결받을 수 있게 된다. 이러한 성경묵상은 자녀들의 학업의 목적의식을 분명히 하고, 자기 절제 능력을 강화하며, 집중력을 높이는 실제적인 도움이 되기도 한다.

3) 여호와를 경외하는 부모의 삶

자녀를 위한 여호와 경외 교육에서의 핵심은 부모가 여호와 경외의 삶을 사는 것이다. 여호와 경외 교육은 부모가 자신은 여호와를 경외하는 삶을 살지 못하면서 자녀들에게 여호와를 경외하라고 말로서 가르치는 것이 아니다. 부모가 여호와를 경외하는 삶을 살게 될 때, 그 부모의 삶을 통해 자녀들은 여호와 경외가 어떠한 것인지를 깨닫고 배우게 된다. 우리는 자녀교육이라고 하면 자녀들을 앞에 두고 '강의'나 '훈화'를 하는 것으로 오해하는데, 가장 중요한 자녀교육은 부모의 삶이다. 자녀들은 부모의 말이나 부모의 삶을 보기 원한다. 그렇기 때문에 부모의 말보다 더 중요한 것이 부모의 이미지다. 부모의 말이 아니라 부모의 이미지가 자녀를 교육한다. 부모들이 인정하든 인정하지 않든, 그리고 의식하든 의식하지 못하든 부모의 삶이 하나의 이미지가 되어 자녀들의 가슴에 새겨진다. 문제는 어떤 이미지가 새겨지느냐이다. 늘 잔소리만 하는 모습으로 새겨질 수도 있고 재떨이를 던지며 화내는 모습으로 새겨질 수도 있다. 반대로 온화하게 미소 짓는 모습으로, 그리고 찬송 부르는 모습으로, 여호와를 경외하는 모습으로 새겨질 수도 있다.

필자에게 새겨진 부모님의 모습은 감사하게도 기도하는 모습이다. 아버지는 커다란 기도 방석 위에 앉아서 기도하는 모습으로 내 가슴에 새겨져 있다. 나의 아버지는 내 생애에 있어서 가장 큰 영향을 끼치신 분이다. 하나님의 부르심을 받아 이 세상을 떠나신 지 거의 삼십년 가까운 세월이 흘렀지만, 기도 방석 위에 앉아 몇 시간이고 기도하시던 아버지의 모습은 아직도 너무나 생생한 이미지로 남아 나를 계속 형성해 가고 있다. '부모의 이미지가 자녀를 교육한다.' 이것이 자녀교육에 대한 나의 분명한 믿음이다. 그의 삶이 하나의 이미지가 되어 내 가슴에 새겨져 있다. 지금도 아버지의 이미지를 떠올리면 내 눈에 눈물이 맺히고 내 가슴이 따뜻해진다. '나도 그렇게 살아야 될 텐데….' 어머니는 다락방에서 방석도 없이 기도하셨다. 때로는 미군 담요를 덮고 기도하셨다. 새벽에 모든 성도님들이 집에 돌아가셔도 끝까지 예배당에 남아서 마루바닥 위에서 기도하시던 어머니의 뒷모습이 내 가슴에 새겨져 있다.

부모의 이미지는 생전에만 영향을 끼치는 것이 아니라 평생 동안 지속된다. 아버지, 어머니께서 나에게 들려주신 교훈의 내용만이 아니라 비록 침묵 속에서도 그 눈길과 몸짓, 그리고 무언의 표정들과 존재 자체가 소리 없는 힘이 되어 내 삶의 구석구석에 영향을 미치고 있다. 자녀들이 무엇으로 하나님을 알아 가는가? 부모님의 이미지를 통해 하나님을 상상한다. 하나님은 영이시기 때문에 보이지 않으신다. 어떻게 보이지 않는 하나님을 상상할 수 있는가? 바로 부모가 하나님을 상상하는 통로이고 하나님을 알아가는 통로이다. 그렇기 때문에 우리는 스스로에게 질문해야 한다. "나는 어떤 이미지로 자녀들에게 새겨지고 있을까?"

헨리 나우웬이 쓴 책 가운데 『예수님을 생각나게 하는 사람』이라는 책이 있다. 누군가를 만났는데 자꾸 예수님이 생각나는 그런 사람이 있다. 자녀들이 부모를 생각할 때 예수님이 생각나고 하나님의 사랑이 깨달아지는 그런 이미지를 갖게 하는 부모가 되면 좋겠다. 그런데 그런 이미지는 잠시 쇼를 한다고 되는 것이 아니다. 부모의 진실한 삶이 중요하고, 부모의 신앙이 중요하다. 종종 부모가 이중적인 모습으로 자녀들에게 비쳐질 때가 있다. 교회에서는 좋은 장로, 좋은 권사, 좋은 집사인데, 가정에서는 전혀 그와 다른 모습을 보이는 경우가 있다. 물론 부모가 가정으로 돌아오게 되면 긴장을 풀어야 한다. 다른 사람을 의식하면서 '신앙 좋은 모습'을 유지해야 하는 부담감으로부터 자유로워져야 한다. 그러나 긴장을 풀어도 남아있는 신앙이 있어야 한다. 왜냐하면 자녀들은 가정에서의 부모의 모습, 치장하지 않았을 때의 부모의 모습을 가슴에 새기게 되기 때문이다. 진실한 부모의 신앙이 자녀로 하여금 진실한 신앙을 갖게 한다.

1. 한국교육의 가장 거대한 톱니바퀴는 사교육이고, 그 다음이 공교육이며, 오늘날 기독교교육은 그 톱니바퀴에 예속된 작은 톱니바퀴라는 표현에 동의하는가 동의하지 않는가? 왜 그렇게 생각하는지 말해 보자.

2. 많은 크리스찬 부모들이 '신앙이냐 학업이냐'의 갈등관계로 이해하는데, 신앙과 학업이 어떻게 연계되어야 하는지를 말해 보자.

3. 오늘날의 입시위주 교육이 교육을 어떻게 왜곡시키는지 설명해 보자.

4. 입시에 대한 기독교적 이해를 자신의 말로 설명해 보자.

5. 자녀교육의 8가지 유형 중 자신은 어디에 속하고 있다고 생각하는가? 자신의 자녀교육에 있어서 변화되어야 할 부분이 있다면 무엇이라고 생각하는지 나누어 보자.

제 5 장

유바디 교회교육

I . 주일학교 이후 post-Sunday school 의 교회교육

오늘날의 교회교육을 역사적인 시기로 구분한다면 주일학교 시대가 종말을 고했지만 그 대안적 교육이 분명히 부각되지 않은 과도기적 시기라고 할 수 있다. 기독교교육의 역사를 구분할 때 구약시대, 신약시대 예수님의 교육, 바울의 교육, 초대교회 시대, 중세시대, 종교개혁 시대, 주일학교 시대로 크게 구분할 수 있는데 오늘날은 그 주일학교 시대를 마감하고 새로운 시대를 갈망하고 있는 시기라고 할 수 있는 것이다. 1780년 영국 글로체스터에서 로버트 레익스 Robert Raikes 에 의해서 시작된 주일학교가 하나의 기독교교육 패러다임으로서 지난 수 세기동안 기능해왔지만 작금에 이르러 여러 가지 한계를 드러내면서 교회교육의 위기를 경험하고 있지만 아직 그 대안적 패러다임이 선명하게 나타나지 않고 있다. 과연 주일학교 또는 교회학교 이후의 기독교교육 패러다임은 어떤 모습일 것인가? 오늘날 한국교회가 경험하고 있는 다음세대의 위기는 단지 교회학교 학생 수의 감소라고 하는 양적인 위기의 측면만이 아니라 앎과 삶이 분리되고 신앙의 변화와 성숙을 이루지 못하는 무기력한 교육이라는 질적인 위기의 측면을 지니고 있는데, 이는 주일학교 또는 교회학교라고 하는 교육 패러다임이 지니는 한계와 관련되어 있다. 사실 로버트 레익스가 18세기에 시작한 주일학교는 당시 산업혁명 직후의 영국의 방직공장에서 과잉 노동에 시달리는 아이들에게 공부를 시키기 위해서 주일 Sunday에 소위 '주일학교'를 시작하게 된 것이다. 그들에게 읽고, 쓰고, 셈하는 3Rs를 가르치면서 성경도 가르쳤다.[1] 당시의 주일학교는 그 시대의 아동과 청소년들의 실존에 응답하는 방식을 취하였다. 주일학교의 진정한 정신은 체제나 제도에 있는 것이 아니라 '진정성'에 있다고 볼 수 있다. 로버트 레익스는 당시 사회 속에서 자라나는 세대가 지닌 가장 절박한 문제가 무엇인지를 간파하였고 이에 대해 복음의 관점에서 진지하게 응답한 것이다. 오늘날 다음세대에 대한 기독교교육적 과제는 주일학교라는 체제나 제도를 유지하는 것이 아니라, 오늘날 우리 사회의 다음세대들의 실존적 삶을 파악하고 그들의 실존적 부르짖음에 응답하여야 하는 것이다. 그것은 교회학교라는 구조를 지속시키기 위해 노력하는 것이 아니라 오히려 그 구조마저도 아동과 청소년들의 실존적 요구에 부응하는 방식으로 이루어져야 하는 것이다. 존 웨스트호프가 1976년 『우리의 아이들이 신앙을 가질 것인가?』 Will Our Children Have Faith? 라는 책에서 이런 주일학교의 학교식 패러다임이 한계임을 지적하며 '신앙공동체-문화화 패러다임'으로 변화되어야 함을 주장한 것도 이런 의미에서라고 볼 수 있다.[2] 그렇다면 오늘날 교회교육에는 어떤 변화가 필요한가? 유바디 교육목회에서의 교회학교는 교회학교 성장이나 부흥이 그 목적이 아니다. 오늘날의 다음세대들에게 가장 절실한 문제가 무엇인지를 파악하고 그것에 대해 성경이 계시하는 바 하나님의 응답을 추

---

1   Robert W. Lynn & Elliott Wright, *The Big Little School: 200 Years of the Sunday School* (Birmingham: Religious Education Press, 1980).
2   Westerhoff III, 『교회의 신앙교육』, 31.

구하는 것이다.

  한국교회는 그동안 교회의 부흥을 교회의 사명으로 인식해 왔다. 이것이 소위 교회성장주의며 이로 인해 교회는 대형화되고 교회성 장은 이루었지만 그것이 교인들의 진정한 신앙성숙과 무관하며, 더욱이 하나님 나라의 확장과는 상관이 없는 안타까운 결과를 초래하게 된 것이다. 교회교육 분야도 마찬가지이다. 기독교교육의 목적이 마치 교회학교 성장이나 부흥인 것처럼 인식하여 왔다. 교회학교의 숫적 부흥을 교육의 성공으로 인식하였고, 그런 교회학교를 기독교교육의 성공사례로 간주하는 경향이 있어왔다. 그러나 그것은 진정한 기독교교육의 목적이 아니었고, 아이들의 삶의 관점에서도 진정한 실존의 문제를 해결하는 방식이 아니었다. 기독교교육과 교회교육의 본질은 교회학교 학생수의 증가라는 외면적인 현상이 아닌 보다 내면적인 변화, 생명적인 변화에 달려있다. 그리고 교회학교라는 조직이나 기관이 팽창하는 것을 진정한 기독교교육의 성공의 표식으로 볼 것이 아니라 그 교회의 다음세대들, 그들이 어느 곳에 있든지 그들이 하나님의 자녀답게 자라감으로 하나님 나라의 일꾼으로 쓰임받는 것에 초점을 맞추어야 할 것이다. 유바디 교육목회에서의 교회교육은 이런 면에서 '왜? 교회학교인가?'를 질문하며 보다 본질적인 다음세대 신앙교육에 초점을 맞추려고 한다. 여기에서는 먼저 기존의 학교식 교회교육의 한계를 살펴보고, 이를 극복할 수 있는 대안적 교회교육의 방향을 제시하고자 한다.

II. 기존의 학교식 교회교육의 한계[3]

전통적인 교회교육이라고 할 수 있는 '주일학교' 또는 '교회학교'라고 하는 학교식 패러다임 schooling paradigm 은 어떤 한계를 지니고 있는가? 학교식 교육의 한계를 분리 separation 라는 관점에서 파악할 때 크게 여덟 가지의 분리 현상이 일어나고 있음을 알 수 있다. 교사와의 분리, 학생 상호 간의 분리, 은사와의 분리, 교재와의 분리, 목회와의 분리, 가정과의 분리, 학교와의 분리, 지역사회와의 분리 등이다.

1. 교사와의 분리: 인격적 관계의 상실

교회학교라는 학교식 구조는 지식을 전수하는 것에 적합한 구조이다. 학교에서 학생들이 교사의 강의를 통해 국어, 영어, 수학을 배우듯이 교회학교에서는 학생들이 교회학교 교사로부터 성경 지식과 교리를 배우게 된다. 학교 school, 교사 teacher, 분반 class, 공과책 등은 가르침에 초점을 두고 있는 용어들이다. 교회학교에서의 교사의 사명은 학생들에게 주어진 공과내용을 잘 교수하면 되며, 잘 가르치는 교사가 좋은 교사로 인정된다. 이런 학교식 구조 속에서는 교사와 학생 간의 인격적인 관계는 약화된다. 교사가 학생과 관계를 맺는다 해도 주로 '나와 그것'I - it의 3인칭 관계에 머무를 뿐이다. 결국 학생들은 교사가 가르쳐 준 지식을 머리에 기억은 할 수 있어도 마음속의 변화가 일어나

---

3 박상진,『기독교교육과정의 새로운 패러다임』(서울: 장로회신학대학교 출판부, 2017), 202-210.

지 않게 된다면 이것은 신앙적 변화에 이르지 못하게 되는 것이다. 누군가와의 인격적인 관계와 교제 속에서 서로의 마음에 소통이 일어날 때 마음에 감동이 일어나고 중심이 변화되는데, 지적인 강의는 머리에 지식을 축적하게는 할 수 있어도 신앙적인 변화를 꾀하지 못하기 때문에 결국 앎과 삶의 분리가 일어나게 되는 것이다. 기독교인들의 이중성의 문제는 이러한 학교식 교육의 한 결과일 수도 있는 것이다.

2. 학생 상호 간의 분리: 공동체의 부재

학교식 구조는 개인주의적 성격을 지니는 경향이 있다. 학생 개개인이 교과를 배우고 평가를 통해서 각각의 학업성취에 대한 성적을 부여받는 방식이다. 교사와 학생 집단 간의 관계가 형성되어 있지만 교사 주도적인 수업 속에서 학생들은 마치 영화관의 관중들처럼 교사의 가르침을 구경하는 피동적이고 수동적인 존재들인 것이다. 학생들이 직접 참여하고 학생들 상호간에 서로 소통하며 협력하는 공동체라기보다는 교사주도적인 수업에 학생 개개인이 반응하는 형태의 교육이 이루어지고 있는 것이다. 학교식 구조에서는 학생들이 서로에게 영향을 줄 수 있고 서로가 함께 공존하고 협력하는 법을 배우며, 더 건강한 공동체를 이루어가는 과정을 배우기보다는 서로를 경쟁자로 인식하고 자신이 필요한 것을 배우고 좋은 성적을 얻어 나가면 그만이라는 생각이 지배적이다. 교육은 교사와 학생의 관계로만 이루어지는 것이 아니다. 학생들 상호 간의 영향은 중요한 교육의 통로이다. 사실 진정한 교사는 성령이신데 교사와 학생, 학생과 학생이 하나의 신앙공동체를 이룰 때 그 안에서 성령이 역사하셔서 신앙을 형성해 가는 것이다.

3. 은사와의 분리: 흥미의 부족

교회학교에 나오지 않는 학생들에게 왜 교회에 나오지 않느냐고 묻는다면 가장 많이 나오는 대답이 '재미없어요'이다. 재미 때문에 교회 나가는 것은 바람직하지 않지만 교회 나가는 것이 재미있어야 한다. 교회에 가는 것이 '가슴이 뛰는' 시간이 되어야 한다. 재미가 없다는 것은 '접촉점'이 없다는 뜻이다. 교육이 일어나는 것은 교사와 학생, 교육내용과 학생 사이의 접촉점이 있을 때만 가능하다. 뭔가 학생의 내면의 바램과 연결되지 못할 때 교육은 그 학생의 내면을 건드리지도 못한 채 그 학생의 삶과 어긋나게 되고 결국 아무런 변화도 일으키지 못하는 것이다. 교육의 어원은 educare로서 내면의 가능성을 끄집어내는 것이다.[4] 하나님은 모든 인간에게 은사를 주셨고 그 은사가 타오르기를 원하신다. 교육은 은사에 점화를 일으키는 것이고 은사를 발현하게 하는 것이다. 안타깝게도 교회학교는 가르쳐야 할 내용을 일방적이고 획일적으로 가르침으로 학생 내면의 은사에 주목하지 못했다. 교회교육이 학생의 필요와 관심, 마음의 소원과 연결될 때 재미와 흥미, 의미를 회복할 수 있다. 교회교육이 아이들의 가슴이 뛰는 곳이 될 수 있다면 교회교육은 아이들이 모이는 곳이 될 수 있다. 학교보다는 '동아리'가 되어 아이들의 은사가 계발되고 구현되는 곳이 될 수 있다면 교회는 재미있는 곳으로 변화될 수 있을 것이다.

---

[4] 박상진, 『교회교육현장론』(서울: 장로회신학대학교 출판부, 2008), 16.

4. 교재와의 분리: 앎과 삶의 괴리

　학교라고 하는 곳이 하나의 교육기관으로 정착됨으로 교육을 전문적으로 수행할 수 있게 되었지만 동시에 삶의 자리에서 분리되는 모순을 가져오게 되었다. 학교가 없던 시절, 원시 수렵사회와 농경사회는 사냥하는 것, 씨를 뿌리는 것과 공부하는 것이 분리되지 않았다. 산속에서 사냥하는 것을 배우는 것이 교육이었으며, 논과 밭에서 씨를 뿌리는 것 자체가 가르침이었다. 그러나 학교는 '앎'의 전문기관이 됨으로써 '삶'으로부터 분리되기 시작한 것이다. 교회학교는 신앙의 현장, 삶의 실천의 현장과 분리된 교육기관이 됨으로써 교회학교에서 많은 것을 배우는 것이 바로 삶의 변화나 실천의 변화를 의미하는 것이 아니게 되었다. 교회학교에서 많은 것을 배우더라도 그것이 '머리의 교육'에 머무르게 되고 '아는 것'으로 국한된다면 삶의 현장에서 실천으로 나타나지 못하는 것이다. 학교에서 교과서를 읽고 배우고, 그 내용을 숙지하여 시험을 보고, 그 결과로 좋은 성적을 얻는다고 할지라도 그것이 삶의 변화를 보장해주지 못한다. 교육의 매카니즘과 삶의 실천의 매카니즘이 분리된 채 이원론적으로 작동된다면 교육은 실제적인 삶의 능력을 주지 못하게 된다. 교회학교가 공과책을 가르치지만 그것이 진정 교육이 되려면 삶의 변화까지로 나아가야 하는데 늘 교육은 앎의 변화로 머무르게 되는 한계를 극복하지 않으면 교회교육은 희망이 없는 것이다.

5. 목회와의 분리: 교육부의 소외

교회학교는 목회와 교육을 분리시키는 한 요인이 되고 있다. 교회학교는 주로 다음세대를 대상으로 하고 있는데, 담임목사의 목회적 대상으로부터는 멀어지고 교육담당 교역자의 주도 하에 교육을 받는 대상이 되고 있다. 목회는 성인을 대상으로, 교육은 다음세대를 대상으로 실시하는 경향이 있는 것이다. 담임목사는 성인 목회를, 교육목사^{전도사}는 다음세대 교육을 담당하는 셈이다. 교회학교와 교육부는 교회 안에서 하나의 섬처럼 존재한다. 담임목사가 가끔 그 섬에 가서 축도를 한다고 하더라도 육지와 섬 사이에는 큰 간격이 있다. 교회학교의 교육은 대부분의 경우 교회 본당으로부터 분리된 교육관에서 진행된다. 아이들은 교회의 예배당에서 예배드리지 않고 교육관에서 예배를 드린다. 교육목사는 교구목사와 분리된 채 아이들을 담당하고 담임목사는 그에게 다음세대 교육을 맡기고 서면으로 보고를 받는다. 교육의 전문화가 강화될수록 이런 교육부의 소외 현상은 더욱 심화된다. 다음세대는 교회의 미래이며 하나님이 그 공동체에 주신 축복이요 보물과 같은 존재이다. 다음세대는 교회 공동체와 목회적 관심의 한복판에 있어야 한다. 교구와 교육부가 분리되는 것이 아니라 전 교구가 다음세대 교육의 허브가 되어야 한다. 분리되어 존재하는 교회학교는 그 교회학교를 졸업하면 성인 공동체에 잘 적응하기를 기대받지만 이 둘 사이의 큰 간격으로 인하여 결국 교회를 떠나게 되는 '소리 없는 출애굽' silent exodus 현상이 일어나게 되는 것이다.

6. 가정과의 분리: 부모 역할 약화

교회학교가 다음세대 신앙교육의 센터가 되면서 일어난 가장 심각한 문제 중의 하나는 교회학교와 가정의 분리이다. 가정에서 부모가 자녀 신앙교육의 주체로서의 역할을 감당해야 함을 망각하기 시작했고, 신앙교육의 주 무대가 가정에서 교회학교로 옮겨오게 된 것이다. 신명기 6:4-9는 '자녀에게 부지런히 가르치며'라고 말씀하며 자녀 신앙교육의 주체가 부모임을 강조하고 있지만 신앙교육기관으로서 교회학교의 정착은 이러한 교육의 기능을 담당함으로서 일종의 부모 역할을 대신하게 된 것이다. 마치 부모가 자녀 교육을 위해서 국어는 국어학원으로, 수학은 수학학원, 영어는 영어학원을 보내는 것처럼 신앙은 교회학교로 보내는 식이라고 할 수 있다. 교회학교가 주로 발달단계에 따라 영아부, 유아부, 유치부, 유년부, 초등부, 소년부, 중등부, 고등부, 청년부 등으로 구분되기 때문에 자녀들도 흩어질 수밖에 없다. 주일 아침마다 가족이 함께 예배를 드리고 가족 상호 간의 만남과 교제를 누리는 것이 아니라 부모는 성인예배에, 자녀들은 각 자의 교회학교 부서로 흩어지기 때문에 가정의 일체감마저 약화시키는 역기능을 수행하고 있는 셈이다.

7. 학교와의 분리: 입시의 포로

교회학교가 경험하고 있는 또 하나의 분리 현상은 학교와의 분리이다. 교회학교 구성원들이 대부분 학교를 다니는 학생이요 학업과 성적 문제가 가장 큰 고민인 아동과 청소년들이지만 교회학교는 그들의 고민과 분리되어 있는 것처럼 보인다. 교회학교에서 공과를 공부하고 성경을 배우지만 그들이 왜 학교에 다녀야 하는지, 그들이 학교에서 배우는 국어, 영어, 수학이 하나님과 어떤 관계가 있는지를 가르쳐주지 않는다. 교회학교는 가정으로부터 분리된 곳일 뿐만 아니라 학교로부터 분리된 곳이 되고 있다. 그러나 실제적으로 그 아이들의 실존을 사로잡고 있는 것은 입시요 성적이요 학업이요 진로이다. 그렇기 때문에 그들의 몸은 교회학교에 와 있어도 그들은 입시와 학업에 대한 고민에서 벗어날 수 없다. 그들의 실제적인 고민에 대해 대답해주지 않고 그들의 고통과 스트레스에 응답하지 못하는 교회교육은 삶의 실존으로부터 괴리될 수밖에 없다. 아이들은 전혀 상관이 없는 두 가치집단인 학교와 교회에 속해서 갈등을 하다가 결국은 더 강력하게 실존을 사로잡고 있는 입시이데올로기에 매여 교회를 떠나게 되는 현실인 것이다.

8. 지역사회와의 분리: 공공성 저하

교회가 지역사회와 연계되지 못하고 '그들끼리만의 공동체'로 전락하고 있듯이 교회학교도 지역사회와 분리되어 존재하는 경향이 있다. 지역사회는 하나님의 영이 역사하시는 공간이요 하나님 나라가 이루어지는 현장임에도 교회학교는 아이들이 그 지역사회로부터 무엇을 배울 수 있고 또 무엇으로 섬길 수 있는지를 가르쳐주지 못하고 있다. 도시는 도시대로, 농촌은 농촌대로 그 지역사회 속에 있는 교회학교는 그 지역사회와 소통하고 그 필요에 응답하는 교육이 이루어질 필요가 있다. 지역사회와 소통하고 그 지역에 맞는 특성화가 이루어질 때 교회학교가 생동감 있게 교육을 실천할 수 있다. 사실 교육은 사회와 분리된 무엇이 아니라 존 듀이가 말한 것처럼 소사회이다. 지역사회에 참여하고 다양한 공동체적 경험을 하게 됨으로써 배움이 일어나는 것이다. 지역사회 속에 있는 기독교 유적지를 돌아보고 신앙의 선조들에 대한 존경심을 갖고 지역에 대한 애향심을 갖는 것은 너무나 중요한 교육이다. 지역사회의 소외된 자들을 찾아가 봉사하고 위로하는 것은 생생한 교육적 경험이 될 것이다. 교회교육을 통해 지역사회에 대한 새로운 비전, 하나님 나라의 전망을 갖게 되고 이를 위해 작은 것부터 실천하는 것이야말로 하나님 나라 교육이 되며, 교회교육의 공적 사명을 감당하는 일이 될 것이다.

Ⅲ. 유바디 교회학교의 키워드

한국교회 교회학교 침체의 흐름을 역류시켜 다음세대 부흥을 가능케 하기 위해서는 성경의 원리로 돌아가야 한다. 하나님의 교육원리만이 생명을 약동시키는 부흥을 가능케 한다. 이 원리는 예수님의 교육과 바울의 교육을 통해서 가장 강력하게 예시되었다. 오늘날 한국교회에 이 원리를 적용할 수 있는 7개의 키워드key-words가 있다. 각각의 키워드 안에는 성경적인 교육원리가 들어있기에 이 원리대로 실천할 수 있다면 다음세대의 진정한 변화를 경험할 수 있을 것이다.

1. 한 영혼: 숫자를 보지 말고 한 영혼에 집중하라

오늘날 교회학교 저성장 시대를 맞이하면서 한 영혼의 귀중함을 새롭게 깨닫고 있다. 과거에는 교회교육의 주된 목적이 교회학교 성장이었고, 이는 숫자가 증가하는 것을 의미하였다. 교육담당 교역자나 교육부서의 부장, 담임목사가 모두 관심 갖는 것은 '출석수'였다. 교육의 목적이 교회학교 성장이었고, 교회학교 학생수의 증가였다. 그러나 이제는 초점을 분명하게 한 영혼에 두어야 한다. 숫자를 보는 순간 영혼을 놓치게 된다. 몇 명이 왔는지 둘러보는 순간 한 영혼 한 영혼에게 향하여야 할 초점을 상실하게 되는 것이다. 사실 숫자에 관심을 갖는다고 숫자가 늘어나는 것도 아니다. 영혼에 초점을 맞추고 사랑할 때 생명이 태어나고, 생명이 자라면 번식하게 되어 있는 것이다.

지금도 기억나는 중학교 3학년 학생이 있다. 필자에게 찾아와서 이런저런 이야기를 나누다가 자신이 다니는 주일학교 중등부 이야기를 하였다. 자신이 주일 아침에 중등부에 가면 중등부 전도사님이 반갑게 맞이한다는 것이다. 그 친구 말에 따르면 손을 위로 치켜세우고 흔들면서 "방가 방가"라고 말하며 맞이해 준다는 것이다. 너무나 기분이 좋았다고 하였다. 그러나 그것으로 끝이라고 말하였다. 한 명 출석했으니까 그것으로 그 학생과의 관계는 끝난 것이고 그다음에는 다른 학생을 맞이하며 "방가 방가"라고 인사한다는 것이다. 나에게 상담을 받으러 온 그 학생은 자살 충동을 느끼고 있었던 학생으로서 삶과 죽음의 기로에서 방황하는 청소년이었는데, 중등부 전도사님은 그 학생의 내면과 영혼에 관심을 갖지 못한 채 출석수에만 관심을 갖고 있었던 것이다. 그 학생은 나에게 말하였다. "우리 교회 중등부 전도사님은 중등부가 부흥하는 것은 원하시지만 저를 사랑하지는 않아요." 지금도 그의 말이 나의 뇌리에 박혀 있다. 나는 그 학생의 말이 금방 이해가 되었다. 왜냐하면 내가 서울의 어느 지역에서 중등부 전도사를 할 때가 기억났기 때문이다. 당시에도 주일의 모든 예배가 마치면 담임목사님 방에 모여서 부서별로 출석수를 보고하였다. 어느 부서가 제일 많이 출석했는지 서로 비교도 되었고 경쟁도 되었다. 특히 중등부 전도사인 나로서는 고등부와의 비교에서 우위를 차지하고 싶었고, 담임목사님으로부터 중등부를 부흥시키는 '능력있는 지도자'라는 칭찬을 받고 싶었다. 그래서 어떻게 하든지 출석 숫자를 늘리려고 하였다. 심지어는 중등부에 출석은 하지 않았어도 교회마당을 지나간 학생까지도 출석한 것으로 인정하기도 하였다. 지금 생각하니 너무 부끄러운 나의 모습이었다. 중등부가 부흥하는 것은 중요하지만, 중등부가 부흥해서 무엇을 하겠다는 것인가? 도대체 누구를 위한 부흥인가? 사실 중등부가 부흥해야 한다고 생각한 것은 내가 인정받고 싶은 욕망에서였다. 숫자를 늘리려는 것은 나의 자존심, 나의 명예, 나의 야망과 관련이 있다. 진정한 사랑은 숫자가 아니라 영혼에 초점을 맞추어야 한다.

교회교육은 한 영혼의 중심을 변화시키는 데에 승부를 걸어야 한다. 어떤 의미에서 다음세대의 침체를 경험하고 있는 교회학교의 위기를 한 영혼의 귀중함과 복음의 중요성을 재발견할 수 있는 기회로 삼을 수 있다면 그야말로 '위기'는 '기회'가 될 것이다. 그동안 양적 성장에 취해서 보지 못했던 한 영혼의 귀중함에 주목할 수 있고 규모를 늘리는 것이 아니라 인격적인 관계를 통해서 중심을 변화시키는 복음의 능력을 체험할 수 있는 전환이 이루어지기 때문이다. 그리하여 내실있는 목회와 신앙교육으로의 변화를 도모함으로 보다 진지하게 복음을 소통할 수 있는 계기가 될 수 있다면 이러한 위기는 축복으로 향하는 터닝 포인트가 될 것이다. 상황에 종속되지 않고 어떻게 응전하느냐가 중요하다. 교회학교 학생 수의 감소로 인하여 교회교육이 위축되거나 기독교교육의 소명이 약해지는 것이 아니라 소수에게 집중하여 생명적인 변화를 일으키는 복음적 교회교육으로 새로워지는 계기로 삼아야 할 것이다.

예수님도 한 영혼에게 집중하시기 위해 소수를 제자로 삼으셨고, 바울도 디모데에게 초점을 맞추었다. 사람의 중심을 변화시키기 위해서 가장 필요한 것은 '집중적인 사랑'이다. 한 영혼에 집중할 때 중심적인 변화가 일어난다. 돋보기로 햇볕을 모아본 적이 있는가? 처음에는 하얀 원이 보이지만 돋보기를 조정하여 초점을 잘 맞추게 되면 햇볕이 모여 점이 될 때가 있다. 그러면 종이가 새까맣게 변화되고 심지어 불까지 붙는 것을 볼 수 있다. 기독교교육에서 제일 중요한 것 중의 하나가 초점 맞추기 focusing 이다. 사랑의 대상을 확정하고 그 영혼, 영혼에 초점을 맞추는 교육이 요청된다. 요즈음에는 수도가 집 안에 설치되어 있는 경우가 대부분이지만, 내가 어린 시절에는 수도가 집 밖에 있었다. 겨울이 되면 수도관이 얼지 않도록 가마니줄로 수도관을 묶어주기도 하였다. 그런데 수도꼭지를 다 잠구었어도 한 방울 한 방울 떨어졌는데, 밑바닥을 보면 시멘트 바닥에 구멍이 뚫어져 있는 것을 발견하게 된다. 콸콸 쏟아지는 수돗물에 시멘트 바닥이 뚫어지는 것이 아니다. 손을 대도 감각이 없는 것 같이 미미하지만 한 방울씩 떨어지는 수돗물이 집중적으로 떨어지기 때문에 결국 시멘트 바닥을 뚫는 것이다. 사람의 중심을 변화시키는 것은 집중적인 사랑이다. 꼭지에서 떨어지는 물방울이 시멘트 바닥을 뚫듯이, 집중적인 사랑의 관계만이 학생들의 중심을 변화시키는 생명의 역사를 일으킨다.

　로버트 콜만이 쓴 『주님의 전도계획』이라는 책[5]에 보면 예수님의 제자교육의 8가지 원리가 소개되고 있는데, 그 중 첫 번째 원리가 '선택의 원리'이다. 수많은 무리들이 있었지만 예수님께서는 열 두 명의 제자를 선택하셔서 그들을 집중적으로 사랑하신 것을 볼 수 있다. 그런 점에서 제자들에 대한 선택은 예수님의 제자교육의 출발점이자 가장 중요한 교육과정임을 알 수 있다. 사랑의 대상을 확정하신 것이요, 초점을 맞춘 사랑을 쏟아붓기 시작한 것이다. 필자는 우리들의 교회교육에서도 교사들이 학생들을 선택하면 좋겠다고 생각한다. 지금은 교사가 학생들을 선택하는 것이 아니라 연초에 학생들을 배정받는 방식이다. 그런데 그렇게 하지 않고 학생들을 모두 앉혀 놓은 다음, 교사들이 학생들 사이를 지나다니면서 "너는 나의 제자다", "나를 따르라" 하면서 한 아이, 한 아이를 선택한다면 교사도 책임감이 생기고, 학생들도 선택되는 기쁨이 있어서 진지하게 임하지 않을까 생각해보기도 한다. 교사들이 학생들을 선택하는 것이 아니라 배정된 학생명단을 받게 된다고 할지라도, 그 명단에 적혀 있는 학생들 이름 하나 하나를 부르면서 내가 선택할 필요가 있다. "너는 나의 제자다." "내가 너를 사랑하마." "내가 너와 승부를 걸게." 시편 57편 7절의 말씀처럼, "하나님이여 내 마음이 확정되었고 내 마음이 확정되었사오니 내가 노래하고 내가 찬송하리이다"고 고백해야 할 것이다. 사랑과 섬김, 양육의 대

5　Robert Coleman, *The Master Plan of Evangelism*, 홍성철 역, 『주님의 전도계획』(서울: 생명의말씀사, 2007).

233

5장. 유바디 교회교육

상으로 확정하고 이제부터 집중적으로 사랑하는 것이다.

　배가 항구에 정박하면 닻을 내리게 된다. 닻을 내린다는 것은 더이상 방황의 항해를 하지 않는 것이다. 기독교교육은 누군가에게 닻을 내림으로 시작된다. 사랑의 대상이 불분명할 때는 내면의 깊은 변화를 일으키는 교육은 가능하지 않다. 예수님은 12명의 제자들에게 닻을 내리셨다. 결혼도 목회도 사실상 닻을 내리는 것으로부터 시작된다. 혼인예식은 서로가 서로에게 닻을 내렸음을 공표하는 것이다. 남편은 아내에게, 아내는 남편에게 닻을 내려야 한다. 다른 아내, 다른 남편, 다른 가정을 부러워하거나 사모해서는 안 된다. 행복은 서로에게 닻을 내릴 때 퍼올릴 수 있는 깊은 샘물과 같다. 목회도 마찬가지이다. 어느 교회에 부임해서 목회를 시작할 때 제일 중요한 것은 그 교회에 닻을 내리는 것이다. 이곳이 하나님께서 보내주신 목양지임을 믿고 닻을 내릴 때 성도들이 보이고 목회가 보이기 시작하는 것이다. 만약 어느 교회에 부임하였어도 내가 이 정도 교회에 있을 사람이 아니라고 생각하고 계속 목회자청빙 광고만 뒤적인다면 그 목사는 목회를 제대로 할 수 없으며 목양의 열매를 기대할 수 없을 것이다. 교사와 학생의 관계도 마찬가지이다. 교사가 학생에게 닻을 내리고 사랑의 대상으로 확정하고 집중적으로 사랑할 때 기독교교육은 시작되는 것이다.

　집중적인 사랑의 반대말이 무엇인가? 무관심도 대답이 되겠지만 '흩날리는 사랑'이라고 표현할 수 있다. 흩날리는 사랑이란 사랑을 흩뿌리는 것으로서, 사랑하지 않는 것은 아니지만 초점을 맞추지 않은 사랑을 의미한다. 사람들에게는 저마다의 사랑의 용량이 있다. 콜카타의 거리에 죽어가는 수많은 노숙자들을 품어주는 마더 테레사나 '사랑의 원자탄'이라는 별명을 지니고 있는 손양원 목사 같은 분들은 사랑의 용량 자체가 큰 분들이라는 생각이 든다. 우리는 매우 제한된 용량의 사랑을 지니고 있다. 이 사랑을 어떻게 사용할 것인가? 제한된 용량의 사랑을 모아야 한다. 그래서 집중적으로 사랑해야 한다. 그렇지 않고 사랑을 흩날리는 것은 사실 사랑이 아니라 자기만족일 뿐이다. 사랑에는 두 종류가 있다. 하나는 대상애object love이고 다른 하나는 자기애self love이다. 사랑을 흩날리는 것은 자기애일 뿐이다. 외견상으로는 다른 사람을 사랑하는 것처럼 보이지만 사실은 자기만족일 뿐이다. 진정한 사랑은 대상애인데 집중적인 사랑의 모습이다. 나의 사랑을 흩뿌리는 것이 아니라 모아서 누군가를 집중적으로 사랑하는 것이 진정한 사랑이다. 오늘날 학생의 숫자가 감소해서 몇 명 되지 않는 학생들을 섬긴다면 이를 기회로 생각하고, 한 영혼 한 영혼을 집중적으로 사랑할 수 있기를 바란다.

2. 관계: 학생과 인격적인 관계를 맺고 양육하라

교회학교는 시설이나 프로그램이 아니라 교사이다. 교사가 누구이며 학생과 어떤 관계를 맺느냐가 교회교육을 결정짓는다. 오늘날 교회학교가 위기라고 하지만 그래도 부흥하는 교회가 있고, 한 교회학교 안에서도 그래도 부흥하는 분반이 있다. 거기에는 그래도 학생과 인격적인 관계를 맺고 양육하는 살아있는 교사가 있기 때문이다. 가정에서 신앙적인 부모를 통해 신앙교육을 받을 수 있는 것이 좋지만 그렇지 못한 수많은 아이들이 그래도 희망을 가질 수 있는 것은 교회학교 교사이다. 지금도 교회학교 교사와의 만남으로 인해 자신의 삶의 터닝포인트가 이루어졌다는 수많은 간증이 계속되고 있다. 즉, 교사라는 직분을 맡고 있는 것이 중요한 것이 아니라 학생과 생명적인 관계를 맺고 생명의 말씀으로 양육해야 한다.

교회교육이 일반교육과의 차이가 있다면 일반교육은 지식을 전달하는 것이 중요하지만 교회교육은 신앙적 변화가 일어나야 한다는 것이다. 신앙교육이 가능하기 위해서 가장 중요한 전제 조건이 인격적인 관계이다. 신앙의 라틴어 어원은 크레도credo이다. 이 단어에서 파생된 단어 중의 하나가 신용카드인 크레딧카드이다. 크레도credo라는 단어는 마음이라는 의미를 지닌 코어core라는 단어와 '드린다'는 뜻을 지닌 도do라는 단어의 합성어인데 '마음을 드립니다'는 뜻을 지니고 있다.[6] 신앙은 머리의 문제가 아니라 마음의 문제이다. 신앙의 자리locus는 머리가 아니라 마음이기 때문에 마음의 터치가 일어나야 비로소 신앙교육이 시작될 수 있는 것이다. 이렇듯 머리가 아니라 마음이 터치되기 위해서는 '나와 그것'의 3인칭 관계가 아니라 2인칭의 '나와 너'의 관계가 형성되어야 한다. 교사와 학생의 관계는 '나와 그것'의 관계가 아닌 '나와 너'의 인격적인 관계로 맺어져야 한다.

교회교육에 있어서는 명강의가 필요한 것이 아니다. 얼마나 많은 지식을 얼마나 효과적으로 전달했느냐보다 더 중요한 것은 얼마나 깊은 관계로 만나느냐에 달려 있다. 신앙적인 변화가 일어나기 위해서는 내면의 만남이 필요하기 때문이다. 관계에도 차원이 있다. 마치 양파처럼 껍질이 있지만 그것을 벗겨도 또 그 속에 양파가 있다. 양파가 겹겹이 쌓여 있는 것처럼 인간의 관계도 보다 표피적인 관계가 있고 보

---

6 Wilfred Cantwell Smith, *Faith and Belief: The Difference Between Them* (Boston: Oneworld, 1998), 105.

다 내면적인 관계가 있다. 처음 만나는 사람도 서로 대화를 나눌 수 있다. 날씨 이야기를 할 수 있고, 미세먼지 농도 이야기를 할 수 있을 것이다. 그러나 처음 만나는 사람과 자신의 깊은 고민이나 가정의 문제, 이별이나 이혼의 문제를 서로 말하지 않는다. 왜냐하면 그것은 깊은 관계를 맺고 있는 사람들만이 서로 나눌 수 있는 깊은 내면의 주제들이기 때문이다. 교회교육이 신앙의 변화를 추구한다면 깊은 관계, 인격적인 관계를 맺는 것은 필수적이다. 깊은 내면의 터치가 이루어질 때만이 신앙적 변화가 일어날 수 있기 때문이다. 같은 교회의 같은 부서를 맡고 있는 교사들이라고 할지라도 사실은 같은 교사가 아니다. 왜냐하면 관계의 깊이가 다르기 때문이다. 어떤 교사는 일주일에 한 번 주일 아침 분반공부 시간에 학생을 만나지만 표피적인 만남 수준에서 관계를 맺는다. 그러나 어떤 교사는 주중에도 학생을 만나 인격적인 관계 속에서 깊은 대화를 나눈다. 기독교교육의 영향력은 교사와 학생의 만남의 깊이에 의해서 결정된다.

교사와 학생 사이에 인격적인 관계를 맺기 위해서는 주일 아침 예배당에서의 만남 이외에 주중에 한 번만이라도 더 만날 필요가 있다. 교사가 학생들의 가정을 방문하는 가정심방이나 가정방문도 좋고, 교사의 집에 학생들을 초대할 수도 있으며, 학생들의 학교 앞 장소에서 만나서 다과를 나누며 대화할 수도 있다. 특히 학생들의 가정을 직접 방문하는 가정방문은 매우 중요하다. 필자가 가정방문을 받은 학생이 그 직후에 나에게 한 말이 기억난다. 교회학교 선생님이 잠시 자신의 방에 앉아있다가 가셨는데, 그 학생은 "마치 그 선생님이 제 마음속에 왔다 가신 것 같았어요"라고 말하는 것이었다. 그만큼 가정방문을 통해 내적인 관계, 인격적인 관계가 맺어졌음을 표현한 것이다. 교회 예배당에서의 형식적인 만남이 아니라 평상시의 비형식적인 만남을 통해 보다 내면적인 터치가 이루어지는 것이다. 그렇게 인격적인 관계가 맺어지게 되면 그다음 주일 아침에 여전히 그 학생이 비스듬하게 앉아 있지만 달라진 점이 있다. 이제는 교사에게 마음을 내미는 것이다. 그 마음 밭에 말씀을 뿌리면 마치 옥토에 뿌린 씨앗과 같이 30배, 60배, 100배의 결실을 맺는 것이다. 기독교교육의 깊이는 관계의 깊이에 비례하는 것이다.

교회학교라는 학교식 체제는 지식을 전달하기에는 용이한 구조이지만 인격적인 관계를 맺기가 용이하지 않다. 가장 좋은 교육은 가능한 한 함께 있는 시간이 많아야 한다. 로버트 콜만은 『주님의 전도계획』이라는 책에서 이것을 '동거의 원리'라고 부른다. 예수님이 12제자와 동거동락하신 것처럼 가장 좋은 교육은 함께 있는 것이다. 기독교교육은 함께 있는 시간에 비례한다. 최소한의 시간을 들여서 최대한의 효과를 볼 수는 없을까 하는 것이 오늘날의 교육학 연구의 핵심 주제이지만 기독교교육에서는 이것이 가능하지 않다. 기독교교육에서는 함께 있는 것 자체가 교육이다. 168시간 중 한 시간의 만남으로는 부족하며, 더욱이 주일 아침 11-15분의 분반공부 시간만으로는 불충분하다. 나는 얼마나 많은 내용을 잘 가르치고 있느냐보다 어느 정도의 깊이로 만나고 있느냐가 더 중요하다. 나는 학생들과 어느 정도의 깊이로 만나고 있는가? 그 관계의 깊이에 의해서 교회교육은 결정된다.

고린도전서 4장 15절에서 사도 바울은 진정한 교사됨에 대해서 이렇게 쓰고 있다. "그리스도 안에서 일만 스승이 있으되 아버지는 많지 아니하니 그리스도 예수 안에서 내가 복음으로써 너희를 낳았음이니라." 이 구절 속에서 사도 바울은 두 종류의 교사로 분류하고 있음을 알 수 있다. 하나는 스승 같은 교사이고 다른 하나는 아버지 같은 교사이다. 그러면서 자신은 스승이 아니라 아버지 같은 교사가 되어 생명을 잉태하였다고 고백하고 있다. 이 두 가지 교사상으로 구분할 때 두 모델은 매우 다른 차이점이 있다. 스승은 지식을 전달 transmitting 하는데 관심이 있지만, 아버지는 삶을 변화 transforming 시키는 데에 관심이 있고, 스승은 가르치기만 하면 되지만, 아버지는 함께 사는 것이 중요하고, 스승은 입술로 전하지만 아버지는 해산의 수고를 통해서 낳고, 스승은 인격적인 관계가 없어도 가능하지만, 아버지는 자식과의 인격적인 관계가 중요하고, 스승은 지식 중심이지만, 아버지는 자식 중심이다. 스승은 학생이 안 변하면 그만이고 다른 영재를 데려다 가르치면 되지만, 아버지는 자식이 안 변하면 변할 때까지 가르쳐야 한다. 스승과 학생의 관계는 인위적인 만남이지만, 아버지와 자녀의 관계는 운명적 만남이다. 스승 같은 교사는 일만이나 있지만 아버지 같은 교사는 찾기가 어렵다. 스승과 학생 사이에는 가르침과 삶이 분리되지만, 아버지와 자녀 사이에는 삶을 본받는 것이 가르침이다. 스승은 말 중

〈표 22〉 두 종류의 교사상

스승모델/ 전통적인 교사상	아비모델/ 새로운 교사상
지식을 전달(transmitting)	삶을 변화시킴(transforming)
가르치기만 하면 됨	함께 사는 것이 중요
입술로 전함	해산의 수고를 통해 낳음
인격적인 관계가 없어도 가능	인격적인 관계가 생명
지식중심	자식중심
안 변하면 그만	안 변하면 변할 때까지
인위적 만남	운명적 만남
일만이 있음(많음)	많지 아니함
가르침과 삶이 분리됨	삶을 본받는 것이 가르침임
말 중심	능력 중심

심이지만, 아버지는 변화 중심이다. 고린도전서 4장 20절에 보면 "하나님의 나라는 말에 있지 아니하고 오직 능력에 있음이라"고 되어 있는데, 좋은 교사는 말 잘하는 교사가 아니라 사랑으로 삶을 변화시키는 능력이 있는 교사이다.

3. 접촉점: 눈높이를 맞춘 교육을 실천하라

오늘날 교회학교 침체의 가장 중요한 이유 중의 하나가 교사와 학생 사이에 접촉점 contact point 이 없다는 것이다. 교육에서 가장 중요한 것은 접촉점이다. 복음은 학생들과의 접촉점을 통해서 그 영향력을 발휘하게 된다. 설교가 있지만 학생들과의 접촉점이 없는 설교는 무의미하고 예배가 있지만 학생들과의 접촉점이 없는 예배는 아무런 감동을 주지 못한다. 분반공부가 있지만 학생들과의 접촉점이 없는 분반공부는 아무리 교사가 열심히 가르친다고 하더라도 학생들에게는 변화를 일으키지 못하는 무기력한 교육이 되고 만다. 교회학교에 더 이상 나오지 않는 아이들에게 왜 나오지 않는 지를 물어보면 이구동성으로 하는 대답이 '재미없어요'라는 말이다. '재미가 없다'는 말 속에는 중요한 뜻이 담겨 있는데 바로 접촉점이 없다는 것이다. 꼭 재미만이 아니라 흥미를 느낄 수 있고 의미를 가질 수 있는 교육은 바로 접촉점이 있는 교육이다. 접촉점에는 크게 심리적 접촉점, 문화적 접촉점, 그리고 영적 접촉점이 있다. 심리적 접촉점은 교육의 대상인 학생들의 심리적 상태에 맞는 교육을 해야 함을 의미한다. 교사가 발달심리학을 공부하고 학생들의 심리를 이해해야 하는 이유가 바로 여기에 있다. 굳이 심리학을 공부하지 않아도 아이들을 이해하려는 마음을 갖고 그들에 대한 진정한 관심을 갖고 그들을 자주 대한다면 심리적 접촉점을 지닐 수 있다. 문화적 접촉점은 아이들의 문화를 이해하고 그 문화적 코드에 맞게 의사소통을 하는 것을 의미한다. 최근 급격하게 변화하는 문화에 뒤쳐지지 않고 새로운 세대의 문화를 이해하기 위해서는 자기중심적인 문화이해를 버리고 아이들의 입장에서 생각하고 느끼고 경험하는 것이 필요하다. 교회가 아이들의 문화와는 상관없는 성인 중심의 예배와 교육을 강요할 때 아이들은 접촉점을 상실하게 되고 결국 교회를 등지게 될 수 있다.

학생들을 이해하기 위해서 가장 좋은 방법은 학생들 속으로 들어가 직접 그들의 삶을 경험하는 것이다. 문화인류학에서 사용하는 연구방법인 민속지학적 방법 ethnography 이 바로 그것이다. 문화인류학자가 연구하고 싶은 종족이나 문화를 '있는 그대로' 알기 위해서는 제3자의 입장에서 판단하고 평가하기보다는 그 집단 속에 들어가 그들과 함께 살면서 그들의 문화를 기술 description 해야 한다는 것이다. 이를 위해서는 그들에 대한 판단을 유보하고 그들 속에 들어가 삶을 같이 나누며 그들이 지니고 있는 기준을 파악하는 것이다. 굿이너프 Goodenough 는 문화를 구성원들이 공유하고 있는 표준들 standards 로 이해하는데, 희노애락과 같은 감정은 물론 행위나 판단에 있어서 그 구성원들이 공유하고 있는 기준이 있는데 이것을 파악하고 이해하는 것이 바로 그들의 문화를 아는 방법이라는 것이다. 이런 점에서 교회학교의 중등부 학생들을 이해하려면 중학생들 속으로 들어가 그들이 즐기는 것을 함께 즐기며, 그들이 싫어하는 것을 함께 싫어하며, 그들이 비난하는 것을 함께 비난하면서 그들이 어떤 기준을 지니고 있는지를 이해하는 것이다. 사실 교회학교 학생들이 예배를 드린다고 하는 것은 교사들이나 성인들이 예배를 드린다고 하는 의미와는 상당히 다르다. 교육은 그들의 진실에서부터 출발되어야 한다. 교사의 입장이 아니라 학생의 입장에서부터 교육은 시작되는 것이다.

오늘날 우리 사회에 여러 가지 갈등이 있지만 가장 심각한 갈등은 세대 간의 갈등일 것이다. 이념 간의 갈등, 지역 간의 갈등, 계층 간의 갈등 등 여러 가지 차원의 갈등이 있겠지만 세대 간의 갈등과 단절이야말로 교육을 가로막는 가장 큰 장애물이 되고 있다. 과거의 세대차이 generation gap는 일반적으로 30년 정도의 인생의 경험이 있는 사람과 없는 사람의 차이를 의미하는 것이었지만, 최근에는 5-6년만 차이가 나도 세대 차이를 느낀다고 말할 정도로 빠른 속도로 사회가 변화되고 있다. 특히 세대 간의 단절에 가장 영향을 주는 것은 커뮤니케이션의 차이라고 할 수 있다. 마샬 맥루한은 커뮤니케이션의 역사를 크게 다섯 가지로 구분한다.[7] 제일 오래된 커뮤니케이션 시대는 구전커뮤니케이션 시대로 말로서 소통하는 시대이다. 그다음은 문자시대로 글로서 소통하는 문자커뮤니케이션 시대이다. 세 번째 시대는 구텐베르그의 인쇄술 발명 이후에 활자로 책을 만들어 소통하는 인쇄활자 커뮤니케이션 시대이다. 종교개혁이 가능했던 것은 바로 인쇄활자술의 발명을 통해 독일어로 번역된 성경책을 대중에게 보급할 수 있었기 때문이다. 네 번째 시대는 시청각커뮤니케이션 시대로 활자만이 아니라 시청각을 효과적으로 사용하여 소통하는 시대이다. 마지막 다섯 번째 시대는 멀티미디어커뮤니케이션 시대로서 IT 기술의 혁신으로 오감으로 커뮤니케이션을 하는 시대이다. 오늘날 젊은 세대는 바로 멀티미디

---

[7]   김정탁, 『미디어와 인간』(서울: 커뮤니케이션북스, 1998), 165.

어커뮤니케이션으로 소통한다. 소위 '디지털원주민' Digital native 이라고 불리우는 이들은 디지털을 활용하는 정도의 '디지털 이민자' Digital immigrant 와는 전혀 다른 소통 방식을 지니고 있다.[8] 오늘날 교회교육은 심각한 커뮤니케이션의 단절을 경험하고 있다. 나이가 든 교사들과 젊은 교사 또는 학생들과는 사실상 말이 안 통하는 셈이다. 같은 한글을 사용하지만 소통의 어려움을 겪고 있는 것이다.

이러한 세대 간의 소통의 단절을 극복하고 접촉점이 있는 소통의 교육을 회복하기 위해서는 교사가 학생의 눈높이를 맞추기 위해 학생처럼 되어서 학생들과 소통하는 것이 중요하다. 이것이 성육신 교육의 원리이다. 하나님께서 하나님과 인간의 차이를 극복하시고 인간을 변화시키시기 위해 선택하신 하나님의 교육방법이 바로 성육신 Incarnation 이다. 사실 칼 바르트라는 신학자가 말한대로 '하나님은 하늘에 계시고, 인간은 땅에 있다.' 이 하나님과 인간의 '차이'를 극복하고 만남을 이루시기 위하여 하나님께서 자신을 낮추시고 육신을 입고 이 땅에까지 찾아오신 모습이 성육신이다. 사도바울은 우리도 이 성육신의 마음을 품을 것을 권면하고 있다. "너희 안에 이 마음을 품으라 곧 그리스도 예수의 마음이니 그는 근본 하나님의 본체시나 하나님과 동등됨을 취할 것으로 여기지 아니하시고 오히려 자기를 비어 종의 형체를 가져 사람들과 같이 되었고 사람의 모양으로 나타나셨으매 자기를 낮추시고 죽기까지 복종하셨으니 곧 십자가에 죽으심이라"빌 2:5-8 이 성육신의 원리는 모든 '차이'를 극복하고 해결할 수 있는 원형적 원리가 된

---

8   Don Tapscott, *Grown up Digital: How the Net Generation is Changing Your World*, 이진원 역, 『디지털 네이티브』(서울: 비즈니스북, 2009).

다. 교사가 학생을 진정으로 이해하기 위해서는 학생의 삶 속으로 성육신하여, 그들의 세상과 문화 속으로 들어가야 한다. 반대로 학생은 교사를 이해하기 위해서 교사들의 세계 속으로 들어가려는 마음 자세를 가져야 한다. 세대 간의 차이와 문화적 간격이 크면 클수록 이러한 성육신적 노력은 중요하다. 왜냐하면 저절로는 서로를 결코 이해할 수 없기 때문이며, 있는 자리를 지키면서는 진정한 대화를 할 수 없기 때문이다.

성육신의 원리에 입각하여 세대 차이를 극복하기 위해서는 타문화권 선교적인 노력이 필요하다. 오늘날의 세대 차이는 단지 연령의 차이라고 하는 발달심리적 차이에서만 오는 것이 아니라 문화적 차이로 인한 것이다. 지금의 소위 1020세대는 4050세대와는 전혀 다른 문화를 갖고 있다. 단지 생활방식의 차이 정도가 아니라 인식론이 다르다고 할 수 있다. 무엇을 인지하는 방식과 그것에 반응하는 방식이 전혀 다르다. 사실 젊은 세대가 사용하는 축약형 언어는 기성세대가 이해할 수 없는 것들이 너무나 많다. 빠른 속도로 정보를 검색하는 학생세대는 설교나 강의만 듣고 있기에는 너무나 지루하다고 생각한다. 언어만이 아니라 의상, 음식 등의 기호와 모든 문화적 특성에 있어서 큰 차이가 있다. 그렇기 때문에 같은 문화권에 살고 있다기보다는 타문화권에 속해 있다고 이해해야 옳은 경우가 많다. 이런 의미에서 마치 지금 아이들에게 교육한다는 것은 일종의 '타문화권 선교'임을 인식해야 한다. 선교사들이 타문화권 속에 들어가서 선교활동을 하기 위해서는 그들의 문화와 언어를 배우고 익힘으로 그들의 문화와 언어로 복음을 설명하기 위해 노력하는 것처럼, 교사들은 학생들의 문화를 이해하기 위한 노력을 기울여야 한다. 선교사들은 타문화권 종족을 선교하기 위해서는 그들의 음식을 먹고, 그들의 의상을 입으며, 그들의 생활 규칙들을 배워야 하듯이 교사들은 이런 노력들을 통해 '성육신의 원리'에 입각한 '눈높이 교육'을 실천해야 하는 것이다.

4. 신앙공동체: 믿음의 공동체를 형성하라

교회교육은 학교식 체제보다는 공동체적인 구조로의 전환이 필요하다. 성경을 보면 복음의 소통은 공동체를 통하여 이루어진다. 교사 1인이 많은 학생들을 가르치는 학교식 구조보다는 공동체 구성원들의 삶의 나눔이 가능한 구조로의 변화를 의미한다. 오늘날 교육, 그것이 일반교육이든 종교교육이든, 모든 교육의 영역에서 감지되는 중요한 변화는 공동체를 강조하는 경향이다. 오늘날에는 공동체와 분리된 개인이 있을 수 없음을 깨닫고 근대주의적 이원론dualism 이나 개인주의individualism 을 극복하고 공동체를 강조하는 경향이 있는 것이다. 지식도 마찬가지이다. 모든 지식은 사적인private 것이 아니라 공동체적communal 인 것이다. 모든 지식은 함께 아는 자들co-knowers 이 있음을 전제하는 것이고, 그렇기 때문에 모든 앎은 공동체적 성격을 지닌다. 웨스트호프는 기독교교육의 자리를 학교 교실로부터 신앙공동체로 옮길 것을 주장하고 있는데, 신앙공동체 안에 참여함을 통해 한 인간이 공동체 안에서 문화를 내면화하듯이 일종의 문화로서의 신앙을 형성하게 된다. 그는 이러한 신앙공동체 안에서 이루어지는 의식ritual, 경험experience, 그리고 활동들activities 을 기독교교육이 이루어지는 중요한 터전으로 보았으며, 이를 통해 신앙이 형성되어 간다고 본 것이다.[8] 종교개혁 이후 근대시대에는 '말씀신학'이 중심이 되고 '설교'의 중요성이 부각되었지만, 상대적으로 덜 강조되어온 성례전이나 공동체의 여러 종교의식의 중요성이 회복되어야 한다는 것이다. 얼마나 잘 가르치느냐도 중요하지만 어떤 공동체에 속해 있느냐가 신앙형성에 관건이 되는 것이다. 오늘날 교회교육은 종래의 일방적인 학교식 구조에서 탈피하여 비록 소수의 인원이라고 하더라도 공동체를 형성하고, 세대 간의 만남과 구성원 간의 삶의 나눔을 통해 신앙이 형성되어 가는 공동체 교육이 요청되는 것이다.

공동체를 가장 쉽게 설명할 수 있는 비유 중의 하나가 된장찌개의 비유이다. 된장찌개를 끓인다고 생각해 보자. 뚝배기에 물을 넣고 된장을 넣고 감자, 호박, 버섯, 파, 고추, 양파, 그리고 차돌박이까지 넣고 뜨거운 불에 팔팔 끓인다. 그러면 그 안에 들어있는 된장과 감자, 호박, 버섯 등과 차돌박이가 서로에게 자신의 맛을 내어주면서 맛있는 된장찌개가 완성되는 것이다. 잘 끓여진 된장찌개에서 감자를 끄집어서 먹으면 생감자와는 전혀 다른 맛을 경험할 수 있다. 된장으로부터 구수한 맛이 스며들어와 있고, 고추로부터 매콤한 맛이, 그리고 차돌박이로부터 독특한 소고기 맛이 베어들어서 소위 '거듭난' 감자의 맛을 경험할 수 있다. 된장찌개 안에서의 음식 재료들은 서로가 서로에게 영향을 주며, 단지 물리적으로 함께 있는 것이 아니라 화학적인 변화까지 일으키는 것이다. 뜨거운 불이 성령을 비유적으로 보여준다면 뚝배기 안에 들어있는 음식재료들이 공동체 구성원이며, 이들이 성령의 불에 의해서 서로를 변화시키는 역할을 하는 것이다. 교사와 학생, 학생과 학생이 서로를 변화시키는 영향력을 끼치게 된다. 사실 신앙공

---

9   Westerhoff III, *Will Our Children Have Faith?*, 101-140.

동체 안에서 진정한 교사는 성령이시다. 교사와 학생, 학생과 학생들이 서로 하나의 공동체를 이루면 그 안에서 성령께서 신앙을 형성시키시는 것이다. 교사가 학생을 가르치기도 하지만 때로는 교사가 학생으로부터 배우기도 한다. 그리고 학생 상호간에도 배움이 일어나는 것이다.

다름^{difference}이 교육한다는 말이 있다. 서로 다르기 때문에 교육이 가능한 것이다. 공동체 안의 다양성이 서로를 변화시키는 원천이 된다. 획일주의는 건강한 공동체의 가장 큰 걸림돌이다. 공동체를 집단으로 변질시킨다. 다양성^{diversity}이야말로 공동체를 건강하게 하고 풍성한 교육이 이루어지게 한다. 하나님은 모든 피조물을 다양하게 창조하셨고, 인간들도 각양각색으로 지으셨다. 생김새만이 아니라 기질이 다양하고 은사가 다양하다. 가정 안에, 교회 안에, 학교 안에 있는 이러한 다양성이 존중되어야 한다. 그럴 때만이 진정한 하나됨^{unity}을 가능하게 한다. 본회퍼는 『성도의 공동생활』에서 "홀로 있을 수 있는 사람만이 더불어 있을 수 있고, 더불어 있을 수 있는 사람만이 홀로 있을 수 있다."라고 말한다. 독특한 자기 색깔을 지니고 있는 여러 사람들이 모여 마치 모자이크처럼 아름다운 공동체를 이룰 수 있는 것이다. 성경에 보면 그런 아름다운 공동체가 많이 등장한다. 이스라엘 족장 공동체, 가정 공동체, 예수님의 열두제자 공동체, 초대교회 공동체 안에서 하나님의 임재하심을 경험한다. 그렇기 때문에 교회교육의 중요한 과제는 획일적으로 가르치고 일사분란하게 움직이도록 하는 것이 아니라 다양한 지체들의 사귐이 있는 공동체 안에서 하나님의 임재를 경험하도록 하는 것이다.

5. 참여: 학생이 스스로 경험하도록 하라

　　새로운 교회교육은 보다 학생들의 참여의 가능성을 높일 수 있는 교육구조가 요청된다. 복음은 구경하는 것이 아니라 경험하는 것이기에 복음을 소통하는 교회교육은 참여적 성격을 지녀야 한다. 신앙적 앎은 스스로 참여하여 경험할 때 비로소 획득되어지는 것이다. 기독교적 인식론은 앎에 있어서 조망적 의식을 강조하는 객관주의적 인식론과는 대조적으로 알려지는 존재^{하나님}에 대한 아는 자의 참여의 중요성을 강조한다. 기존의 교회학교 구조는 교사의 강의나 설명에 의존한 교육구조의 성격을 강하게 지녔다면 새로운 교회교육을 위해서는 보다 참여를 강조하는 교육구조로의 변화를 시도할 필요가 있다. 교사가 일방적으로 지식을 전달하는 방식의 교육이 아니라 학생들이 경험하고 참여하여 온몸으로 체험하는 신앙교육이며, 청각이나 시각만을 사용하는 교육이 아니라 오감을 활용하는 교육으로의 전환을 의미한다. 기도에 관해서 가르치는 것이 아니라 함께 기도하는 교육이며, 전도에 대해서 강의를 하는 것이 아니라 학생들이 전도에 참여하고 경험하는 교육이다. 교회교육에 있어서 학생들이 수동적인 관중이나 청중이 아니라 앎의 주체자로서 적극적인 참여자로서 경험하게 될 때 진정한 신앙교육이 이루어질 수 있을 것이다.

　　예수님의 12제자 교육에 있어서도 중요한 것은 제자들로 하여금 직접 참여하고 경험하게 하였다는 점이다. 오병이어의 기적 사건 속에서도 "너희가 먹을 것을 주라"^{마 14:16}고 말씀하시기도 하고, 12제자를 둘씩 짝지어 보내시며^{막 6:7} 그들로 하여금 직접 전도하고 치유하게 하셨다. 교실에서의 강의만으로는 부족하다. 직접 현장에 참여하고 경험

유바디 교육목회

함으로서 가장 생생하게 배울 수 있다. 기도에 관해서 강의하는 것보다 더 중요한 것은 같이 기도하는 것이요, 봉사에 대해서 설명하는 것보다 더 중요한 것은 거리로 나아가 노숙자들을 돕는 활동에 참여하는 경험을 하는 것이다. 청소년 교육에 있어서 가장 효과적인 방법은 교실 안에서 지식을 전달하는 것이 아니라 단기선교를 통해서 선교 현장을 경험하는 것이다. 더욱이 오늘날 청소년들과 청년들을 일컬어서 P세대라고 말하는데, 잠재적 힘 Potential Power 이 있고, 패러다임을 바꾸기 Paradigm Shift 를 좋아하며, 열정 Passion 이 있고, 참여 Participation 하기를 좋아하는 세대라는 의미이다. 이 중 '참여'를 좋아하는 것이 가장 중요한 새로운 세대의 특징일 것이다. '촛불혁명'이라고 일컫는 시민혁명도 젊은이들의 참여가 그 동력의 원천임은 아무도 부인하지 못할 것이다.

은준관 교수가 오랜 기간동안 추구해 온 기독교교육 운동으로서 '어린이 교회', '청소년 교회'운동이 있다. 종말론적 교회론에 근거하여 전통적인 교회학교 체제에 대한 대안적 모델로 제시하는 기독교교육 운동이다. 이 모델에서 가장 중요한 것은 바로 어린이, 청소년들의 참여 participation 이다. 어린이와 청소년이 주체가 되어서 참여하고 경험할 때 진정 그들 스스로가 변화된다는 것이다. 단지 교회학교나 교육부서로 남아 있는 것이 아니라 그들 자신이 예배자가 되어 교회를 이루어야 한다는 것이다. 목사님이나 전도사님의 예배에 아이들이 앉아서 구경하는 것이 아니라 그들 자신이 교회의 주인공으로서 예배에 참여하는 것이다. 예배를 '보는 것'과 예배자가 되어 예배를 '드리는 것'은 큰 차이가 있다. 교회교육에 있어서 아이들을 관중석에 앉혀 놓고 교역자나 교사들이 무대에서 연기를 하는 것과 같은 방식은 멈추어야 한다. 어린이의 예배, 청소년의 예배가 되어야 한다. 그들의 참여가 있고, 그들이 경험함으로 그들이 주체가 되는 예배, 교육, 교제가 되어야 한다. 그러한 참여를 통해 진정한 신앙적 변화를 체험하게 될 것이다.

6. 일관성: 신앙과 학업을 연계하라

교회교육은 학교교육과 연결되어 있고, 신앙은 학업과 연계되어 있다. 성경을 관통해서 흐르는 하나님의 교육원리는 바로 신앙과 학업이 연결되어 있다는 것이고 이것을 가장 잘 드러내 주는 성경 구절이 잠언 1장 7절 '여호와를 경외하는 것이 지식의 근본'이라는 말씀이다. 앞에서도 언급했지만 필자는 이것이 너무나 중요한 교육학적인 원리이기 때문에 이를 '여경지근의 원리'라고 표현한다. 이 원리의 핵심은 '여호와를 경외'하는 것과 '지식의 근본'은 분리되어 있는 것이 아니라 연결되어 있다는 점이다. 많은 부모들과 학생들이 '신앙'과 '학업'이 분리되어 있는 것으로 이해한다. 이 두 가지가 서로 상충한다고 생각한다. 그래서 심지어는 주일 아침에도 교회학교 예배에 참석하지 않고 학원에 가는 학생들이 있고, 또 그렇게 하는 것을 당연시하는 부모들이 있다. 우리는 여경지근의 원리에서 중요한 구조를 발견하게 된다. 그것은 신앙 - 태도 - 학업의 관계 구조이다. 신앙과 태도, 그리고 학업은 서로 연결되어 있다. 여경지근의 원리는 바로 이것을 강조하고 있다. 여호와를 경외하는 것이 지식의 근본이 되는 것이다. 여호와를 경외할 때 권위를 인정하고, 경청하게 되며, 새 성품이 형성되며, 꿈과 비전이 생기고, 통찰력을 갖게 되는데, 이러한 태도의 변화가 바로 학업성취를 향상시키는 동력이 되는 것이다. 통전적인 기독교교육은 이 세 가지의 연계성에 주목하면서 여호와를 경외하는 자녀로 세우고, 그래서 그 자녀의 태도가 달라지고, 그 태도의 변화로 말미암아 지속적으로 학업을 향상시켜 나가도록 돕는 것이다. 신앙과 학업을 연계시킬 수 있는 여러 가지 방안이 있는데, 교회가 기독교^{대안}학교를 설립하는 방법 외에도 방과후 학교, 주말학교 형태로 연계를 시도할 수 있고, 학업과 진로에 대한 기독교적 관점을 확립하도록 하는 단기교육도 의미 있는 변화를 가져올 수 있다.

한국교회가 다음세대 신앙교육에서 크게 주목하지 않았던 부분이 바로 신앙과 학업의 연계성이다. 입시위주의 교육현실 속에서 대부분의 아동과 청소년들이 학업에 매여 주일 아침에도 학원을 가고 있음에도 불구하고 신앙교육에 집중한다는 명분으로 기독교적 학업관을 정립하는 데에 실패하였던 것이다. 많은 부모들과 학생들이 신앙과 학업을 연결시키지 못한 채 신앙과 학업을 갈등적인 것으로 이해한다. 예를 들어 고등학생이 되었으니 신앙보다는 학업에 집중해야 된다고 생각하는 식이다. 그러나 이것은 신앙이냐 학업이냐의 문제가 아니다. 신앙적인 학업관이 필요하며, 성경적인 학업관 정립이 요청되는 것이다. 교회교육에 있어서 학생들로 하여금 기독교세계관으로 학업을 바라볼 수 있도록 도와줌으로 신앙과 학업을 통합하여야 한다. 좀 더 구체적으로 말한다면 학생들이 배우는 교과와 하나님이 어떤 관계에 있는지를 이해하도록 도와야 한다. 많은 학생들이 교회에서 배운 내용과 학교에서 배우는 내용이 서로 갈등하는 것으로 인해 고민하고 있다. 그에 대한 아무런 설명도 없이 방치하게 되면 그 간격 속에 의심이 스며들게 되고, 그 의심이 축적되면 결국 교회를 떠나게 되는 것이다. 교사가 학생들이 학교에서 배우는 교과의 내용을 자세히 알지는 못한다

고 하더라도 적어도 어떤 주제들을 배우며 그로 인해 어떤 신앙적 고
민과 갈등이 있겠구나 하는 것을 알고 이를 신앙과 연결시키는 역할
을 감당해야 한다. 교회교육의 커리큘럼 안에 신앙과 학업의 연계가
곡 포함되어야 하는 것이다.

7. 한국교회의 신뢰도: 한국교회의 이미지를 회복하라

교회학교 학생들이 감소하고 다음세대 신앙의 대 잇기에 위기를
경험하게 되는 보다 근본적인 요인으로는 한국 개신교와 한국교회가
신뢰를 잃어버리고 있기 때문이다. 교회학교 학생수 감소와 다음세대
전도에 가장 치명적인 영향을 미치는 것은 교회 가는 것을 부끄럽게
생각하는 것이다. 그런데 지금 한국교회의 교회학교가 그런 위기에 직
면하고 있는 것이다. 한국교회의 신뢰도 추락은 한국갤럽의 종교통계
조사에서도 드러난다. 〈한국인의 종교: 1984-2014〉에 따르면 개신교
는 비종교인의 종교 호감도에 있어서도 제일 취약한 것으로 나타나고
있는데, 불교가 25%, 천주교가 18%인 것에 비해서 10%라는 낮은 수
치를 보이고 있다.[10] 종교를 신뢰할 수 있고 그래서 호감을 갖게 되는
것은 그 종교를 선택할 가능성을 그만큼 높이는 요인이 되고, 그 반대
는 그 종교가 쇠퇴할 가능성을 그만큼 높이는 요인이 된다. 종교의 신
뢰도는 상당부분 성직자에 대한 신뢰도와 맞물려 있다. 갤럽 조사에서
성직자의 품위와 자격에 대한 통계가 나와있는데, 모든 종교가 존경을
잃어가고 있는데, 개신교의 경우도 성직자의 품위와 자격에 문제가 있

---

10   한국갤럽, 『한국인의 종교: 1984-2014』(서울: 한국갤럽조사연구소, 2015), 30.

다는 응답의 비율이 1984년의 64%에서 계속 상승하여 2014년에는 85%를 나타내 보이고 있다.[11] 이러한 요인들이 다음세대가 교회를 등지고 신앙을 떠나는 원인들이 되고 있고, 이로 인해 교회학교 학생수는 지속적으로 감소하고 있으며, 이는 향후 한국교회의 생존을 위협하게 될 것이다. 교회교육의 위기 극복은 교회학교 내부의 갱신만이 아니라 교회가 건강한 교회로 회복될 것을 요청하고 있다. 한국교회가 대 사회적 신뢰도를 회복하는 것은 교회교육 위기 극복을 위한 보다 거시적인 대안이 되는 것이다.

어느 기독교사 모임에서 있었던 일이다. 초등학교에서 학생을 가르치는 기독교사인데 방과 후에 한 학생에게 복음을 전하고 교회로 인도하려고 하자 그 초등학생이 "교회 가는게 창피해요"라고 말했다는 것이다. 당시에 어느 목회자의 불미스러운 일이 언론에 보도되었던 직후였기 때문에 그 아이에게 부정적인 교회 이미지가 각인된 것이다. 교회의 이미지, 기독교의 이미지는 다음세대에게 있어서 매우 중요하다. 교회가 경건한 이미지, 투명한 이미지, 섬기고 봉사하는 이미지를 갖는 것은 교회의 문턱을 낮추는 일이다. 목회자의 재정 비리, 세습, 성적인 문란 등의 문제들은 그대로 교회의 이미지, 기독교의 이미지에 영향을 미치게 된다. 비단 목회자만이 아니라 장로, 권사, 집사 등의 호칭이 언론에 부정적으로 등장하지 않아야 한다. 그런 점에서 다음세대의 복음화를 위해서는 한국교회가 보다 '교회다움'을 추구해야 하고, 목회자들이 '목회자다움'을, 성도들이 '성도다움'을 추구해야 할 것이다.

11 위의 책, 96.

8. 기독교교육생태계: 복음적 영향력을 회복하라

'한 아이를 키우려면 마을이 필요하다'는 아프리카 속담이 있다. 교육에 있어서 한 아이를 둘러싸고 있는 환경이 건강한 영향을 줄 수 있는 교육생태계를 형성해야 한다. 오늘날 교회학교의 위기는 교회학교의 문제만이 아니라 한국교회 전체의 위기와 연결되어 있고 기독교교육생태계가 파괴되어 있는 위기와 관련되어 있다. 만약 지금처럼 한국교회 신뢰도의 추락이 계속된다면, 그래서 다음세대 아이들이 교회 가는 것을 부끄럽게 생각한다면 교회학교는 침체될 수밖에 없다. 교회학교의 위기가 전 교회적 문제이며 기독교교육생태계의 문제라면 담임목사가 교회학교를 부장이나 교육전도사에게 위탁하는 방식으로는 해결될 수 없다. 교회가 건강한 기독교교육생태계가 되어야 하고 담임목사에게 그런 환경을 구성할 책임이 있는 것이다. 즉, 교회학교만이 아니라 교회의 모든 가정에서 부모가 자녀를 신앙으로 양육하도록 부모들을 세워야 하고, 다음세대가 교회에서만이 아니라 가정과 학교, 지역사회 속에서 기독교적 가치관에 입각한 일관된 신앙교육이 이루어질 수 있도록 기독교교육생태계 복원에 나서야 한다. 입시위주의 세속적 교육관이 다음세대 교육을 지배하고 교회는 이를 치유하지 못한 채 오히려 그 가치관에 종속될 때 탈신앙화 현상은 가속화될 수밖에 없다. 한 아이가 신앙인으로 자라기 위해서는 기독교교육생태계가 필요하다. 최근 황사로 인해 고통을 당하는데, 이를 해결하기 위해서는 자신이 살고 있는 곳에 물을 뿌린다고 되는 것이 아니라 몽골의 사막에 나무를 심어야 하는 것처럼 교회학교 위기를 극복하기 위해서는 기독교교육생태계를 복원하는 노력을 시작해야 한다. 다음세대에 생명을 불어넣은 기독교교육생태계 회복이야말로 교회학교 위기를 극복하고 다음세대를 부흥케 하는 진정한 대안이 될 것이다.

다음세대가 없는 한국교회는 더 이상 희망이 없다. 한국교회의 진정한 부흥은 기성세대의 부흥만이 아니라 다음세대가 부흥할 때 가능하다. 건강한 교회는 오늘보다 내일이 더 좋은 교회이다. 한국교회는 이제 다시금 다음세대인 아동과 청소년들에게 관심의 초점을 맞추고 이들이 참된 생명을 누릴 수 있도록 교육적 노력을 기울여야 한다. 다음세대의 부흥은 수적인 증가만을 의미하는 것이 아니라 무기력한 교육에서 생기가 넘치는 교육으로의 변화를 의미한다. 다음세대에게 소망을 주기보다는 이들을 절망으로 내몰고 있는 오늘날의 고통스러운 교육의 현실 속에서 다시금 살리는 교육, 기쁜 교육, 감동이 있는 교육이 이루어지도록 해야 할 책임이 우리에게 있다. 교육의 영역에서 하나님의 나라가 이루어지고, 하나님이 교육의 주인 되시는 '하나님의 교육'이 실현되는 것은 한국교회가 추구해야 할 가장 중요한 사명이다. 우리 모두 다음세대 부흥의 역군이 되어 어두운 한국교회의 미래에 밝은 빛을 비출 수 있기를 소망한다.

IV. 교회교육에 대한 새로운 접근: 품모델[11]

유바디 교육목회에 있어서 교회학교의 대안으로 품 모델을 제안한다. '학교'라는 구조와 체제, 그리고 이미지는 생명이 약동하는 신앙교육에 적합하지 않다. 기독교교육은 생명을 잉태하는 것^{고전 4:15}으로서 '가르치는 것'을 넘어서서 '품는 것'이다. 생명은 품을 때 잉태되고 약동하는 것이다. 엄마의 품^{자궁}은 생명의 원천이다. 부모가 자녀를 품어야 하고 가정이 자녀들의 생명이 잉태되고 자라는 품이 되어야 한다. 교회는 다음세대를 품어야 하고 교사는 단지 지식을 가르치는 사람이 아니라 영적 아비와 어미로서 학생을 품어야 한다. 기존의 교육의 비유들은 너무 지식 전수의 이미지를 담고 있다. 학교, 교사, 분반, 수업, 학생, 교수, 학습자 등. 이 비유들이 공동체의 이미지, 생명의 이미지로 변화되어야 한다. '학교'에서 '품'으로, '가르치다'에서 '품다'로 변화되면 머리의 변화가 아니라 마음의 변화가 일어나고 지식의 축적이 아닌 진정한 깨달음을 얻게 되며, 지식의 변화가 아니라 신앙의 변화가 일어나게 된다. 이러한 생명의 변화는 약동하는 힘이 있다.

1. '품'이란?

사전적인 정의에 의하면 품이란 '안거나 안기는 것으로서 가슴'이다.[13] 또는 '두 팔을 벌려서 안을 때의 가슴'을 의미한다.[14] 그러나 품은 단지 신체의 부위나 공간을 지칭하는 것을 넘어서서 '생명이 깃드는 곳' 또는 '안식하는 곳' '따뜻하고 평온한 곳'을 의미하는데 대표적으로 어머니의 품을 들 수 있다. 갓난아이가 엄마의 품에 있게 될 때 평

---

12 이 부분은 필자의 논문 "기독교교육생태계를 회복하는 대안적 교회교육: 품모델," 『장신논단』 48-1 (2016. 3), 361-88의 일부를 수정, 보완한 것임.

13 민중서림 편집국, 『민중 실용 국어사전』(서울: 민중서림, 2000), 2662.

14 네이버 국어사전 http://dic.naver.com/search.nhn?dicQuery.

온하게 잠들고 안식할 수 있으며 그 엄마의 품에서 젖을 빨게 되면서 자라나게 되며 힘을 공급받게 된다. 품은 또한 질감을 표현하는 개념이기도 한데 부드럽고 따뜻한 느낌을 준다. 품은 또한 접촉^{touch}을 의미하기도 하고 가장 가까운 관계를 상징하기도 한다. 품은 사람의 중심이요 한 사람을 가장 사랑할 때 그에게 내어줄 수 있는 공간이기도 하다. 품은 본래 한 사람의 가슴을 의미하는 것이지만 보다 공동체의 개념으로 확장되기도 한다. 가족의 품, 고향의 품, 조국의 품 등이 그러한 확장된 품의 개념들의 사례들이다. 그러나 범위가 넓어져도 원래 품이 갖는 그 의미가 변하거나 퇴색하는 것이 아니라 어머니의 품의 성격이 그대로 반영된다.

'품'이 명사라면 '품다'는 동사이다. 품다는 타동사로서 '품에 넣어 안거나 몸에 지니다', '어떤 생각이나 감정을 마음속에 가지다'는 뜻을 지니고 있다. '암탉이 알을 품다', '엄마가 아기를 가슴에 품다', '원한을 품다' 등을 들 수 있다.[15] '품다'는 동사는 가장 친밀한 관계를 나타내는데 엄마가 아이를 품는 것, 연인이 사랑하는 사람을 품는 것, 암탉이 알을 품음으로서 부화되게 하는 것 등은 '품다'는 것이 단지 평안한 상태만이 아니라 가장 깊은 관계 속에서 사랑을 느끼고 더 나아가 생명을 약동하게 하는 행동임을 보여준다. '왜 상대방을 품지 못하느냐'는 말에서처럼 품다는 것은 인격적인 관계의 성격이 있다. 품다는 상대편을 받아들이는 수용성이 있으며 나의 비밀스러운 장소를 내어주는 자기희생의 의미가 있으며, 보다 적극적으로 상대방을 사랑한다는 뜻이 담겨 있다.

---

15 한글학회, 『새한글사전』(서울: 홍자출판사, 1973), 1164, 1165.

2. 성경에 나타난 품

성경에는 품이 어떤 의미로 사용되고 있는가? 성경에서는 '가슴'
요 13:23, '유방' 겔 23:3 등 문자적 의미 외에도, '사랑' 잠 5:19, '보호' 사 40:11,
'안정과 평화' 눅 16:22-23 등의 상징적 의미로도 사용된다.[16] 누가복음 16
장 22절에 보면 거지 나사로가 '아브라함의 품' 눅 16:22에 안겼다는 묘
사가 등장하는데 그것은 안식과 평화, 행복을 상징하는 것이다. 요한
복음 1장 18절에는 예수 그리스도를 '아버지의 품' 안에 있는 독생하
신 분으로 표현하는데 하나님의 가장 사랑하시는 독생 성자를 드러내
고 있는 것이다. '아버지의 품', 이곳은 모든 생명이 출발된 곳이며 모
든 존재가 돌아가야 할 본향이기도 하다.

성경에 나타나는 '품'과 관련된 성경구절이 많이 있지만 몇 구절
을 통해 그 교육적 의미를 파악하려고 한다. 시편의 기자는 다음과 같
이 노래하고 있다. "실로 내가 내 영혼으로 고요하고 평온하게 하기를
젖 뗀 아이가 그의 어머니 품에 있음 같게 하였나니 내 영혼이 젖 뗀
아이와 같도다" 시 131:2, 이 구절은 진정한 쉼의 모습을 보여준다. '어머
니의 품'은 안식의 품이며 그 안에서 참된 쉼을 누릴 때 소생함을 얻게
된다. 아이에게 어머니의 품에 안긴다는 것은 어머니와 친밀한 관계를
맺으며 어머니를 전적으로 신뢰하며, 그 안에서 안식을 누리며, 생명
의 약동을 경험하게 되는 것이다. 또 이사야 선지자는 다음과 같이 예
언하고 있다. "그는 목자같이 양떼를 먹이시며 어린 양을 그 팔로 모
아 품에 안으시며 젖먹이는 암컷들을 온순히 인도하시리로다" 사 40:11,

---

16   생명의말씀사, 『라이프 성경사전』(서울: 생명의말씀사, 2006), 15.

목자가 어린 양을 그 팔로 모아 품에 안으신다는 표현은 영적인 교사가 어떤 모습이어야 할지를 보여주고 있다. 목자의 제일 중요한 사명은 양을 두 팔로 안아 그 가슴에 품는 것이다. '목자의 품'은 목양의 원천이요 기독교교육의 요람이다. 더 나아가 이사야는 '위로하는 품'을 말씀한다. "너희가 젖을 빠는 것 같이 그 위로하는 품에서 만족하겠고 젖을 넉넉히 빤 것 같이 그 영광의 풍성함으로 말미암아 즐거워하리라"사 66:11 품은 놀랍게 단지 안식을 누리는 것만이 아니라 젖을 빠는 곳으로서 영양분을 공급받고 생명이 자라게 되는 자리이다. 엄마의 품에서 아이는 엄마의 젖을 빨고 만족을 누리게 된다. 오늘날 우리의 아이들은 이러한 '위로의 품'이 필요하다. 젖을 넉넉히 빨 수 있고 엄마의 감촉과 향기를 느끼면서 만족을 누리는 엄마의 품은 신앙이 싹트고 자라는 모판과 같다.

요한복음은 이 품의 원천이 '하나님의 품'임을 선언적으로 보여준다. 요한복음의 기자는 하나님이 독생성자 예수님을 그 품에 품으셨고, 그 사랑으로 우리를 품으시는 분임을 말씀한다. "본래 하나님을 본 사람이 없으되 아버지 품 속에 있는 독생하신 하나님이 나타내셨느니라"요 1:18 [17] 이 하나님 아버지의 품이야말로 모든 교육이 추구해야 할 이상적인 장이다. 민수기에서는 이 아버지의 품을 '양육'이라는 용어와 함께 사용하고 있다. "이 모든 백성을 내가 배었나이까 내가 그들을 낳았나이까 어찌 주께서 내게 양육하는 아버지가 젖 먹는 아이를 품듯 그들을 품에 품고 주께서 그들의 열조에게 맹세하신 땅으로 가

---

17 요한은 자신이 주님의 품에 안긴 기억을 회고하면서 그 품을 그리워하며, 품이 '사랑받는 곳'임을 증언하고 있다. "예수의 제자 중 하나 곧 그가 사랑하시는 자가 예수의 품에 의지하여 누웠는지라"(요 13:23).

라 하시나이까"^{민 11:12} 즉, 참된 부모의 역할은 젖 먹는 아이를 품에 품고 양육하는 것이며, 함께 하나님이 가라 하시는 그 길로 나아가는 것이다. 아가서는 이렇게 노래하고 있다. "너는 나를 도장 같이 마음에 품고 도장 같이 팔에 두라 사랑은 죽음 같이 강하고 질투는 스올 같이 잔인하며 불길 같이 일어나니 그 기세가 여호와의 불과 같으니라"^{아 8:6}. 사랑은 서로를 마음에 품는 것임을 강조하고 있다. 그리고 이렇게 품는 것은 일시적인 것이 아니라 생애를 통해서 품어야 함을 말씀한다. "너희가 노년에 이르기까지 내가 그리하겠고 백발이 되기까지 내가 너희를 품을 것이라 내가 지었은즉 내가 업을 것이요 내가 품고 구하여 내리라"^{사 46:4} 하나님께서 우리를 지었기에 우리를 노년에 이르기까지 품으시며 어떠한 역경 속에서도 품고 구하여 내시듯 이런 품는 품이야말로 신앙이 형성되고 삶이 형성되는 자리인 것이다.

요컨대 성경에 나타나는 '품' 또는 '품다'의 의미는 가장 친밀한 관계, 평온하고 안전한 곳, 만족이 있는 곳이다. 그리고 세상의 모든 품의 원형으로서 '아버지 품'을 말씀하고 있는데 하나님 품속에 바로 예수 그리스도가 계신 것이다. 그리고 그 품으로 그의 백성들을 마지막 때까지 품으실 것을 약속하고 있다. 결국 성경의 품은 가장 깊은 관계, 가장 중심적인 곳, 가장 안전한 곳, 가장 생명이 약동하는 곳을 의미함을 알 수 있다.

3. 품 모델 개관

1) 품

다음세대에게 있어서 가장 일차적인 품은 가정에서는 부모의 품이고, 교회에서는 아이를 양육하는 교사의 품이다. 물론 성인들에게 있어서는 구역장이나 목자와 같은 영적 리더들의 품이 될 것이다. '분반'이라는 용어나 '교실'이라는 용어는 너무 가르침에 집중되어 있는 용어들이다. 지적인 내용을 전수하는 것이 중요하지 않은 것은 아니지만 앎의 주체와 앎의 객체가 분리되어 있는 채 지식을 전하는 것으로는 신앙의 형성과 성숙이 이루어지지 않는다. 엄마의 품 안에서, 아버지의 품 안에서 사랑을 경험하게 되고 인격적인 관계를 맺게 되며 마음의 접촉이 이루어지며 신앙적 변화를 경험하기 시작한다.

품은 '쉼'과 관련된다. 품 안에서 진정 쉼을 누리게 된다. 오늘날 교육은 쉼이 없는 교육으로서 '월화수목금금금'의 교육으로 불린다. 안식을 잃어버린 교육은 삶을 피폐하게 할 뿐이며, 무한경쟁으로 몰아갈 뿐이다. 그러한 생존경쟁의 각축장에서는 신앙적 깨달음을 가질 수 없다. 오늘 쉼이 없는 교육에 시달리는 이 땅의 아이들에게 가장 필요한 것은 쉼인데, 바로 품 안에서 참된 쉼을 누릴 수 있다. '안식이 없는 교육'은 마치 애굽의 교육, 바로의 교육과 같다. 그것은 진정한 교육이 아닌 유사 교육이며 거짓된 교육이다. 기독교교육은 그 쉼이 없는 교육을 강요하는 바로의 압제로부터, 애굽의 교육으로부터 아이들을 구원하여 쉼이 있는 '교육의 가나안 땅'으로 인도하는 것이다. 기독교교육의 가장 중요한 특징은 쉼이 있는 교육인데, 그것을 가능케 하는 것이 아버지의 품이요, 주님의 품이요, 참된 목자의 품이다. 가정과 교회가 아이들에게 이 품이 되어줄 수 있어야 한다.

2) 교회 품

교회학교가 품 모델로 바뀌는 것만큼 교회 전체가 다음세대의 품이 되는 것이 중요하다. 한국교회는 목회와 교육이 분리되는 경향이 있으며, 다음세대 교육은 교육부서로서 담임목사의 주된 관심을 받기보다는 교육목사나 교육담당 교역자의 관할로 인식된다. 교구목사는 다음세대 교육과 관계없는 사역자로 여겨지며, 다음세대 교육은 교육부서의 사역으로 국한되는 경향이 있다. 그러나 전 교회가 다음세대를 품어야 하며, 모든 교구가 다음세대 교육에 참여하여야 하며, 모든 가정과 모든 가정의 부모들이 다음세대를 품어야 한다. 이런 점에서 품 모델에서는 교회학교나 교육부서에 다음세대를 맡기는 것이 아니라 교회 전체가 다음세대를 품고, 담임목사가 중심이 되어 다음세대를 온 마음으로 품어야 한다. 다음세대 교육이 교회의 사역 중 한 부분으로 치부되는 것이 아니라 중심적이고 핵심적인 사역으로 자리매김해야 한다.

3) 품 누리

품들이 모여 더 큰 품이 되어야 한다. 브론펜브레너의 인간발달생태학에 따르면 중간체계에 해당한다고 볼 수 있다. 기독교교육생태계에 있어서 중간체계는 품 누리인데 교회, 가정, 학교가 연결되어 다음세대에게 품 누리를 제공할 수 있어야 한다. 이 품 누리에서는 품들의 연계가 중요하다. 가정의 품과 교회의 품, 그리고 학교의 품이 서로 연결되어야 하며, 상호 일관성 있는 가치로 연계되어야 한다. 오늘날 교회와 가정의 분리, 교회와 학교의 분리, 가정과 학교의 분리는 품 누리를 파괴하고 있다. 기독교교육에서 가장 중요한 원리 중의 하나가 일관성의 원리이다. 교회와 가정, 그리고 학교에서 일관성 있는 기독교적 가치관 교육이 이루어져야 한다. 만약 교회에서 주일 아침에 성경공부를 하였다면 이것이 가정으로 연결되어야 하는데 가정에서 부모가 가정예배를 통해서, 그리고 큐티나 성경읽기를 통해서, 기독교적 자녀양육을 통해서 자녀들에게 일관된 기독교적 가치관 교육을 할 수 있어야 한다.

또한 학교에서 배우는 교육도 기독교적 가치관에 근거할 필요가 있다. 왜 학교를 다니는지, 왜 공부를 하는지, 왜 국어, 영어, 수학 등 교과목을 배우는지가 기독교적 가치관과 연결될 때 기독교적 가치관에 근거한 건강한 통전적 기독교교육holistic Christian education 이 이루어질 수 있다. 이는 기독교학교나 기독교대안학교, 또는 기독교홈스쿨링을 하는 것만을 의미하는 것이 아니다. 비록 자녀가 공립학교에 다닌다고 할지라도 그 학교에서 배우는 내용을 기독교적 가치관의 관점에서 바라보고 이해하고 비판할 수 있도록 돕게 된다면 얼마든지 일관성 있는 기독교교육이 이루어질 수 있기 때문이다. 교회, 가정, 학교가 연계된 교육을 '삼위일체 교육'이라고 부를 수 있는데 한 아이가 하나님의 일꾼되기 위해 배워야 할 전체 커리큘럼Total curriculum 의 관점에서 바라보면 사실 이 세 영역은 별개의 영역이 아니라 연결되어 있는 하나의 교육과정인 셈이다. 교회교육은 교회 내의 교육만이 아닌 이 전체 교육을 바라보면서 다음세대를 교육할 책임이 있는 것이다.

4) 큰 품 누리

기독교교육생태계의 거시체계에 해당하는 것은 아이들을 둘러싸고 있는 사회적, 문화적 환경이다. 직접적으로, 그리고 가시적으로 그 영향이 드러나지는 않지만 사실은 매우 강력하게 교육에 영향을 주는 요인이 사회, 문화적 요인이다. 이것은 마치 공기와 같아서 눈에 보이지 않지만 인간이 계속 마시고 있고 이로 인해서 생명을 유지할 수 있는 것이다. 만약 공기가 오염되거나 산소가 부족하게 되면 인간은 치명적으로 건강에 손해를 입을 수밖에 없으며 결국 목숨을 잃게 된다. 오늘날 한국의 다음세대를 둘러싸고 있는 사회, 문화적 요인으로는 무엇보다 입시위주의 교육문화를 들 수 있다. 입시위주의 교육문화는 전체 교육을 왜곡시키고 기독교교육마저도 파행적으로 이루어지게 하는 요인이 된다. 교육을 지식위주의 편협한 교육으로 왜곡시킬 뿐만 아니라 시험에 나오지 않는 지식은 가르치지 않으며, 교육 방법도 암기위주, 정답찍기식의 요령주의 교육으로 전락시키며 협동이 아닌 치열한 경쟁의 가치만을 주입하게 된다. 이런 결과로 나타나는 것이 사교육의 팽창이다.

입시위주의 교육문화는 단지 교육적 현상만이 아니고 가치관을 지닌 것으로서 신앙적, 영적 현상이기도 하다. 입시위주의 교육문화를 그대로 방치하는 것은 기독교적 가치관 형성에 큰 장애가 되며, 사실상 다른 종교와 같은 영향력을 끼치게 된다. 입시위주의 교육문화를 변혁시켜 나가는 것은 기독교교육생태계를 회복하기 위한 너무나 중요한 과제이다. 불행히도 우리나라의 기독교교육은 이러한 교육생태계의 영역까지 관심을 갖지 못한 채 교회 내의 주일학교에만 관심을 기울여 온 경향이 있다. 그러나 그러한 미시체계적인 노력은 거시체계의 왜곡된 영향력으로 그 힘을 발휘하지 못하게 되는 것이다. 입시위주의 교육문화 외에도 가부장적인 유교문화, 돈을 숭상하는 맘모니즘, 그리고 분단으로 인한 이념 대립 등의 생태 환경으로 인해 다음세대들이 기독교적 가치관을 제대로 형성해 가고 있지 못하는 현실이다. 기독교교육생태학적인 관심을 갖는다면 기독교교육은 직접 아이들에게 지식을 가르치는 것만이 아니라 이러한 아이들을 둘러싼 사회, 문화적 환경을 변화시키는 것까지 포함한다. 그런 점에서 입시위주의 교육문화를 변화시키기 위한 기독교교육시민운동은 중요한 기독교교육의 한 영역이요 과정이다. 한국교회가 그 교회 안의 교육만으로 그 범주를 제한하지 말고 보다 넓게 기독교교육생태계 회복에 대한 관심을 지녀야 하는 이유이다.

V. 교회교육 새판짜기

영국의 글로체스터에서 시작된 주일학교 운동은 그 시대의 상황에는 적합한 교육운동이었음이 분명하다. 산업혁명 이후에 방직공장에서 일하면서 제대로 학교를 다닐 수 없었던 청소년과 아동들에게 가장 절실한 필요는 일요일에라도 공부할 수 있도록 돕는 것이었다.

살아있는 기독교교육은 그 시대를 사는 사람들의 가장 절박한 요청에 대해 기독교적으로, 복음적으로 진지하게 응답하는 것이다. 오늘날 입시위주의 교육에 찌들린 아이들, 6일 동안의 학교교육으로 지치고 상한 아이들, 온갖 폭력적이고 선정적인 문화 속에서 왜곡된 가치관을 지닌 아이들, 그들에게 필요한 것은 또 다시 학교식 교육을 받는 것이 아니라 마치 갓난아이가 어머니의 품에서 안식하듯 부모의 품에서, 품는이敎師의 품에서 쉼을 누리며 하나님이 주시는 참된 복음의 젖을 먹는 것이다. 유바디 교육목회는 다음세대가 주일 아침 교회학교에서 15분의 분반공부나 교사의 강의에 의해 신앙이 자라나는 것이 아님을 깨닫고, 자녀들이 부모의 품에서, 그리고 교사의 품에서 사랑으로 자라나는 교육을 지향한다. 물론 유바디 교육목회나 교회교육의 품 모델이 오늘날 교회학교 패러다임에 대한 유일한 대안이라고 말할 수는 없을 것이다. 다양한 관점에서 다양한 대안이 제시될 수 있을 것이다. 그러나 유바디 교육목회는 기독교교육의 본질을 회복하는 것으로서 교회학교의 패러다임적 한계를 극복할 수 있는 교육신학과 교육철학에 기초해 있다. 유바디 교육목회는 교구의 변화를 통해 부모를 중심으로 하는 다음세대 지향적 목회를 추구할 뿐 아니라, 교회학교도 그 정체성을 달리함으로 교회학교 성장이나 부흥이 아닌 다음세대의 신앙적 변화를 추구하는 교육으로 전환함으로 전 교회적인 새로운 교육을 추구한다.

토의 문제

1. 1780년, 영국에서 시작된 주일학교 운동의 공헌과 한계는 무엇이라고 생각하는지 나누어 보자.

2. 교회교육의 위기를 분리현상으로 설명할 수 있는데, 여러 가지 분리 중에서 가장 심각한 문제라고 생각하는 분리현상은 무엇인지, 왜 그렇게 생각하는지 말해 보자.

3. 유바디교육목회에서 교회학교 교사는 바울의 교사상을 모델로 하고 있는데 전통적인 교회학교와의 차이는 무엇이라고 생각하는가?

4. '가르치다'는 동사 대신에 '품다', 가르치는 자의 뜻을 지닌 '교사'라는 명사 대신에 '품는이'로 바꾸자는 주장에 대한 자신의 의견을 나누어 보자.

5. '기독교교육생태계'라는 개념의 의미는 무엇이며, 교육목회에 주는 시사점은 무엇인지 서로에게 말해 보자.

제 6 장

유바디 교육목회의 방향

I. 유바디 자녀교육의 방향

　필자가 청소년 시절에 불렀던 영어 복음성가가 있다. 〈Are you a C?〉라는 노래인데, 그 곡에는 "Are you a C? Are you a C? Are you a CHRISTIAN?"이라는 가사가 있다. 당신은 크리스천인가?라는 질문인데, 자녀교육에 있어서는 '당신이 크리스천 부모인가?'라는 질문이 매우 중요하다. 크리스천 부모는 두 번의 거듭남이 필요하다. 필자가 대학 다닐 때에 학교 캠퍼스에서 전도하는 선교단체 간사가 나에게 묻는 질문이 있었다. "형제님, 거듭나셨습니까?" 그때 나는 이렇게 대답을 했다. "수고하십니다. 저는 목사의 아들이고 교회 다닙니다." 그러자 그분은 다시 질문을 했다. "그게 아니고 거듭나셨습니까?" 그 사람을 피해서 황급히 떠났지만 그분의 질문이 계속 나의 뇌리에 남았다. '정말 내가 거듭났는가?' 확실히 '교회 다니는 것'과 '거듭나는 것'은 같은 것이 아니다. 교회를 나가면서도 여전히 거듭나지 않은 사람들이 있을 수 있기 때문이다. 거듭남이라는 것은 마음 중심의 왕좌에 앉아있던 내가 내려앉고 그 자리에 예수 그리스도를 주님으로 영접함으로 '주인'이 바뀌는 중심적 변화이다.

　그런데 크리스천 부모가 되기 위해서는 한 번의 거듭남이 더 필요하다. 자녀교육에서의 거듭남이 필요하다. 이것이 두 번째 거듭남이다. 자녀교육에서도 예수를 믿어야 한다. 자녀교육의 중심 왕좌에 예수님을 주님으로 모셔 들여야 한다. 자녀교육에서도 주님의 주님되심 Lordship을 인정하는 것이다. 그래야 진정한 크리스천 부모가 되는 것이다. 그런데 놀랍게도 부모 자신이 예수님을 구주로 영접한 첫 번째 거듭남을 경험했으면서도 자녀교육은 여전히 세속적인 부모들이 너무나 많다. 내 삶의 중심에는 예수님을 모셨다고 생각했는데 자녀교육의 영역에서는 내가 주인이 되어 있는 것이다. 세속적인 방식 그대로 자녀를 교육하는 것이다. 얼마 전에 초등학교 1학년에 자녀를 입학시킨 새내기 크리스천 학부모와 대화를 나누게 되었다. 같은 반 엄마들이 만났는데 두 가지 주제의 대화만 했다고 한다. 하나는 부동산이고 다른 하나는 자녀교육이었다. 그 새내기 엄마는 전세, 연립주택에 살고 있는데 주위의 엄마가 여러 번 자가인지 전세인지, 아파트인지 연립인지를 물어보았다는 것이다. 그리고 어떤 사교육이 좋은지 서로 정보를 교환하고 계속 그런 식으로 애 키우면 안 된다는 식으로 불안감을 조성하더라는 것이다. 그 새내기 크리스천 부모는 그 엄마들 중에는 교회 다니는 분도 있었는데 부동산과 자녀교육만큼은 교회 다니지 않는 부모들과 다를 바가 없다고 필자에게 말하였다.

교회의 여전도회 모임이나 구역모임에서 자녀교육에 관해 얘기하는 것을 들어보면 일반적인 맘카페나 계모임과 거의 차이가 없음을 발견한다. 자녀를 명문대 입학시키기 위해서는 다섯 가지가 필요하다는 얘기 같은 것이 오간다. 할아버지의 재력, 자녀의 체력, 엄마의 정보력, 아빠의 무관심, 도우미 아줌마의 충성심 등이 그것이다. 우유 시리즈도 있다. 어릴 때에는 천재가 되기를 바라는 마음으로 아인슈타인 우유를 먹이다가 서울우유, 연세우유, 건국우유, 지금은 저지방우유를 먹인다는 내용이다.

필자가 부모세미나를 했을 때 딸 둘이 있는 여집사님이 앞자리에 앉아 있었는데 큰 딸인 중3 딸 아이 이야기를 해주었다. 그 아이는 아침마다 큐티를 한 시간씩이나 한다는 것이다. 그 엄마의 표현을 그대로 옮기면 "큰 딸 아이는 아침마다 큐티를 한 시간씩이나 하고 자빠져 있어요." 그 엄마가 그 딸에게 이렇게 말했다고 한다. "너 아침 시간에는 수학공부 좀 하고 큐티는 점심 먹고 졸릴 때 하면 안 되니?" 그러면서 그 아이에게 큐티를 가르쳐준 중등부 전도사님이 너무 밉다고 말하는 것이다. 필자는 그 집사님에게 그 아이가 아침마다 큐티를 하는 것에 대해서 감사할 날이 올 것이라고 말하였다. 그 부모에게 진정으로 필요한 것은 자녀교육에서 거듭나는 일이었다. 부모가 '교회 다니는 부모'로 끝나지 않고, 자녀교육이 거듭나야 하는데 이것이 '두 번째 거듭남'인 것이다. 이 두 번째 거듭남이 일어나는 학부모가 진정한 기독학부모라고 할 수 있다.

기독학부모는 두 가지 단어의 합성어이다. '기독'과 '학부모'이다. 이 두 가지가 어떻게 연결되어 있느냐에 따라 4가지 유형의 기독학부모로 나눌 수 있다. 첫째는 '기독'학부모이다. 이것은 '기독'은 강조되지만 학부모로서의 역할은 제대로 감당하지 못하는 부모를 의미한다. 이런 부모는 신앙생활은 열심히 하고 교회 봉사도 앞장서서 하지만 학부모로서의 사명을 소홀히 하는 부모이다. 이런 유형을 교회봉사형이라고 부를 수 있다. 둘째는 기독'학부모'이다. 이 유형은 '학부모'로서의 역할을 위해 온갖 수고를 아끼지 않는 부모이다. 그러나 기독교적이지 않다. 이런 유형을 세속형이라고 부를 수 있다. 많은 교회 다니는 부모들이 여기에 해당하는데 안 믿는 학부모와 자녀교육에 있어서

거의 차이가 없다. 셋째는 '기독'과 '학부모'가 분리되어 있는 분리형
이다. 신앙생활도 열심히 하고 자녀교육에 대해서도 열심이지만 이 두
가지가 전혀 연결되어 있지 않다. 이중적인 모습인 셈이다. 마지막 네
번째가 우리가 추구해야 할 '기독학부모'로서 통합형이다. 기독이 학
부모에 스며들어 있고, 학부모는 기독 안에서 그 의미를 발견한다. 성
경적인 학부모의 모습이라고 할 수 있다. 모든 교회 다니는 부모들은
이 네 가지 유형 중 어느 유형에 속하게 되어 있다. 나는 과연 어느 유
형에 해당하는지 자문할 필요가 있다. 진정한 통합형으로서의 성경적
인 기독학부모, 두 번째 거듭남이 일어난 기독학부모가 되어야 할 것
이다.

Ⅱ. 자녀교육의 주체: 기독학부모

성경은 자녀교육에서도 거듭날 것을 말씀하고 있다. 신명기 6장
4-9절의 말씀은 쉐마의 말씀으로서 우리나라 번역은 '이스라엘아 들
으라'로 되어 있지만, 히브리어 원문의 순서는 '쉐마 이스라엘'이다.
그래서 신명기 6장 4-9절의 말씀을 쉐마라고 부른다. 자녀교육에서도
여호와를 인정하고 하나님을 사랑할 것을 말씀하고 있다. 7절에 보면
'네 자녀에게 부지런히 가르치며'라는 말씀이 나오는데, 이 말씀은 하
나님께서 부모를 향해 주신 말씀임을 알 수 있다. 우리는 여기에서 먼
저 부모가 자녀교육의 주체임을 분명히 깨닫게 된다. 하나님은 자녀를

부모에게 맡기셨다. 원래 자녀의 소유권자는 하나님이신데 하나님이 그 자녀 양육의 사명을 부모에게 청지기직으로 맡기신 것이다. 부모의 가장 중요한 사명은 하나님의 자녀를 성경의 말씀대로, 하나님의 뜻대로 양육하는 것이다. 신명기 6장 4-9절의 말씀에 등장하는 '너' 대신에 자신의 이름을 넣어서 읽어보면 이 말씀이 나에게 주시는 말씀임을 느낄 수 있다. 성경에서 말씀하는 자녀교육의 가장 중요한 원리는 부모가 자녀교육의 1차적인 주체라는 것이다.

한국교육의 가장 심각한 문제는 부모의 피동성, 수동성이다. 부모는 자녀교육에 있어서 그냥 '보내는 사람'으로 전락하고 있다. 그냥 학교에 보내고 학원에 보내기만 하면 된다고 생각한다. 물론 자녀를 학교에 보내야 한다. 그러나 그것은 위탁하는 것이지 책임은 부모에게 있다. 학교에 자녀를 보내더라도 그 자녀가 어떤 가치관으로 교육받는지를 부모가 알아야 하고 책임져야 한다. 신앙교육도 마찬가지이다. 마치 영어는 영어학원에, 수학은 수학학원에 보내듯이 신앙교육은 교회학교에 보내면 된다고 생각하는 경향이 있다. 가정에서는 가정예배를 드리지 않고, 신앙적인 대화도 나누지 않은채 주일 아침에 교회학교만 보내면 된다고 생각한다. 다시금 부모가 자녀교육의 주체임을 깨달아야 한다. '제가 부모입니다.' '제가 자녀교육의 주체입니다'라고 고백하며 자녀교육의 사명을 주체적으로 감당하는 부모가 되어야 할 것이다.

우리나라에 정말 필요한 운동이 바로 부모의 교육주권 회복운동이다. 국가가 모든 국민이 교육받을 수 있는 권리를 보장하고 교육복지를 제공하는 것은 바람직하지만, 교육의 가치관까지 획일적으로 정해서는 안 된다. 부모가 자신이 믿는 신앙대로 자녀를 교육할 수 있는 학교를 선택할 수 있는 권리가 보장되어야 한다. 두 번째 거듭남, 자녀교육에서의 거듭남은 자녀교육의 책임을 방기한 것을 돌이키고 진정한 기독학부모의 정체성을 갖는 것으로부터 출발된다. '내가 부모입니다. 내가 아버지입니다. 내가 어머니입니다. 내가 기독학부모입니다' 고백하며 하나님의 말씀대로 자녀를 교육하는 부모가 되어야 한다.

Ⅲ. 진정한 자녀교육의 성공

자녀교육이 거듭나기 위해서는 무엇보다 자녀교육의 성공 개념이 거듭나야 한다. 자녀에 대해서 내가 진정 무엇을 바라는가? 그 바람이 거듭나야 하는 것이다. 정말 바랄 것을 바라야 한다. 히브리서 11장 1절은 다음과 같이 말씀하고 있다. '믿음은 바라는 것들의 실상이요 보지 못하는 것들의 증거니.' 오늘날 부모가 자녀교육에 대해서 무엇을 바라고 있는가? 그 바라는 것이 사실은 그 부모의 가치관이요 부모의 믿음이다. 학력이나 세상의 지위로만 자녀의 성공을 바라는 부모는 사실은 그것들을 가장 중요한 가치라고 믿고 있는 것이다. 겉으로는 기독교적인 자녀교육을 하는 것처럼 보여도 사실은 자녀교육이 거듭나지 않은 채 세속적인 자녀교육을 하고 있는 것이다.

사복음서에 보면 자녀교육에 있어서 두 가지 대조적인 부모 모습을 볼 수 있다. 자녀를 향하여 바라는 것이 전혀 다른 두 부류의 사람이 등장한다. 마가복음 10장 13절에 보면 "예수께서 만져주심을 바라고."라는 말씀이 나온다. 예수께서 그 자녀들을 만져주심을 바라고 예수님께 그 자녀들을 데리고 나온 이 부모들은 정말 바랄 것을 바랐던 부모들이었다. 그런데 마태복음 20장 20절 이하에 보면 세배대의 두 아들의 어머니가 예수님께 절하며 구하는 장면이 나온다. 이 기사는 아마도 최초의 치맛바람이라고 할 수 있을 것이다. 그녀는 예수님께 와서 두 아들에 대해서 청탁을 한다. 20절에는 이런 말씀이 등장한다. "그때에 세배대의 아들의 어머니가 그 아들들을 데리고 예수께 와서 절하며 무엇을 구하니." 그녀가 예수님께 무엇을 구했는가? 그녀가 가진 자녀교육성공이 무엇이었는가? "하나는 주의 우편에 하나는 주의 좌편에 앉게 하소서." 그 어머니는 자녀교육이 거듭나지 못한 채 주님을 따르고 있었던 것이다.

신명기 6장 2절에 그리스도인의 자녀교육에 있어서 부모가 진정 무엇을 바래야 하는지가 나와 있다. '곧 너와 네 아들과 네 손자들이 평생에 네 하나님 여호와를 경외하며' 우리의 자녀들이 평생동안 여호와를 경외하는 삶, 이것이야말로 부모가 진정 바래야 하는 자녀교육의 성공이다. 여호와를 경외하는 삶을 신약적으로 해석한다면 하나님의 부르심대로 사는 것이다. 하나님의 뜻대로, 하나님 나라의 일꾼으로 살아가는 것이다. 세상의 성공은 어느 정도 나의 왕국을 이루었는가에 있지만, 성경적인 성공은 어느 정도 하나님의 나라를 이루었는가에 있다. 나를 이 땅에 보내신 하나님의 목적을 이루어드리는 삶이 성공적인 삶이다.

여기에 평생이라는 단어가 매우 중요하다. 자녀교육의 성공은 길게 봐야 한다. 생애를 통해서 하나님을 경외하는 것이다. 세속적인 자녀교육의 성공은 너무 단기간만을 생각하는 경향이 있다. 조급하며.

불안하고 늘 쫓긴다. 조급하다는 것은 하나님을 신뢰하지 않음을 의미한다. 자기가 주인이기에 두렵고 불안한 것이다. 학원비를 '부모안심료'라고 부르기도 한다. 잠시 자녀를 안 보이게 해준다는 것이다. 자녀교육의 성공을 어느 고등학교, 어느 대학교 들어가는 것으로 생각하는 사람들이 많다. 그러나 그것이 진정한 자녀교육의 성공을 보장해 주지 않는다. 사실 진정한 의미에서 자녀교육의 성공은 '천국 가서도 후회하지 않는 자녀교육이다.' 영원의 관점에서 가치 있는 삶이 되어야 한다. 이런 점에서 자녀에게 신앙의 유산을 물려주는 것은 가장 중요한 자녀교육이다. 평생에 여호와를 경외하는 자녀가 되는 것이다.

이런 점에서 성경적인 자녀교육 성공의 개념은 세속적인 성공 개념과 몇 가지 차원에서 선명하게 구별됨을 알 수 있다. 첫째, 시간에 있어서 세속적인 성공은 당장의 눈앞의 성공만을 생각하지만 성경적인 성공은 평생의 관점, 영원의 관점에서 성공하는 것이다. 둘째, 준거에 있어서 세속적인 성공은 상대적이고 비교를 통한 성공이지만 성경적인 성공은 절대적이고 그 자녀만의 독특성에 근거하고 있다. 셋째, 관점에 있어서 세속적인 성공은 사회적 판단에 근거하지만 성경적인 성공은 하나님의 판단에 근거해 있다. 넷째, 세속적인 성공은 결과만을 중시하지만 성경적인 성공은 과정이 중요하다. 다섯째, 세속적인 성공은 스펙이나 사회경제적 지위가 가장 중시되지만 성경적인 성공은 영향력이 중요하다. 여섯째, 세속적인 성공은 상향성의 욕구에 기초한 야망을 추구하지만, 성경적인 성공은 하나님의 부르심에 기초한 비전을 추구한다. 마지막 일곱째, 세속적인 성공은 나의 왕국을 건설하는 데에 관심이 있지만 성경적인 성공은 하나님 나라에 궁극적인 관심이 있다.

〈표 23〉 자녀교육 성공에 대한 성경적 이해

기준	세속적인 성공	성경적인 성공
시간	단기간	평생, 영원
준거	상대적, 비교	절대적, 독특성
관점	사람들(사회적) 판단	하나님의 판단
강조	결과	과정
가치	스펙, 지위	영향력
추구	욕구, 야망	부르심, 비전
목적	나의 왕국	하나님의 나라

1. 자녀교육의 우선순위의 거듭남

자녀교육이 거듭나기 위해서는 우선순위가 거듭나야 한다. 무엇이 먼저인지, 무엇이 나중인지의 순서가 거듭나야 한다. 신명기 6장 5절에는 '너는 마음을 다하고 뜻을 다하고 힘을 다하여 네 하나님 여호와를 사랑하라'는 말씀이 있다. 어떤 주석을 보니까 '다하고, 다하고 다하라'는 제목으로 설명을 해 놓았다.[1] 다하라는 것은 우선순위가 첫 번째임을 의미한다. 먼저 여호와를 사랑하는 것이고 먼저 신앙이다. 그렇게 하나님을 사랑하고 여호와를 경외하면 성품과 태도가 변화된다. 그렇게 되면 왜 공부하는지를 알고 스스로 공부하게 되는 것이다. 하나님은 반지성주의자가 아니다. 창조주를 아는 것과 창조세계를 아

1　The Oxford Bible Interpreter, 『옥스퍼드 원어성경대전』 13권(신명기 제1-11장) (서울: 제자원, 2011), 415.

는 것은 연결되어 있다.

하나님께서 피조물인 인간에게 여호와 경외를 요구하시는 것은 사실 인간을 위한 것이고, 인간에게 복 주시기 위한 것이다. 마태복음 6장 33절은 '먼저 그의 나라와 그의 의를 구하라'고 말씀한다. 자녀들에게 우선순위를 교육하는 것이 가장 중요한 신앙교육이다. 그중에 제일 우선순위가 있는 것은 예배이다. 필자가 어릴 때 가난했지만 주일 아침에는 꼭 소고기국을 먹었던 기억이 난다. 주일 아침마다 소고기국을 끓여주셨던 것은 7남매 자녀들이 주일예배를 사모하게 하기 위한 우리 어머님의 지혜였다. 가정에서는 가정예배가 중심이 되어야 한다. 가정예배의 우선순위가 회복되어야 한다. 가정예배가 좋은지 알면서도 가정예배를 못 드리는 이유는 우선순위가 없기 때문이다. 나의 어린 시절 제일 기억나는 아버지의 음성은 '자, 이제 우리 예배드리자'이다. 그 소리가 들리면 어떤 일을 하고 있다가도 멈추고 예배의 자리로 모이는 것이다. 가정예배의 우선순위는 자녀교육에 있어서 여호와 경외 교육의 우선순위를 의미한다.

2. 자녀교육 관점의 거듭남

자녀교육이 거듭나기 위해서는 관점의 거듭남이 필요하다. 세상의 관점으로 자녀교육을 바라보던 눈이 하나님의 관점으로 바뀌는 것이다. 자녀교육을 하나님 앞에서 판단하는 것이다. 오직 하나님의 관점으로 자녀를 바라보는 것이다. 신명기 6장 4절은 이렇게 말씀한다. '이스라엘아 들으라 우리 하나님 여호와는 오직 유일한 여호와이시니.' 자녀교육의 성공의 유일한 기준은 하나님의 판단이다. 세상의 관점도, 사람들의 관점도 아니다. 하나님이 그 자녀를 보시는 눈길로 자녀를 바라보는 것이다. 그 자녀가 진정으로 성공했는지의 기준은 하나님께서 갖고 계신다. 그 자녀만을 위한 잣대가 있다. 그것은 그 자녀를 이 땅에 보내신 하나님의 뜻이다. 하나님은 자녀 한 사람 한 사람을 향하신 놀라운 계획을 갖고 계시고 그를 향한 의지를 갖고 계신다.

자녀교육에 있어서 획일적인 잣대를 거부해야 한다. 오늘날 한국교육의 가장 심각한 문제점은 획일주의이다. 한 가지 잣대로 전체를 1등부터 꼴등까지 줄을 세운다. 세상적인 성공의 잣대는 소위 사회경제적 지위와 동일시된다. 사회적인 지위나 신분, 그리고 수입액수로 성공의 정도를 측정할 수 있다고 생각한다. 사회학에서 계층을 파악하는 설문지 작성 시에도 이 기준으로 구분한다. 귀하의 월수익은 얼마입니까? 귀하의 최종학력은 무엇입니까? 귀하의 직위는 무엇입니까? 등이다. 이것들을 기준으로 사회경제적 지위를 9단계로 구분한다. 상중하로 나누고, 다시 각각을 상중하로 나누어, 상상 상중 상하 중상 중중 중하 하상 하중 하하로 구분하는 것이다.

부모가 자녀교육에 있어서 너무 남을 의식하는 경향이 있다. 다른 사람의 기준에 매여 있으며, 체면을 중시한다. 자녀교육마저 남이 어떻게 생각하느냐로 판단한다. 이것으로부터 자유로워져야 하고 사도 바울처럼 고백할 수 있어야 한다. "너희에게나 다른 사람에게나 판단받는 것이 내게는 매우 작은 일이라. 나도 나를 판단하지 아니하노니" 고전 4:3. "다만 나를 심판하실 이는 주시니라" 고전 4:4.

3. 자녀교육의 환경의 거듭남

자녀교육이 거듭나기 위해서는 환경이 거듭나야 한다. 말씀의 환경이 되어야 한다. 자녀가 환경을 통해서도 기독교적인 영향을 받도록 해야 한다. 필자가 몇 분 교수님과 함께 최근에 쓴 책 제목이 '다음세대를 위한 기독교교육생태계'이다. 한 아이가 자라기 위해서는 마을이 필요하다는 아프리카 속담처럼 한 아이가 하나님의 사람으로 바르게 자라기 위해서는 기독교교육생태계가 필요하다. 교육은 영향력 싸움이다. 기독교적 영향력은 미미한데, 세속적 영향력은 너무 강력한 것이 오늘날의 현실이다. 자녀들이 말씀의 영향을 받도록 도와야 한다. 자녀교육을 위한 환경 가운데 가장 중요한 환경은 부모이며, 자녀에게 가장 중요한 영향력은 부모의 이미지이다. 신명기의 쉐마의 말씀에서 하나님께서 부모에게 명령하신 것은 자녀의 손목에 말씀을 매는 것이 아니다. 부모의 손목에 매고, 부모의 미간에 붙이라는 것이다, 부모의 삶이 변해야 자녀가 변한다. 결국 자녀교육은 부모 자신과의 싸움이다. 그래서 부모의 이미지를 통해 선한 영향력을 끼쳐야 한다.

4. 자녀교육을 위한 기도의 거듭남

자녀교육이 거듭났다는 가장 중요한 표징이 기도이다. 자녀교육의 중심에 예수님이 좌정하셔서 자녀교육 전체를 다스리시도록 자녀와 자녀교육을 하나님께 올려드리는 기도야말로 자녀교육이 나 중심에서부터 주님 중심으로 전환되었음을 선언하는 것이다. 자녀교육은 부모 마음대로 되지 않는다. 부모가 노력해야 하지만 노력하는 대로 열매가 맺혀지지도 않는다. 하나님께 기도하는 것은 자녀교육이 하나님의 손에 있음을 인정하고 그 분의 주권을 인정하는 것이다. 부모보다 자녀를 더 사랑하시는 분, 부모보다 자녀를 더 잘 아시는 분, 부모보다 자녀가 더 성공하기를 바라시는 분이 하나님이시라면 그 분께 자녀를 의뢰하는 부모가 가장 지혜롭고 현명한 부모이다. 그런데 무조건 자녀를 위해서 기도하는 것이 중요한 것이 아니다. 만약 자녀를 위한 나의 기도가 하나님의 주권을 인정하지 않고 내 욕망과 내 주장과 내 고집으로 가득 찬 것이 된다면 그것은 하나님이 원하시는 기도가 아닐 것이다. 기도가 거듭나야 한다. 기도가 하나님의 뜻, 하나님의 방식, 하나님의 의도에 맞추어질 때, 그래서 기도를 통해서 내 주장이 관철되는 것이 아니라 하나님의 뜻이 관철될 때 그 기도를 통해 자녀를 향하신 하나님의 축복을 경험하게 될 것이다. 완전한 부모는 아무도 없다. 약점이 있고 연약함이 있고 아픔과 상처가 있다. 그 모습 그대로 하나님께 나아가 기도할 때 하나님은 그 연약함과 고통을 통해 하나님의 강하심과 능력을 경험하게 하실 것이다.

5. 기독학부모 공동체에로의 초대

두 번째 거듭남은 한 번 일어났다고 영원히 지속되는 것이 아니다. 크리스천 부모, 기독학부모는 때로 흔들릴 수밖에 없다. 기독학무모를 유혹하고 흔드는 여섯가지 악한 영향력이 있다. 문화, 언론매체, 모임, 친척, 교육경험, 욕심이 있다. 문화는 가장 거시적인 영향력으로 유교문화권에 살고 있는 우리나라의 부모들은, 크리스천 부모들마저도 체면문화로 인해 다른 사람들의 판단에 크게 흔들리는 경향이 있다. 언론매체에는 연일 세속적인 자녀교육의 가치관이 홍수처럼 범람하고 있다. 최연소 하버드대 합격을 비롯해서 전국의 고등학교를 서울대 합격자 수로 일렬로 줄세우는 일이 이루어지기도 한다. 각종 모임, 심지어 그 모임이 교회 안의 모임이라고 하더라도 자녀교육에 관한 그 안에 팽배한 세속적 가치관으로 인해 부모들이 흔들릴 수가 있다. 때로는 기독교인의 가족, 친지들의 모임에서도 성경적 자녀교육이 존중받지 못할 때가 있다. 그리고 부모들이 학창시절 경험한 교육이 기독교교육이 아닌 세속교육이었기 때문에 세속적 교육가치관이 부모의 핏속에 흐르고 있다. 무엇보다 부모의 죄악된 본성 안에 내재해 있는 욕심이 부모를 진정한 기독학보모로 살아가지 못하도록 방해한다. 자녀를 통해서 부모의 한을 풀고 허영을 성취하려고 하는 욕망이 내재해 있는 것이다. 욕심이 잉태한즉 죄를 낳고 죄가 장성한즉 사망을 낳는다는 말씀은 정말 사실이다. 부모의 욕심이 죽음의 교육을 부르기 때문이다.

이러한 여섯 가지 유혹과 장애물을 극복하고 진정한 기독학부모로 살아가기 위해서는 부모가 하나님과 지속적으로 교제하는 개인 경건생활이 필요하고, 기독교적인 가치관으로 자녀를 교육하려는 기독학부모들이 함께 모이는 기독학부모 공동체가 필요하다. 두 번째 거듭남이 격려받고 존중받는 기독학부모 공동체가 중요하다. 출애굽은 혼자 할 수 있는 것이 아니다. 교회마다 그 안에 이런 기독학부모 모임이 필요하며, 우리나라에 그런 기독학부모 공동체가 필요하다. 지역마다 기독학부모 모임이 형성되고, 이런 지역모임이 전국적인 네트워크를 형성할 수 있다면 세속의 가치관을 역류할 수 있는 기독학부모공동체가 형성될 수 있을 것이다.

IV. 부모발달단계에 따른 기독학부모 교육과정

1. 기독학부모의 관계 구조

기독부모가 학업에서까지 성경적 관점을 확립해야 한다는 점에서 교회는 부모를 '기독학부모'로 세우는 일이 중요하다. 기독학부모는 학령기 자녀를 둔 기독부모라는 의미만이 아니라 취학 전 아이라고 할찌라도 학업에 대한 기독교적 관점 확립이 중요하기 때문에 사용하는 개념이다. 교회는 자녀가 태어나는 때부터 학교를 다니고 성인이 되기까지 기독학부모로서의 사명과 역할을 잘 감당할 수 있도록 부모를 교육할 책임이 있다.

기독학부모가 맺어야 하는 제 관계는 '기독학부모'라는 명칭이 내포하고 있는 것처럼 '기독' '학' '부모'의 영역에서 발견할 수 있다. 첫째, '기독'의 영역에서 가장 중요한 관계는 삼위일체 하나님^{성부, 성자, 성령}과의 관계이다. 기독학부모는 일반 학부모, 세속 학부모와는 본질적으로 구분된다. 기독학부모는 하나님과의 관계성 속에서 다른 모든 관계를 바라볼 수 있어야 한다. 즉, 기독학부모는 기독교적 세계관으로 자녀와 교육, 교사와 학교 등을 바라볼 수 있어야 한다. 그리고 기독학부모는 궁극적으로 하나님 나라를 지향하여야 한다. '기독'은 기독학부모의 원천이며 동시에 추구해야 할 방향이 된다. 기독학부모의 전 삶의 과정은 하나님 나라를 지향하며, 자녀교육의 영역에서 하나님의 통치를 인정하고 하나님의 다스리심을 구현하는 과정이다.

둘째, '학'의 영역에서 발견되는 중요한 관계는 교육^{학업}과의 관계이다. 기독학부모는 단순히 부모라고 일컫는 것과는 구별된다. 교육문제, 학업문제에 대한 기독교적 가치와 태도가 요청된다. 이런 점에서 기독학부모교육은 일반적인 학부모교육과도 구분되지만 기독부모교육과도 구분된다. 일반적인 관점에서 부모가 자녀를 잘 양육하면 되는 것이 아니라 자녀의 학업문제에 대해서 확고한 기독교적 관점을 확립하여야 한다. '학'의 영역에서 또한 중요한 관계로서 발견되는 것은 학교 및 교사와의 관계이다. 기독학부모는 자녀가 다니는 학교에 대해서 기독교적 관점을 지니고 이를 실천해야 하며, 특히 교사와 건강한 관계를 맺어야 하는데, 기독학부모교육은 이러한 관계를 확립하도록 돕는 과정이라고 할 수 있다.

셋째, '부모'의 영역이 포함하고 있는 중요한 관계는 부모인 '자신'과의 관계, 가장 중요한 대상인 '자녀'와의 관계, 배우자를 포함한 '가족'과의 관계, 그리고 다른 학부모와의 관계 등이 있다. 기독학부모는 자신과의 관계 속에서 기독학부모로서의 분명한 자기정체성을 확립하여야 한다. 여기에서는 자녀의 부모로서의 자기정체성만이 아닌 그 기독학부모를 향한 하나님의 소명이라는 관점에서의 자기정체성 발견도 중요한 과제로서 포함된다. '자녀'와의 관계는 자녀를 보는 관점, 자녀 이해, 자녀와의 소통, 자녀 성품 개발, 자녀 은사이해 및 발견, 자녀 신앙 양육 등 다양한 자녀와의 관계 속에서 기독학부모가 담당해야 할 역할이 포함된다. 자녀가 여러 명인 경우는 다른 자녀와의 관계도 중요하며, 특히 배우자와의 관계는 자녀교육에도 큰 영향을 미친다. 다른 학부모와의 관계는 소위 '옆집 아주머니'의 영향이 강한 한국의 교육현실 속에서 중요한 관계인데 기독교적인 관점으로 관계맺기를 하여야 하며, 기독학부모 공동체 형성을 통해 건강한 동료 기독학부모들과의 관계를 지닐 필요가 있다.

2. 기독학부모교육의 내용영역 ^{scope}

기독학부모의 관계 구조에서 파악되는 내용영역들은 8가지로 요약될 수 있다. 하나님, 자신, 자녀, 교육^{학업}, 가족^{배우자}, 학교^{교사}, 다른 학부모, 하나님 나라 등이다. 이 관계의 제 측면들이 기독학부모교육 과정의 내용을 구성하는데 하나님: 기독학부모의 영성/경건, 자신: 기독학부모의 정체성, 자녀: 기독학부모의 자녀관계^{이해, 신앙, 소통, 성품, 훈육}, 교육^{학업}: 기독학부모의 교육관^{학업관}, 배우자: 기독학부모의 부부관계, 학교^{교사}: 기독학부모의 학교참여, 다른 학부모: 기독학부모의 공동체, 하나님 나라: 기독학부모운동^{교육에서의 하나님 나라} 으로 정리할 수 있다.

1) 하나님: 기독학부모의 영성/경건

기독학부모의 가장 중요한 관계는 하나님과의 관계로서 모든 관계의 원천이 된다. 기독학부모는 하나님과의 관계를 통해 다른 모든 관계를 바라보며 실천하여야 하기 때문이다. 기독학부모교육에 있어서 기독학부모로 하여금 하나님과의 깊은 관계를 통해서 하나님과 교제하며 하나님의 뜻을 더 깊이 깨달아 가도록 돕는 가장 중요한 요소가 될 것이다. 물론 기독학부모의 신앙 성숙의 모든 과정을 기독학부모교육이 담당할 수는 없을 것이다. 목회의 전 과정이 기독학부모의 기본적인 신앙 성숙을 위한 것이 될 수 있기 때문이다. 그런데 부모는 자녀를 맡은 청지기로서 자녀의 진정한 소유권자인 하나님의 뜻을 알아가는 것은 가장 중요한 기독학부모됨의 원천이고, 자녀를 양육할 수 있는 힘도 하나님과의 관계로부터 나올 수 있기 때문에 기독학부모교육에서 하나님과의 관계 영역인 영성과 경건은 지속적으로 확인되어야 할 것이다. 또한 자녀를 향한 하나님의 뜻이 계시되어 있는 성경말씀에 대한 깨달음은 자녀양육의 방향과 내용에 대한 분명한 지침이 되기 때문에 말씀을 묵상하고 깨닫고 이를 체화하는 과정은 기독학부모교육의 필수과정이라고 할 수 있을 것이다.

2) 자신: 기독학부모의 정체성

기독학부모가 자신이 누구인지에 대한 분명한 정체성을 갖는 것은 모든 기독학부모로서의 역할과 사명의 기초가 된다. 기독학부모는 구원받은 하나님의 자녀로서 하나님의 은혜로 자녀를 선물로 받고 그 자녀를 하나님의 뜻대로 양육해야 할 사명을 지닌 청지기로서 자신을 인식하여야 할 것이다. 기독학부모는 기독교인이 아닌 일반 학부모와는 그 정체성이 다르며, 기독교인이지만 학부모가 아닌 사람과도 그 정체성이 다르다. 또한 기독교인이면서 학부모이기도 한 사람이 아니라 '기독'이 '학부모' 속에 스며들어가고 진정한 통합을 이룬 기독학부모의 정체성을 지녀야 할 것이다. 대부분의 부모들이 부모교육을 받고 부모가 된 것이 아니라 결혼을 하고 가정을 이루고 자녀를 낳음으로 부모가 되어버리는 경향이 있다. 교회 다니는 부모들도 기독부모로서의 정체성을 지니도록 교육을 받지 않은 채 부모가 되고 다른 일반적인 부모들과의 어울림 속에서 세속적인 자녀교육 가치관의 영향을 받게 된다. 자신이 기독학부모임을 깨닫고 학업을 포함한 자녀의 모든 영역과 요소들을 기독교적으로 바라볼 수 있고 대할 수 있도록 기독학부모의 정체성을 확고히 하는 것은 기독학부모교육과정의 핵심이라고 할 수 있다.

3) 자녀: 기독학부모의 자녀관계 이해, 신앙, 소통, 성품, 훈육

기독학부모는 자녀교육의 주체로서 자녀교육의 사명을 감당하여야 한다. 자녀의 교육을 위해 학교교사, 교회학교 교사, 학원강사 등 다양한 교육자의 가르침이 있겠지만 자녀교육의 궁극적 주체는 부모임을 깨닫고 전체 교육이 자녀에게 건강한 교육, 기독교적 교육이 되도록 해야 할 책임이 부모에게 있는 것이다. 기독학부모는 자녀를 교육하기 위해서 먼저 자녀를 올바르게 이해하고 건강한 관계를 맺어야 한다. 기독학부모교육은 기독학부모로 하여금 자녀에 대한 심리적 이해만이 아니라 문화적으로 이해하도록 도와야 하는데, 자녀의 연령에 따른 신체운동적, 지적, 정서적, 사회적, 문화적, 영적 특징을 이해하고 그에 맞는 양육을 실천하여야 할 것이다. 자녀가 기독교 신앙을 계승하고 성숙한 신앙을 갖도록 도와주는 것은 기독학부모의 중요한 역할이다. 예수 그리스도를 믿는 복음화와 그리스도의 제자로 성숙해가는 제자화가 모두 포함된다. 자녀들과의 원만한 의사소통과 감정의 공감, 그리고 내면의 깊은 대화를 나눌 수 있는 것은 기독학부모의 중요한 과제이다. 또한 자녀가 하나님의 성품을 지니도록 도우며 하나님의 권위에 순종함으로 자신을 절제할 수 있는 능력을 기르는 기독교적 자녀 훈육도 기독학부모교육과정에서 빼놓을 수 없는 요소라고 할 수 있을 것이다.

4) 교육^{학업}: 기독학부모의 교육관^{학업관}

기독학부모라는 개념을 사용하는 것은 일반적인 기독부모 또는 크리스챤 부모와 구별하기 위한 것으로서 자녀의 학업과 교육에 대한 부모의 관점 확립과 실천을 중시하는 시도이다. 기독학부모는 기독교적 관점으로 자녀의 학업과 교육을 바라볼 수 있어야 하고, 이에 근거한 양육이 이루어지도록 해야 한다. 한국은 유교문화권으로서 중국, 일본과 함께 학문을 숭상하고 학업을 중시하는 경향이 있다. 더욱이 명문대학을 선호함으로 인한 입시경쟁이 치열하고 입시위주의 교육이 자라나는 세대의 전 과정에 영향을 미치기 때문에 부모가 이에 대한 기독교적 관점을 확립할 수 있도록 돕는 것은 기독학부모교육과정의 필수적인 요소라고 할 수 있다. 앞에서 기술된 한국 교회학교 위기진단 연구 결과에서도 볼 수 있듯이 교회학교 침체의 제1원인이 부모의 세속적 교육관인데 이는 기독교적 학업관이 얼마나 중요한 기독학부모교육의 주제인지를 잘 드러내 준다. 기독교^{대안}학교의 경우에도 부모의 학업관이 기독교적으로 정립되지 않으면 결국 기독교학교교육마저도 입시위주의 교육으로 전락하게 되는 것이다.

5) 배우자: 기독학부모의 부부관계

기독학부모의 가정이 화목하고 가족 구성원 간의 관계가 원만한 것은 자녀교육에서 매우 중요한 배경요인이 된다. 특히 기독학부모가 배우자와 사랑의 관계를 지속하고 자녀교육에 대해서 깊은 대화를 나누며, 기독교적 자녀교육관을 공유하는 것은 일관성 있는 자녀교육에 있어서 필수적이라고 할 수 있다. 물론 기독학부모교육이 기독교적 부부관계의 모든 것을 교육할 필요는 없고 그것에 초점을 맞추기에는 자녀교육과 관련된 너무나 많은 이슈들이 존재한다. 그러나 부모와 자녀 관계만이 아니라 부부 관계가 자녀교육에 있어서 끼치는 영향이 심대하기 때문에 기독학부모가 건강한 부부관계를 갖는 것이 중요하며, 더욱이 부모가 존재하는 경우^{한 부모의 경우는 다르겠지만} 아빠 또는 엄마 어는 한 사람만의 자녀 양육이 아니라 부모 모두의 자녀양육이 되어야 하기 때문이다. 이런 점에서 기독학부모가 배우자와 함께 자녀교육에 대해 소통하며 서로가 존중하는 관계를 통해 보다 성숙한 공동의 자녀교육을 담당하여야 할 것이다.

6) 학교^{교사}: 기독학부모의 학교참여

기독학부모는 가족 구성원 외에 학교의 교사와 관계를 맺고 상호 협력함으로써 자녀를 교육하여야 할 책임이 있다. 이는 기본적으로 부모가 교육의 주체인데, 자녀교육의 상당 부분을 학교의 교사에게 위탁하였다고 보고, 그 위탁교육이 제대로 이루어지는지에 대해 관심을 갖고 바람직한 자녀교육이 이루어지도록 도와야하기 때문이다. 이런 점에서는 부모와 교사는 자녀교육을 위한 동역자이며 동역 교육자라는 인식을 지녀야 한다. 이는 교회학교 교사와의 관계에도 동일하게 적용되는데, 자녀의 신앙교육을 위해 부모는 교회학교 교사와 협력하여 교회학교에서의 배움이 가정으로 연결되어 신앙인격으로 형성^{formation}될 수 있도록 해야할 책임이 부모에게 있는 것이다. 기독학부모의 학교와의 관계는 교사와의 협력 외에도 학교 운영과 활동에 참여하여 학교에 도움을 주는 것, 학교가 기독교적 또는 건강한 건학이념을 구현하도록 지지하는 것, 학교가 민주적이고 재정적으로도 건실하게 운영될 수 있도록 돕는 역할을 지혜롭게 담당해야 하며, 기독학부모교육은 부모들이 이러한 기독학부모의 역할을 잘 수행할 수 있도록 도와야 할 것이다.

7) 다른 학부모: 기독학부모의 공동체

기독학부모가 가장 쉽게 영향받을 수 있는 대상이 동료 학부모들이다. 기독학부모는 다른 학부모와의 관계에서 두 가지 중요한 과제를 지니고 있다. 하나는 비기독교적인 세속적인 가치관을 지닌 학부모들의 가치관과 문화를 비판적으로 바라볼 수 있는 시각을 지니고 그러한 영향력을 극복할 수 있는 용기와 전망을 가져야 하는 과제이고, 다른 하나는 기독교적인 가치관을 지닌 학부모들을 서로 격려하고 연대하여 기독학부모 공동체를 형성하는 일이다. 소위 '옆집 아주머니'들에 의해서 욕망과 경쟁이 부추겨지고 왜곡된 교육 가치관이 팽배하게 되며 이로 인해 과도한 사교육 시장에 자녀를 내모는 파행적인 교육이 반복되고 있는 우리나라의 교육현실 속에서 기독학부모가 올바른 길을 가야할 책임이 있는 것이다. 기독학부모가 기독교적인 자녀교육을 하는 것은 혼자의 힘으로 되는 것이 아니다. 공통의 가치관을 지닌 기독학부모들이 공동체를 형성하여 공동의 대처를 하여야 한다. 기독학부모교육의 과정이 이러한 기독학부모 공동체가 형성되는 과정이 되어야 하고, 기독학부모 교육이 이러한 나눔과 세움이 있는 공동체적 과정이 되어야 할 것이다.

8) 하나님 나라: 기독학부모운동 교육에서의 하나님 나라

기독학부모는 세상과의 관계에서 하나님 나라를 추구하여야 한다. 하나님의 다스리심이 자녀의 삶과 교육, 가정, 학교만이 아니라 이 땅 교육에서도 이루어지도록 해야 한다. 하나님을 떠난 교육은 돈과 권력과 욕망에 의해서 지배당하게 되고, 생명을 살리는 교육이 아니라 오히려 학생들을 죽음으로 몰아가는 교육이 되고 만다. 입시위주의 왜곡된 교육, '월화수목금금금'의 사교육 팽창, 성적에 대한 부담으로 인한 청소년 자살 등은 오늘날의 교육이 죽음의 교육임을 보여주고 있다. 기독학부모는 이러한 왜곡된 교육의 영역에 하나님의 통치를 회복함으로 교육의 본질을 회복해야 할 사명이 있다. 기독학부모는 자신의 자녀만을 위한 '가족이기주의'적인 자녀교육의 한계를 벗어나 기독학부모의 공적 사명을 담당하여야 한다. 기독학부모가 속해 있는 지역사회에서부터 이런 변화가 시작되어 전국적인 기독학부모운동으로 확산되고 자녀들을 둘러싼 생태계 전체가 건강한 기독교교육 생태계가 되도록 해야 한다. 기독학부모교육은 기독학부모 한 사람 한 사람을 교육의 영역에서 하나님 나라를 이루어가는 하나님의 일꾼으로 세워야 하고 공동체적으로 기독학부모운동을 감당할 수 있는 역량을 신장시켜야 한다.

3. 발달단계에 따른 기독학부모 교육과정의 구성

기독학부모교육의 내용영역들은 기독학부모의 발달단계에 따라 지속적으로 교육되어야 할 범주들로서 단회적으로 교육하고 끝나는 것이 아니라 나선형 교육과정으로 부모발달단계가 높아질수록 더 심화되어야 한다. 앞에서 소개한 갈린스키의 부모발달단계에 따라 교육 내용에 포함해야 할 범주를 도표로 나타내면 〈표 24〉와 같다.

〈표 24〉 부모발달단계에 따른 기독학부모 교육과정

	기독학부모의 영성	기독학부모의 정체성	자녀와의 관계					기독교적 학업관	기독교적 부부관계	학교참여, 교사관계	기독학부모 공동체	기독학부모 운동
			이해	신앙	소통	성품	훈육					
이미지 형성기	○	○	○	○	○	○	○	○	○	○	○	○
애착기	○	○	○	○	○	○	○	○	○	○	○	○
권위기	○	○	○	○	○	○	○	○	○	○	○	○
해석기	○	○	○	○	○	○	○	○	○	○	○	○
상호 의존기	○	○	○	○	○	○	○	○	○	○	○	○
파송기	○	○	○	○	○	○	○	○	○	○	○	○

기독학부모가 임산부 시기에는 하나님과의 관계 속에서 부모됨을 준비해가며 자녀를 하나님이 주신 선물로 받고 건강한 기독학부모의 이미지를 형성해가야 한다. 부모가 자녀의 소유권자가 아니라 청지기 임을 깨닫고 자녀로 하여금 하나님을 닮고 하나님의 원리와 방식대로 성장해갈 수 있도록 '하나님과의 관계' 속에서 자녀를 바라볼 수 있도록 돕는다. 이 시기에는 성경적인 부모상, 성경적인 자녀상을 확립하는 기독학부모의 정체성을 공고히 한다. 그리고 자녀에 대한 기본적인 이해를 통해 자녀 성장 과정을 준비할 수 있도록 하며, 부모가 태중의 자녀와 인격적인 관계 속에서 소통하며, 부모가 자녀와 함께 가정예배를 시작하도록 돕는다. 이 시기에는 부부가 서로 사랑의 관계 속에서

향후 자녀를 어떻게 양육할 것인지에 대해 깊은 대화를 나눌 수 있도록 도와야 하며 부부가 자녀일기를 함께 써갈 수 있도록 격려한다. 그리고 이 시기부터 기독학부모 공동체에 참여하고 특히 같은 임산부들이 서로 교제하며 자녀와 자녀양육에 대한 나눔을 갖도록 돕는다.

부모발달의 단계마다 기독학부모교육의 내용영역은 반복되면서도 심화되는 성격을 지니는데, 각 내용의 영역에 있어서 가장 강조해야 할 발달단계의 시기가 있다. 기독학부모의 영성은 이미지 형성단계인 임산부 시기에 기초가 형성되어야 하는데, 남편과 아내의 관계만이 아니라 자녀와 함께 하나님과의 인격적인 관계를 맺어야 하고 가정예배를 비롯하여 가정이 신앙공동체가 되도록 해야 한다. 기독학부모의 정체성은 자녀를 출산하여 자녀에 대한 사랑을 쏟아부어야 하는 애착단계에 강조되어야 하는데 이 시기 이후부터는 학업과 관련된 활동이 시작되기도 하기 때문에 기독학부모로서의 정체성을 이때부터 확고히 하여야 한다. 기독학부모교육에 있어서 자녀이해가 가장 강조되어야 하는 시기는 자녀가 2-5세인 권위기로서 해당하는 시기의 자녀의 특징만이 아니라 저녀발달에 대한 전체적인 이해를 할 수 있도록 도와야 한다. 이 시기야말로 부모가 자녀와 직접 소통하면서 자녀에게 가장 중요한 영향력을 발휘할 수 있는 시기로서 자녀의 성품 형성에 대한 관심과 특히 자녀에 대한 훈육이 분명하고도 지속적으로 실천될 수 있도록 교육하여야 한다.

자녀의 신앙에 대해서는 자녀가 태중에 있을 때부터 시작하여야 하지만 부모발달단계에 있어서 해석기에 부모의 역할이 가장 중요한데 자녀와 신앙적인 대화를 나누면서 자녀가 인격적으로 하나님을 만나고 교제를 나눌 수 있도록 도우며, 신앙의 좋은 습관들을 지니도록 도와야 한다. 기독교적 학업관이 확고하게 확립되어야 하는 때는 자녀가 초등학교에 들어가기 전후이다. 자녀의 학업이 본격적으로 시작되는 초등학교 입학 직전에 신앙적인 자녀 학업관에 대한 별도의 기독학부모교육이 실시되어야 한다. 신앙-성품-학업이 연결되어 있음을 인식하고 학업에 종속당하는 자녀교육이 아니라 '신앙적 학업관'을 갖도록 도와야 한다. 이 시기는 학교참여와 교사와의 관계 영역도 가장 강조되어야 하는 시기이다. 자녀가 어떤 학교에 다녀야 할 것인지를 선택하는 것부터 그 학교에 부모가 참여하고 자녀교육에 대한 동역자 의식을 갖는 것은 중요하다. 특히 학교의 선생님과의 지속적이고 심도있는 만남을 통해 '학교에 보내는 부모'가 아니라 '학교와 협력하는 부모'로서의 관계를 정립한다. 기독학부모공동체가 강하게 결속되고 가장 활발하게 그 활동이 이루어져야 하는 것도 이 시기의 과제이다. 그 기독학부모공동체를 통해 부모들이 자녀교육에 대해 정기적으로 서로 나눌 수 있는 시간과 공간이 마련되어야 한다.

기독학부모교육에 있어서 자녀의사소통이 가장 중요하게 강조되어야 할 시기는 자녀가 청소년시기에 해당하는 상호의존의 단계이다. 이 시기가 시작되기 전에 기독학부모는 자녀를 존중하며 대화하며 자녀의 눈높이에서 소통하는 방식을 익혀야 한다. 특히 자녀와 반영적 경청과 '나 메시지'로 소통하는 등 사춘기를 맞이하는 자녀와 대화의 문이 막히지 않고 소통을 통해 인격적 관계를 심화시키고 내면의 대화들을 나눌 수 있어야 한다. 기독학부모교육에 있어서 내 자녀의 교육만이 아니라 이 땅의 교육을 변혁시키는 기독학부모운동의 비전을 나누고 이 운동에 적극 참여할 수 있도록 교육하는 것이 가장 강조되어야 하는 시기도 바로 이 시기이다. 왜냐하면 이 시기는 교육의 문제에 대해 가장 진지하고 심각하게 생각하게 되는 시기이며 이미 기독학부모공동체의 경험을 통해 대안적 교육에 대한 소망을 갖기 시작하였기 때문이다. 물론 기독학부모운동은 자녀가 학령기에 있을 때로 국한되는 것은 아니다. 청년기에 해당하는 파송기와 그 이후에도 기독학부모운동에 지속적으로 참여하여 후배 기독학부모들을 세우고 이 땅의 교육의 변혁을 위해 공헌할 수 있도록 도와야 한다.

1. '두번째 거듭남'이 무엇을 의미하는지 자신의 말로 설명해 보자.

2. 부모가 자녀교육의 주체라는 사실이 목회^{자녀교육}에 어떤 변화를 요청하는지를 말해 보자.

3. 성경적인 자녀교육의 성공과 세속적인 자녀교육의 성공의 차이를 말해 보자.

4. 기독학부모의 의미를 일반적인 부모와 비교하여 설명해 보자.

5. 부모발달 6단계에 있어서 각각 가장 중요한 기독학부모교육의 주제는 무엇이라고 생각하는지 말해 보자.

제 7 장

유바디 교육목회의 실제

Ⅰ. 유바디 교육목회 개관: 교구와 교회학교 연계

1. 유바디 교육목회의 주 대상: 부모

유바디 목회의 주 대상은 자녀를 둔 부모들이다. 이들을 특별한 교구로 편성하는 것이다. 이것은 다음세대 지향적인 목회를 위한 중요한 변화인데, 부모들을 건강히 세워서 그들이 자녀를 믿음으로 양육할 수 있도록 하는 것을 목회의 주안점으로 삼는 것이다. 물론 여기에서 '부모'라 함은 아빠, 엄마가 모두 있는 스테레오 타입의 가정의 부모만을 의미하는 것은 아니다. 자녀를 둔 홀어머니가 있을 수 있고, 자녀를 양육하는 홀아버지일 수도 있다. 그러나 분명한 것은 자녀의 부모라고 하는 점이다. D6에서도 다양한 부모의 형태를 대상으로 포함하고 있음을 강조하는데, 전통가정, 인척 가정, 홀 가정, 입양가정 등을 들고 있다[D6, 36-37]. 즉, 우리가 자주 인용하는 구약의 아브라함, 이삭, 그리고 야곱에게서 볼 수 있듯이 아버지, 아들, 손주로 이어지는 전통적인 가정이 있다. 동시에 모르드개가 그의 조카딸 에스더를 가르쳤던 것처럼 인척가정이 있고, 또는 외조모 로이스와 어머니 유니게, 그리고 디모데로 이어지는 양부모가 아닌 한부모 가정이 있다. 물론 자녀를 입양한 가정의 부모도 포함된다. 그리고 필요한 경우, 손주들에 대해 양육의 책임을 지고 있는 조부모들을 넓은 의미의 부모에 포함시켜 이들을 위한 특별한 교육을 계획할 수 있다.

　　그러나 일단은 자녀에게 초점이 있기 때문에 자녀가 없는 부부, 결혼하지 않은 싱글 남, 여, 독신으로 사는 남성 또는 여성은 부모의 범주에 포함되지 않는다. 이들에 대한 목회적 관심을 갖고 특별한 조직이나 프로그램을 마련하여야 하지만 유바디 목회는 일차적으로 부모에게 집중하여 자녀를 믿음으로 양육하는 데 있기 때문에 여기에서는 직접적으로 다루지 않는다. 부모와 동년배의 여성 또는 남성을 같은 교구로 하지 않는 것에 대해 '차별'이라고 생각할 수도 있다. 그러나 유바디 목회는 자녀 교육에 초점을 맞춘 목회이기 때문에 자녀를 둔 부모에게 일차적으로 집중하는 것이다. 일반적으로 선교 1세기가 지난 교회는 여전히 전도와 선교가 중요하지만 이미 신앙을 지닌 기독교가정의 자녀가 신앙의 대를 잇는 것이 가장 중요한 과제이다. 이것이 선교 1세기가 지난 지역에는 선교학교인 미션스쿨^{Mission School}만이 아닌 기독교가정의 자녀를 양육하는 기독교학교^{Christian School}가 필요한 이유이기도 하다. 기독교인 부모가 자녀를 기독교인으로 키우는 것이 없이는 다음세대 복음화는 점점 멀어질 수밖에 없다. 오늘날 소위 스테레오 타입의 전통적인 가정 외에 다양한 가정이 출현하는 것이 사실이지만 그것 때문에 부모가 자녀를 신앙적으로 양육하는 성경적인 자녀교육의 사명을 게을리해서는 안 된다. 부모가 가정에서 자녀를 신앙적으로 양육하는 것을 교회의 다음세대 목회의 기본 모델로 설정할 때 그 자체가 주는 교육적 메시지가 있는데, 바로 성경적인 결혼관, 가정관, 자녀교육관이 중요함을 교인들이 인식하게 되는 것이다.

2. 부모발달단계에 따른 교구역 편성

부모가 다음세대 신앙교육에 있어서 가장 중요한 존재임은 앞에서 충분히 설명하였다. 그런데 그 부모도 발달한다는 것을 이해하는 것이 중요하다. 부모의 발달단계는 부모의 나이에 따른 것이 아니다. 부모발달단계는 자녀의 연령이 어떠한가에 달려있다. 예컨대 초등학교 1학년 자녀의 엄마는 그녀가 나이가 30이든지, 40이든지 관계없이 초등학교 1학년 엄마라는 것이다. 이들의 관심은 자녀에게 있기 때문에 그 아이의 년령과 학년에 따른 고민을 하게 되고 관심을 갖게 되며, 모든 대화의 내용도 그 아이에게 맞추어져 있기 때문이다. 그런 점에서 부모의 발달단계로 나눌 때 자녀교육에 초점을 맞출 수가 있고, 자녀교육의 주체로서 부모를 세우기가 용이하고 효과적이다.

부모가 발달한다는 것은 자녀의 연령이 증가하고 학년이 올라감에 따라 부모의 관심도 변하고 부모가 알고 준비하고 대처해야 하는 내용도 달라지기 때문에 부모교육은 부모발달단계에 따라서 이루어지는 것이 바람직하다. 부모가 자녀와 자녀교육에 관해서 알아야 할 내용도 부모발달단계에 따라 달라지기 때문에 비슷한 관심과 과제를 지닌 부모들끼리 묶어서 그룹을 형성하는 것이 부모교육에 있어서는 중요하다. 이런 점에서 교회는 부모발달단계에 따른 교육과정을 작성하고 이를 통해 건강한 크리스천 부모를 세움으로 그들이 가정에서 자녀를 올바르게 신앙으로 교육할 수 있도록 돕는 것이 가장 중요한 목회적 과제가 되는 것이다. 부모발달단계에 맞추어 교육과정을 준비하고 부모교육을 하는 것은 사실상 그 자녀들의 발달에 맞게 교육을 준비하는 것이기 때문에 가장 효과적인 자녀교육이 이루어질 수 있는 통로가 된다.

부모는 계속해서 발달하지만 유바디 교육목회는 특히 태어나면서부터 고등학교 3학년까지의 자녀를 둔 부모에게 초점을 맞출 것을 제안한다. 자녀가 대학생이거나 청년기를 보낼 때에도 부모가 자녀 신앙교육의 주체로서 사명을 감당해야 하겠지만 그때에는 자녀가 이미 성인이 된 상태이기 때문에 부모의 역할과 책임은 그만큼 줄어들게 된다. 자녀가 결혼한 후에도 부모로서의 역할이 사라지는 것은 아니지만 그때에는 오히려 지나친 관심이나 간섭이 자녀가 부모로부터 독립하는 것을 방해할 수 있다. 이런 이유들로 인해서 부모발달단계에 따른 부모교육을 계획하되 자녀가 태어나서부터 고등학교를 졸업할 때까지의 기간으로 하고, 그 기간을 크게 0-6세의 영유아기, 초등학교 학생인 아동기, 중고등학생인 청소년기의 세 부분으로 나누어 부모들을 그룹화하는 방법이 가장 바람직하다. 즉, 교회가 부모들을 세 교구로 편성한다면 한 교구는 영유아기 자녀를 둔 부모그룹, 한 교구는 아동기 자녀를 둔 부모그룹, 그리고 나머지 한 교구는 청소년기 자녀를 둔 부모그룹으로 분류하는 것이다.

물론 그 그룹 안에서도 좀 더 세분화할 수 있다면 비슷한 연령이나 학년의 자녀를 둔 부모들끼리 모일 수 있도록 할 때 보다 구체적인 자녀교육에 관한 대화가 가능할 수 있고, 초점이 맞추어진 부모교육이 가능할 수 있다. 예를 들어 갓난아이를 둔 부모와 유치원에 다니는 자녀를 둔 부모는 관심의 주제가 다를 수밖에 없다. 이것은 중학교 1학년 자녀를 둔 부모와 고등학교 3학년 자녀를 둔 부모가 관심의 주제가 다른 것과 마찬가지이다. 부모발달단계를 구분하는 기준이 되는 자녀는 첫째 아이이다. 왜냐하면 첫 아이를 경험하면 그다음 자녀는 어떻게 가르치고 어떻게 통제해야 할지 어느 정도 알게 되기 때문이다.

3. 부모 소그룹 형성

부모 신앙교육을 포함해 모든 신앙교육은 소그룹 형태가 바람직하다. 부모교육을 위해서 때로 강의식 교육도 필요하지만 이는 지식이나 정보를 전달하기 위한 것이며 부모의 삶을 변화시키거나 신앙적 차원의 변화를 일으키기 위해서는 삶의 나눔이 가능한 관계구조가 요청된다. 이는 '나와 너'$^{I-Thou}$의 2인칭 관계를 의미하는데, '나와 그것'$^{I-It}$의 관계인 3인칭 만남으로는 삶의 내면을 변화시키는 것이 가능하지 않다. 특히 신앙적인 변화를 추구한다면 2인칭의 만남은 필수적이다. 왜냐하면 신앙은 마음의 변화인데, 마음의 변화는 인격적인 관계를 통해서만 가능하기 때문이다. 라틴어로 신앙이라는 단어의 어원은 credo이다. 이 단어는 중심 또는 마음이라는 뜻을 지닌 cor 라는 단어와 두다 또는 드리다라는 뜻을 지닌 do 라는 단어의 합성어이다. 즉, 신앙은 '마음을 드립니다'의 뜻을 지니고 있고, 기독교 신앙은 '하나님께 마음을 드린다'는 것을 의미한다. 신앙의 자리^{locus}는 마음이다. 그렇기 때문에 마음의 터치가 없이는 신앙적인 변화를 기대하기 힘들다. 마음의 터치가 일어나기 위해서 필수적인 것이 인격적인 관계이다. 그래서 소그룹은 단지 교육적 효과를 위해서 하면 좋고 안 해도 그만인 구조가 아니라 신앙적인 변화를 위해서는 필수적인 구조이다. 예수님도 수많은 무리들이 있었지만 열두 제자를 선택하신 것은 바로 소그룹을 통한 인격적인 관계 속에서 마음의 변화, 신앙적인 변화를 추구하셨기 때문이다.

부모들을 자녀 연령에 따라 소그룹으로 나누는 것은 단지 부모교육에 관한 지식을 전달하는 것이 아니라 그들과 그들 자녀들의 삶을 변화시키려는 진지한 뜻을 지닌 것이다. 부모 소그룹의 성공은 많은 지식을 전했느냐에 달려있는 것이 아니라 얼마나 그들 서로 간에 내면적인 나눔을 통해 신앙적인 변화, 삶의 변화가 일어나느냐에 달려 있다. 어떤 점에서는 부모 소그룹의 관계의 깊이만큼 부모들의 삶의 변화, 그리고 자녀들의 삶의 변화가 일어난다고 말할 수 있다. 교육의 깊이는 관계의 깊이에 비례하는 것이다. 만남에도 깊이가 있다. 양파를 생각해 보라. 껍질이 있지만, 그것을 벗겨도 그 속에 겹겹이 양파가 있다. 인간의 만남도 양파와 같이 껍질의 만남이 있고, 그 보다 내면적인 만남이 있고, 중심적인 만남이 있다. 어떤 관계로 만나느냐가 중요하다. 처음 만나는 사람과도 나눌 수 있는 대화가 있다. '날씨가 너무 춥죠?', '미세먼지가 너무 심하죠?' 이런 말은 엘리베이터에서 처음 만나는 사람과도 나눌 수 있는 대화이다. 그러나 '문재인 정부의 교육정책을 어떻게 생각하세요?'라는 질문을 나눌 수 있는 관계가 있다. 더욱이 자신의 깊은 고민은 아무나와 나눌 수 있는 것은 아니다. 예컨대 '나 이혼해야 될지 몰라요'와 같은 말은 인격적인 관계를 맺고 있고, 내면을 나눌 수 있는 사람과만 나눌 수 있는 대화이다. 부모들의 자녀교육에 대한 가치관을 변화시키고 태도를 변화시키고 신앙을 변화시키는 살아있는 부모교육이 되기를 원한다면 인격적인 관계가 가능한 부모 소그룹은 필수적이라고 할 수 있다.

부모 소그룹은 나눔의 공동체로서 서로 간의 인격적인 관계 속에서 자신의 삶과 자녀교육의 현실을 진솔하게 나누는 것이 중요하다. 부모 소그룹의 리더는 이런 점에서 강의를 하는 강사 lecturer 나 지식을 전달하는 교사^{teacher}가 아니라 나눔을 진행하는 사회자 또는 대화의 촉진자의 역할을 담당한다. 부모 소그룹의 리더는 같은 자녀 연령대의 자녀를 둔 부모 중 한 사람으로서 교회를 일정 기간 다닌 세례교인, 다른 사람을 섬기고 돌아볼 수 있는 마음을 지닌 사람이면 누구든 할 수 있다. 리더들은 부모 소그룹에서 부모들에 의해 선발될 수도 있지만, 담임목사가 교구의 상황을 잘 아는 부교역자 또는 교구장과의 상의를 참조해서 임명하는 것이 바람직할 것이다. 부모 소그룹 리더는 부모리더교육을 받아야 하며, 그 교육을 수료한 자를 정식으로 임명하는 것이 바람직하다.

4. 교구와 교회학교 연계

유바디 교육목회의 중요한 특징 중의 하나가 유니게와 바울이 함께 디모데를 양육한 것처럼 교구와 교회학교와 협력하여 다음세대 신앙교육을 도모하는 것이다. 우선 한 교회 안에서 교구와 교회학교가 어떤 연계성을 지니는지를 그림으로 나타내면 〈그림 11〉과 같다.

교구의 교구목사는 부모들을 알고 있고, 교회학교의 교육담당교역자는 학생들을 알고 있다. 이 두 집단은 다음세대 신앙교육의 두 축으로서 서로에게 도움을 줄 수 있는 공통의 교육적 과제를 지닌 그룹이다. 어떤 의미에서는 교구 안에 교회학교가 있다고 생각할 수도 있고, 교회학교의 해당 교육부서의 부모모임의 성격을 교구가 지니고 있기도 하다. 이 두 그룹은 서로 긴밀하게 연계하여 다음세대 신앙교육의 사명을 감당해야 한다. 이를 위해서는 크게 네 종류의 만남이 긴밀하게 이루어져야 한다.

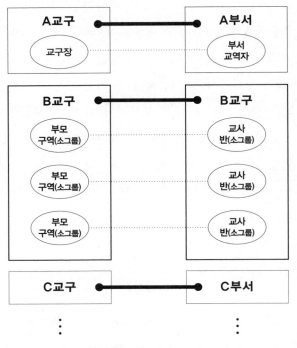

<그림 11> 교구와 교회학교의 관계 구조

1) 교구목사와 교육교역자 모임

교구목사와 교육담당교역자는 다음세대 신앙교육의 주역으로서
긴밀한 협력관계가 요청된다. 우선 규모가 있는 교회의 경우는 전체
교구목사와 전체 교육담당교역자 간의 모임이 정례화되어야 할 것이
다. 이 모임은 담임목사가 주재하되 교회의 다음세대 교육의 전체적인
방향과 교회 전세대 예배를 비롯해 전 교회적인 다음세대 목회의 청
사진을 그리고 행사를 기획하는 모임으로서 분기별로 1회 정도 모여

서 의논하고, 연 1회나 2회는 1박2일 또는 2박3일로 다음세대 신앙교육을 위한 전 교역자 컨퍼런스를 갖는 것이 바람직할 것이다. 여기에서 한해 또는 한 학기의 사역을 평가하고 다음 해 또는 다음 학기의 사역을 계획하여 전체 그림을 갖고 서로가 사역할 수 있도록 도와야 할 것이다. 그리고 해당 교구목사와 해당 교육부서의 교육담당교역자의 만남이 필요하다. 이를 위해서는 영유아기, 아동기, 청소년기에 해당하는 교육부서가 여러 부서일 경우는 먼저 대표 교역자를 선정하여야 할 것이다. 그래서 교구장 목사와 교육부서 대표 교역자가 긴밀하게 협력하되, 해당 연령 부서의 교역자들이 월 1회는 함께 모여 다음세대 신앙교육에 대한 의논을 나누고 협력하여야 할 것이다.

2) 부모와 교사 모임: 구역 교사초청 모임, 교육부서 부모 초청모임

앞에서 설명한 관계가 교구 교역자와 교육부 교역자 간의 협력을 위한 것이라면, 여기에서는 교구에 속해 있는 부모와 교육부서에 속해 있는 교사 간의 협력을 위한 것이다. 교구에 속해 있는 부모의 모든 자녀가 해당 교회학교에 나오는 것은 아니고, 교회학교의 모든 자녀의 부모가 교구에 속해 있는 것은 아니지만 그래도 상당히 많은 자녀를 공통으로 양육하고 있는 부모와 교사라는 점에서 서로 대화하고 협력할 필요가 있다. 교구의 부모 전체와 교회학교의 교사 전체가 같이 만나서 친교와 교제도 나누면서 좋은 다음세대 신앙교육 관련 강의도 듣는 시간을 갖는 것이 필요하고, 특히 자녀의 부모와 교사가 함께 만나 그 자녀/학생의 신앙생활과 고민, 진로에 대해서 대화하는 것이 중요하다. 대규모 모임이 아닐지라도 교구 안의 구역에서 해당 자녀의 교사를 초청하는 방식으로 모임을 개최할 수도 있고, 반대로 교육부서에 해당 부서 학생들의 부모를 초청하는 방식으로 모일 수 있다. 최소한 분기별로 1회씩은 모임을 갖고 서로 소통하는 것이 요청된다.

3) 교구전체와 교회학교 학생 모임

유바디 교육목회의 특징을 가장 잘 보여주는 모임이다. 해당 교구의 부모 전체와 해당 교회학교 학생 전체가 함께 모여 예배를 드리고 특별활동을 하는 모임이다. 예컨대 영유아기 자녀를 둔 부모 모임인 1교구와 교회학교 영유아부서의 학생들이 주일 오후예배나 금요심야예배 시에 함께 모여서 예배를 드리고 그 자녀 연령에 초점을 맞춘 메시지를 듣고, 필요한 경우 그 연령의 자녀교육을 위한 특강을 들을 수 있는 기회이다. 교회로서는 해당 연령의 다음세대에 대해 초점을 맞춘 목회적 활동을 할 수 있다는 장점이 있다. 이것을 해당 교구/해당 교회학교 헌신예배로 기획할 수도 있다. 이러한 연합 모임은 분기에 1회 정도 가질 것을 기대한다. 교회적으로는 한 달에 한 번 교구/교회학교 연합예배를 계획하면 3개월에 걸쳐서 모든 연합예배를 드릴 수 있다.

4) 전세대 통합예배

교회의 전체 다음세대와 그들의 부모들이 함께 예배드리는 전세대 통합예배는 매우 상징적인 의미가 있다. 일종의 전 가정 연합예배이며, 다음세대를 위한 교회로서의 사명을 새롭게 다짐하는 예배의 성격을 지닌다. 교회마다 예배당의 좌석 수나 크기에 따라서 전세대 통합예배가 가능하지 않을 수도 있지만 강대상이나 복도에 앉는 경우가 있을지라도 다 같이 모여 함께 예배 드릴 때 다음세대가 교회공동체를 경험할 수 있고, 이는 신앙의 대 잇기가 무엇을 의미하는지를 깨달을 수 있는 기회가 된다. 매주 예배를 세대통합예배로 드리는 교회도 있고, 매월 1회 드리는 교회도 있지만, 최소한 절기예배나 어린이 예배, 특별예배 등 분기에 1회 정도는 드리는 것이 다음세대를 위한 신앙교육을 돈독하게 하는 길이다. 세대통합예배를 드릴 수 있는 주일을 소개하면 다음과 같다. 3월 첫주일^{입학 및 개학}, 어린이 주일, 추수감사주일, 교회창립주일, 성탄주일, 송구영신예배, 교육주일 등이다. 그리고 다음세대 주일을 새롭게 정해서 이 주일에 세대통합예배를 드리는 방안도 고려할 필요가 있다.

Ⅱ. 유바디 교육목회의 목회, 교육 재개념화

유바디 교육목회는 단지 새로운 목회나 교육의 방법론이라기보다는 목회나 교육의 본질에 대한 새로운 기독교교육적 이해에 기초하고 있다. 그동안 전통적인 목회방식이나 교회학교 체제에 익숙한 나머지 그 전통을 고수하는 범위 안에서 교회와 교회학교의 성장과 부흥을 위한 노력을 도모해왔다. 그러나 유바디 교육목회는 진정한 목회와 교육이 무엇인지에 대해 근원적인 질문을 제기하며 다시금 성서에 계시되고 있는 하나님의 디자인으로부터 해답을 찾는 것이다. 가정의 가치, 부모의 정체성과 역할, 신앙공동체의 중요성, 머리가 아닌 마음의 변화, 앎과 삶의 통합, 가르치는 것을 넘어선 사랑하기 등을 통해 기존의 목회와 교육을 재조명하면서 교회, 가정, 학업을 연계하는 교육목회를 추구하는 것이다. 이러한 접근을 통해 종래의 목회와 교육에 대한 재개념화가 이루어진다.

1. 목회의 재개념화

1) 교구

유바디 교육목회에 있어서 교구는 새롭게 이해된다. 종래의 교구는 주로 교회의 지역별 조직으로서 교인들의 거주지를 영역으로 나누어 분류하였다. 지역별 편성은 교구에 속해 있는 가정들이 근거리에 위치하기 때문에 모이기가 용이하고 서로를 보다 쉽게 돌볼 수 있는 장점이 있는 것이 사실이다. 교구에는 교구담당 교역자와 교구장을 임명하여 교구에 속해 있는 교인들을 통솔하는 구조는 전체 교인을 관리하는 효과적인 조직으로 자리매김된 것이다. 그러나 오늘날처럼 교통과 통신이 발달된 상황에서는 굳이 근거리 지역 편성이 큰 의미가 있는가 하는 의문이 제기된다. 보다 실제적인 교인들의 신앙성숙을 도모하면서도 다음세대 신앙의 대 잇기 위기의 현실 속에서 그들의 자녀들의 신앙교육에도 유익을 줄 수 있는 방식이 바로 유바디의 교구 편성이라고 할 수 있다. 자녀 연령 중심의 부모발달단계별 교구편성은 성경적 자녀교육에 초점을 둠으로 교구가 성인중심의 목회 조직이면서도 동시에 다음세대 신앙계승의 확실한 센터가 될 수 있는 것이다.

2) 구역

유바디 교육목회에 있어서 구역은 부모소그룹으로 재탄생된다. 전통적으로 구역은 교회구성원들의 지역별 세부조직이라고 할 수 있는데, 다양한 연령계층이 함께 있기 때문에 갖는 강점도 있지만 동질성이 약화되고 공유되는 주제나 관심이 부족하기 때문에 모임이 응집력이 없는 것이 사실이며 이로 인해서 구역모임 자체가 이루어지고 있지 않은 경우가 많은 것도 사실이다. 그런데 유바디 교육목회에서는 자녀연령에 따른 부모발달단계별 구역편성이기 때문에 비슷한 또래를 자녀로 둔 부모들의 모임이라는 특성이 있다. 즉, 구역이 부모소그룹으로서 실제적인 자녀교육에 대한 나눔의 장이 되며, 친밀한 분위기 속에서 서로의 관심사인 자녀교육에 대한 성경적 이해를 도모할 수 있다. 전통적으로는 구역이 성인들이 모임으로 제한되지만 유바디 교육목회에서의 구역은 자녀들까지 포함된 가정들의 연합으로서 부모들을 성경적 부모로 세워 그들이 자녀를 신앙적으로 양육할 수 있는 부모교육의 센터가 되는 것이다.

3) 심방

유바디 교육목회에서의 심방은 전통적인 목회에서의 심방과는 전혀 구별된다. 종래의 심방은 교구담당 교역자가 일 년에 한두 차례 가정을 방문하여 성인을 만나는 행위였다면. 유바디 교육목회에서의 심방은 교구담당 교역자와 교회학교 교역자가 함께 가정을 방문하여 부모세대와 자녀세대를 함께 신앙적으로 격려하는 행위라고 할 수 있다.

특히 대심방의 경우, 가능하면 자녀와 함께 있는 시간과 장소를 택하여 교구담당 교역자와 교회학교 교역자가 함께 심방하여 온 가정이 여호와를 경외하는 가정이 될 수 있도록 돕고, 더불어 가정예배를 드리고 기도제목을 나눔으로써 부모와 자녀 세대 모두 하나님의 백성으로서 세워져 가도록 도울 수 있다. 즉, 유바디 교육목회는 교구와 교회학교가 공식적인 행사나 교육활동으로만 함께 하는 것이 아니라 심방이라는 구체적이고 보다 내면적인 만남을 통해서 부모와 자녀세대 모두를 위한 영적 돌봄을 제공한다.

4) 교회의 목적

유바디 교육목회는 교회를 교회성장주의적 관점으로 바라보는 것이 아니라 가정을 세우며 그 자녀들을 하나님의 사람으로 세워 하나님 나라를 확장해나가는 센터로서 바라본다. '교회중심'이라는 말이 잘못된 것은 아니지만 지나친 교회중심은 가정의 역할을 약화시키고 교회주의로 전락시킬 위험이 있다. 교회는 교회 자체를 성장시키는 것이 목적이라기보다는 가정을 회복시키고 가정 안에서 부모가 자녀를 믿음으로 양육할 수 있도록 도우며, 부모와 자녀를 포함한 전 세대를 하나님 나라의 일꾼으로 세워야 할 사명이 있다. 그런 점에서 건물이나 조직으로서의 교회보다는 그리스도인들의 공동체로서의 교회는 그리스도를 머리로 하는 가정들의 연합체이며, 성인들이 교회의 주체이고 목회의 주 관심이고 다음세대는 목회의 변두리에 위치해 있는 것이 아니라 온 세대가 교회의 주역들임을 인정하는 공동체이다. 교회는 교회 자체가 그 규모를 확장하는 것 자체가 목적이 아니며, 교회는 구성원들의 가정이 믿음의 가정이 되도록 세우고 가족의 전 구성원들이 사회 각 영역 속에서 빛으로 소금으로 복음의 영향력을 끼치도록 파송하는 센터가 되는 것이다.

5) 담임목사, 교구목사, 구역장

유바디 교육목회에서는 담임목사, 교구목사, 구역장의 역할이 새롭게 인식된다. 전통적으로 담임목사는 성인들을 목회하는 목회자요 설교가이지만 다음세대는 교육담당 교역자에게 맡기는 방식을 취하였다. 그러나 유바디 교육목회에서는 담임목사가 다음세대 본부장이 된다. 부모발달단계 중심의 교구편성과 함께 부모교육을 통해서 성인만이 아니라 다음세대까지 포함한 전체 목회를 관장하게 된다. 전통적으로 교구목사는 성인목회 담당 목사로서 교육담당 교역자와는 구별되는 직책으로 인식되었다. 그러나 유바디 교육목회에서 교구목사는 부모들을 교육하는 교육담당자이며, 교구에 속해 있는 가정들 안에서 자라나는 다음세대들에 대한 목회적 책임을 지닌다. 특히 해당 교구와 연계되어 있는 교회학교 담당교역자와는 긴밀한 관계를 맺고 협력하여야 한다. 유바디 교육목회에서 구역장은 부모소그룹의 리더로서 부모들을 건강하게 세우는 역할을 담당한다. 이것은 전문적인 강의를 통한 것이 아니고 깊이 있는 만남과 자발적인 나눔을 통해 이루어지는 것이다. 구역장으로서 부모리더는 친밀한 관계 및 분위기를 형성해 자신의 삶과 자녀교육을 심도 있게 나누는 역할을 담당한다.

2. 교육의 재개념화

1) 교회학교

유바디 교육목회에서의 교회학교는 가정과의 연계 속에서 새롭게 이해된다. 전통적으로 교회학교는 교회에서의 다음세대 교육을 위한 주된 기관이다. 그러나 유바디 교육목회에서는 부모가 자녀교육의 주체로서 가정에서 기본적인 신앙교육을 실천한다. 교회학교는 여전히 필요한데 바울과 같은 영적 부모로서 교회학교 교사는 학생들에게 교리와 성경지식을 강의하는 것이 아니라 사랑하며 섬기고 돌보는 품이 되어야 한다. 교회학교는 교구와 연결되어 일종의 '교구학교'의 성격을 띠게 되는데, 교구와 함께 소속된 가정에서 건강한 신앙교육이 이루어지도록 교구담당 교역자와 협력한다. 마치 디모데가 바울을 만났던 것처럼 학생들은 교회학교에서 영적 스승을 만나는 축복을 경험해야 하며, 동시에 교회학교는 학생들이 그곳에서 믿음의 또래 동료들을 만나는 신앙공동체가 되어야 한다. 이런 점에서 교회학교라는 지식을 전수하는 성격을 지닌 '학교식 체제' schooling paradigm 는 그 이름도 신앙공동체를 의미하는 예컨대 '품누리' 같은 이름으로 변화될 필요도 있다.

2) 분반공부

전통적인 분반공부는 말 그대로 공부로서 인지적 영역의 교수활동이 이루어지는 곳이다. 소위 교회학교 교사가 '공과책'이라는 교재를 가지고 학생들에게 강의를 하고 진도를 나가는 시간을 의미했다.

유바디 교육목회에서 분반공부는 단지 지식의 전수나 앎의 변화만 일어나는 시간이 아니라 삶이 변화되는 시간이 되어야 한다. 이를 위해서는 인격적인 관계의 만남이 중요하며, 교사와 학생, 그리고 교재가 서로 분리되지 않고 연결됨으로 통전적 교육이 이루어지는 장이 되어야 한다. 교사와 학생 사이에 '나와 너'의 2인칭 관계가 형성되어야 하며, 교사의 내면과 학생의 내면이 만남으로서 단지 머리가 아닌 마음의 변화가 일어나야 한다. 또한 그곳에서의 깨달음은 가정과 학교와 연계되어 일관성 있는 교육이 이루어지는 통로가 되어야 한다.

3) 여름성경학교

유바디 교육목회에서 여름성경학교는 단지 교회학교 행사가 아니다. 모든 교회학교는 해당 교구와 연계되어 있기 때문에 여름성경학교는 교구의 행사이며 교구에 속해 있는 모든 가정과 부모들이 함께 하는 행사가 되는 것이다. 즉, 자녀 신앙교육의 주체로서의 교구의 부모들이 자신의 자녀들을 위한 여름성경학교도 자신의 역할 범주로 이해하고 적극적으로 함께 하는 것이다. 준비기도회는 물론이고 참여안내, 간식제공, 자원봉사 등 직접 참여하여 여름성경학교가 알차게 이루어지도록 협력한다. 이를 위해서는 교구 담당 목사와 교육담당 교역자가 기획단계부터 협력하여 여름성경학교가 교구와 교회학교의 공동행사가 되도록 준비하여야 한다. 이것은 비단 여름성경학교만이 아니라 겨울성경학교, 교회학교 야외예배, 소풍, 선교유적지 탐방 등 교회학교의 모든 행사가 교회-가정 연계의 성격을 띤 교구-교회학교의 협력사역이 되는 것이다.

4) 교회학교의 목적

전통적으로 교회학교의 목적은 교회학교의 성장과 부흥이었다. 소위 '배가운동'으로 표현되는 교회학교 성장주의는 숫자를 교육목적으로 인식하도록 만들었다. 그러나 유바디 교육목회에서 교회학교의 목적은 생명이며 생명이 자라서 번식하는 전 과정이다. 숫자가 아닌 사람에게 초점이 있으며, 앎을 가르치는 것으로 끝나는 것이 아니라 삶을 변화시키는 것이 목적이다. 이를 위해서는 주일 아침에 교회학교에 출석하는 학생수의 증가만이 아니라 그 학생의 전 삶에 관심을 가져야 한다. 가정에서의 신앙형성에도 관심을 가져야 하며, 학교에서 어떤 가치관으로 형성되느냐에 대해서도 관심을 가져야 한다. 이를 통해 모든 자녀들이 신앙 안에서 전인적으로 성숙하여 정치, 경제, 사회, 문화, 예술 등 각 영역 속에서 하나님 나라 일꾼의 사명을 감당하도록 파송하는 사명을 지닌다.

5) 교육담당 교역자, 교회학교 교사

유바디 교육목회에서 교육담당 교역자는 전체 다음세대 목회에서 중요한 역할을 지닌다. 전통적으로 교육담당 교역자는 교육부서 교역자로서 맡은 부서의 자라나는 학생들에 대한 관심만을 지닌 교육지도자였다. 그러나 유바디 교육목회에서는 그들이 속해 있는 가정에서 어떤 영향을 받고 지내는지, 또한 그들이 다니는 학교에서 어떤 가치관으로 형성되고 있는지에 대해서 관심을 갖고 일관성 있는 기독교교육이 이루어지도록 돕는 역할을 담당해야 한다. 이런 점에서 교육담당 교역자는 교구담당 목회자와 협력적인 관계 속에서 공동의 사역을 감당해야 한다. 또한 지역의 학교들 안에 있는 기독교사와의 협력사역도 필요하다. 전통적으로 교회학교 교사는 가르치는 사람teacher으로서의 역할을 감당했는데, 유바디 교육목회에서는 단지 가르치는 사람이 아니라 품는이가 되어야 하고, 관계맺고 사랑함으로 삶을 새롭게 하는 사명을 지닌다. 교회학교 교사는 학생들의 가정과 학교에 대해서도 관심을 갖고 그들의 부모와 정기적으로 만나며, 학교생활에서 발생할 수 있는 신앙적 고민에 대해서도 관심을 갖고 통전적인 기독교교육이 이루어지도록 돕는 책임이 있다.

Ⅲ. 유바디 교육목회를 위한 지침

1. 기본 교육의 과정process

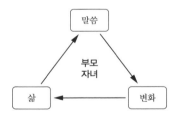

〈그림 12〉 유바디 교육의 과정

유바디 교육의 과정은 단순하며 실천지향적이다. 부모의 삶이 말씀을 만나 변화가 일어나고, 다시 그 변화된 삶에서 말씀을 만나 변화되어 보다 성숙한 기독학부모로 나아가는 여정이다. 그러면 그 부모는 가정에서 자녀와 더불어 가정예배를 드리며 신앙적인 나눔을 갖게 될 때, 자녀의 삶이 말씀을 만나 변화하고, 그 변화된 자녀의 삶이 말씀을 만나 보다 성숙한 그리스도인 자녀로 성숙해 가는 여정이다.

이러한 삶-말씀-변화의 과정을 위해 사용하는 교재는 부모교육과 관련된 성경공부 Group Bible Study 와 기독학부모 교육과 관련된 실천적인 내용을 담은 강의나눔으로 구성된다. 성경말씀 속에서 성경적 부모됨을 깨닫고, 기독학부모에 대한 전문적 지식의 나눔을 통해 기독학부모로서 성숙해 갈 뿐 아니라 자녀교육의 실천적 역량을 함양한다. 1년을 2학기로 구분하여 각 학기에 5개월 1개월은 방학 을 매주 1회 부모 나눔의 시간을 갖는다. 매월 1회는 강의나눔, 2회는 말씀나눔이 진행되고, 1회는 교회가 임의로 활용할 수 있도록 여백을 둔다. 부모용 교재는 강의나눔 10과, 말씀나눔 20과, 총 30과로 구성되며, 교회가 부수를 신청하면 송부하도록 한다.

교구 품에서 교구목사의 인도로 리더부모들이 먼저 나눔을 갖고, 그 리더부모들이 주 중에 1회 부모 소그룹에서 나눔을 진행하게 된다. 앞에서 언급한대로 리더부모는 같은 부모발달 그룹의 구성원으로서 '가르치는 자'라기보다는 '진행하는 자'로서 나눔을 이끈다. 교회는 리더부모들을 세우기 전에 기독학부모 리더 교육을 실시하는 것이 바람직한데 '기독학부모교실'을 개설하여 8주간에 걸친 부모리더교육을 실시하는 것을 권장한다. '기독교학부모교실'을 수료하게 되면 기독학부모로서의 정체성을 지니고 리더부모로서의 역할과 사명을 제대로 감당할 수 있을 것이다.

리더부모가 부모 소그룹과 함께 말씀나눔과 강의나눔을 통해 기독학부모를 세워나가면 이들은 가정에서 자녀를 믿음으로 양육하는 데, 가장 중요한 과제는 가정예배를 드리는 것이다. 가정예배 안에는 말씀과 찬양, 기도가 포함되어 있기 때문에 가정예배가 드려지는 가정은 자연스럽게 크리스천 부모의 신앙적 자녀교육이 이루어지는 것이다. 유바디 교육목회의 기본적인 양육구조는 교구품에서의 리더부모 교육과 부모소그룹에서의 말씀나눔, 그리고 가정품에서의 부모와 자녀가 함께 드리는 가정예배, 이 두 가지 요소로 이루어진다고 볼 수 있다. 그 이외의 다양한 자녀와의 교육활동은 부모가 기독학부모로 세워진다면 얼마든지 가정의 상황에 맞는 자녀신앙교육을 할 수 있기 때문에 건강한 기독학부모로 세우는 것이 핵심이라고 할 수 있다.

2. 유바디 교육목회 지침

그러면 어떻게 유바디 교육목회를 시작할 것인가? 유바디 교육목회를 어떻게 교회에 적용할 것인가? 여기에서는 구체적으로 지침을 제시하고자 한다.

1) 유바디 컨퍼런스에 참여하고 유바디 회원 가입신청을 한다. 필요한 경우는 컨설팅 교회 신청을 한다. 회원으로 신청된 교회는 유바디 사이트 www.ubody.kr 에서 다양한 자료를 다운 받을 수 있으며, 월 1회 정기적인 점검 모임에 참여할 수 있고, 교재를 신청하여 실비에 구입할 수 있으며, 향후 유바디 교육목회에 관한 후속적인 도움을 얻을 수 있다.

2) 목회 전체가 다음세대 지향적 목회로 나아감을 선포하고 유바디 교육목회를 시작한다. 주일예배를 다음세대 주일로 지키고, 유바디 교육목회와 관련된 설교를 한다.

3) 기독학부모교실 지도자 과정에 담임목사 또는 리더부모 훈련을 담당할 교역자가 참여한다. 그리고 교회에서 8주간의 리더부모 교육을 실시한다. 이 리더모임에 부모발달단계별로 향후 리더를 할 수 있는 부모들을 참여시킨다.

4) 다음세대 주일을 맞이하기 전에 교회 교적부 파악을 통해 부모발달단계에 따른 교구 및 구역을 편성한다. 해당 교구의 부모들이 많은 경우에는 같은 학년의 자녀를 둔 부모들이 같은 구역으로 편성되는 것이 바람직하다. 부부는 같은 그룹에 속하는 것을 원칙으로 한다. 기존 교구편성을 그대로 두고 0세부터 고등학교 3학년 자녀를 둔 부모들만의 새로운 교구편성을 하는 셈이다.

5) 매주 정기적인 리더부모 교육은 전체모임과 교구별 모임으로 구성할 수 있는데, 전체모임은 담임목사의 인도로, 교구별 모임은 교구담당목사의 인도로 진행한다. 교회마다 어느 시간에 리더부모 교육을 실시할 것인지를 정하여야 한다. 전통적으로 하는 금요일 오전은 여성들, 특히 전업주부 중심이기에 한계가 있고, 수요예배 후나 금요심야기도회 직전도 가능하다.

6) 부모소그룹 모임은 부부가 모두 참여하기를 원하는 경우, 주일

오후 시간이 가장 바람직할 것이다. 교회의 특성상 맞벌이 부부가 많지 않고 전업주부들이 많은 경우에는 엄마들 중심의 소그룹 부모 모임을 계획할 수 있다. 그러나 기본적으로는 부모가 함께 참여할 것을 권장한다.

7) 교구와 교회학교의 연계와 협력을 위해서는 월 1회 교구목사와 교육목사가 정례적인 만남을 가지며, 학기별로 1회 부모와 교사들이 함께 만나는 모임을 기획하고, 분기별로 1회, 교구전체^{부모}와 교회학교 학생 전체^{자녀}가 함께 모이되 오후예배 시간을 활용하는 것이 바람직하다. 이 때 가정예배 사례나 부모소그룹 모임을 통해 변화된 간증 등을 나누는 것이 좋다. 그리고 1년에 몇 차례 전세대 통합예배를 드리는 것을 기획할 필요가 있다.

8) 부모가 교회에 다니지 않는 교회학교 학생들에 대해서는 교회학교 교사 또는 교회의 직분자 중에서 대부, 대모를 맡도록 하여 영적 부모의 역할을 하게 하고 학생으로 하여금 소외감을 느끼지 않도록 한다.

9) 자녀교육에 있어서 중요한 때에 특별한 부모교육을 제공하라. 임산부 부부, 초등학교 취학 전 부모, 중학교 및 고등학교 입학 전 부모, 고3 직전 부모 등 자녀교육에서 중요한 변화가 일어날 때에 기독학부모로서의 정체성과 역할을 감당할 수 있도록 돕는다.

10) 부모발달단계에 따라 모인 부모소그룹이 교회 밖의 부모들도

함께 참여할 수 있도록 하여 전도의 창구가 되도록 한다. 그리고 부모 소그룹이 오프라인상에서의 만남만이 아니라 온라인상에서 대화할 수 있도록 SNS를 효과적으로 활용하는 것이 바람직하다.

3. 유바디 목회의 15가지 원칙들

유바디 교육목회의 15가지 원칙을 열거하면 다음과 같다.

1) 목회전체가 다음세대를 지향하라.
2) 부모를 신앙교육의 주체로 세워라.
3) 세속교육이 아닌 기독교교육의 비전을 제시하라.
4) 자녀교육 성공개념을 재정립하라.
5) 가정예배에 승부를 걸어라.
6) 교구목사를 부모교육 전문목사로 세우라.
7) 교구를 부모발달단계로 편성하라.
8) 건강한 리더부모를 세워라.
9) 부모 소그룹을 통해 삶을 나누어라.
10) 부모와 교사가 서로 만나도록 하라.
11) 교구와 교회학교를 연계하라.
12) 자녀교육의 중요한 시기에 부모교육을 제공하라.
13) 기독학부모로서의 성숙이 자녀교육의 열쇠임을 기억하라.
14) 부모교육 및 자녀교육을 단순화하라.
15) 전세대통합예배를 기획하라.

Ⅳ. 나가는 말

목회의 패러다임을 바꾸는 것은 쉬운 일이 아니다. 더욱이 교회는 보수성이 강하기 때문에 변화를 싫어하거나 호응하지 않는 경향성이 있는 것이 사실이다. 또한 학령기 자녀를 두고 있지 않은 교인들, 특히 노년층의 교인들이 불평할 가능성도 있다. 그러나 유바디 교육목회가 전체 목회를 대신하는 것은 아니다. 여전히 교회의 어르신 성도들을 위한 노년목회가 강화되어야 하며, 싱글 성도나 부모-자녀 관계가 아닌 교인들에 대한 세심한 목회적 관심이 필요하다. 그러나 한국교회의 어떤 위기보다 심각한 다음세대의 위기를 극복하기 위해서는 적어도 학령기 자녀를 둔 부모들에 대한 각별한 관심이 필요하고, 목회 전체가 다음세대 지향적이 되고, 가정과 교회가 연계하여 함께 믿음의 다음세대를 세워나가야 한다. 기쁨으로 유바디 교육목회를 실천함으로 다음세대가 건강하게 회복되고, 아름답게 신앙의 대 잇기가 이루어지는 한국교회가 될 것을 소망한다.

토의 문제

1. 부모에게 초점을 맞춘 목회가 왜 중요한지를 자신의 말로 설명해 보자.

2. 부모발달단계에 따른 교구편성이 갖는 강점과 약점이 무엇인지를 말해 보자.

3. 유바디 교육목회에서 왜 부모소그룹을 중요시하는지 그 이유를 설명해 보자.

4. 유바디 교육목회에서 교구와 교회학교 연계를 강조하는데 각자의 교회에서 어떻게 실천 가능한지를 말해 보자.

5. 각자 자신이 생각하는 '유바디 교육목회 10계명'을 작성해 보자.

부록

유바디 교육목회
Q & A *

* 이 부분은 2019년 9월 30일 - 10월 1일에 개최된 제2회 유바디컨퍼런스 자료집에 실린 내용으로서 노현옥 박사(기독교학교교육연구소 연구2실장)가 정리한 것입니다.

A. 유바디 개념

1. 유바디 목회가 기존 목회와 가장 크게 다른 점은 무엇인가요?

유바디 목회의 가장 큰 특징은 다음처럼 정리할 수 있습니다.

❶ 지역을 기준으로 하던 기존의 교구 편성을 부모발달을 기준으로 재편합니다. 즉, 자녀의 연령을 기준으로 같은 학령기(취학전/초/중/고등) 자녀를 둔 부모들을 같은 교구로 편성합니다. 그리고 이렇게 편성된 교구는 해당 교회학교 부서와 긴밀하게 연결되어 다음세대 교육의 핵심 역할을 담당합니다.

❷ 교회학교에서 담당하던 기본신앙교육을 가정(부모)이 담당하고, 그 부모를 교구에서 교육하고 훈련합니다. 교회학교 각 부서는 교구를 중심으로 부모와 소통하며 보다 전문적인 교육 기능을 담당합니다.

2. 가정/부모중심 교육목회인 유바디가 흔히 이야기되는 가정, 부모 중심 목회와 다른 점은 무엇인가요?

유바디 또한 가정/부모를 중심으로 교육목회를 시도한다는 점에서 가정(부모)을 강조하는 몇몇 목회 프로그램과 비슷한 측면이 있습니다. 하지만 다음과 같은 점에서 다릅니다.

❶ 유바디는 단순히 가정을 강조하거나 부모를 교육하고, 가정신 앙운동을 전개하는 수준을 넘어 목회 전체를 가정(부모)을 중 심으로 재편하는 것까지 나아갑니다.

❷ 앞에서도 말한 것처럼 부모발달단계를 기초로 교구를 개편하 고, 자녀발달단계에 따른 교회학교 부서와도 연계하는 통합적 인 목회전략을 가지고 있습니다.

❸ 다음세대 위기의 진원이자 해결 과제로서 우리나라만의 독특 한 환경인 학업(입시)까지도 포함하여 교회-가정-학교^{학업}를 연 계하는 교회교육과정을 가지고 있는데 이 점은 유바디의 고유 한 강점이면서 동시에 다른 프로그램들과 구별되는 점입니다.

B. 교구편성

1. 유바디는 교구를 어떻게 편성하나요?

교구에 대한 유바디의 큰 그림은 성인기 전체를 포함합니다. 하 지만, "부모"의 중요성과 역할이 특히 강조되는 교회학교 연령의 자녀를 둔 부모를 대상으로 먼저 교구를 편성하는 것을 권장합 니다. 필요한 경우 자녀가 청년기 이상인 부모는 물론 조부모까 지 포함하는 성인기 전체로 확장할 수도 있습니다. 유바디 교구 편성의 원칙은 다음과 같습니다.

❶ 학령기 자녀를 둔 부모를 바탕으로 1교구는 임신기부터 유치기까지 자녀 부모, 2교구는 초등학령기 자녀 부모, 3교구는 청소년기 자녀 부모로 구성합니다(숫자는 임의로 부여한 것입니다). 이렇게 교구를 구성할 경우 한 교구당 대략 6년의 주기를 이루게 됩니다. 같은 교구로 묶인 부모들은 자녀의 학령이 같기 때문에 공통된 관심사를 나누게 되고, 동일한 학령기 자녀를 둔 부모의 정체성과 역할 등을 훈련받게 됩니다. 이를 바탕으로 끈끈한 신앙공동체를 이루게 됩니다.

❷ 부모의 교구 배정은 자녀의 수에 관계없이 첫 아이의 연령을 기준으로 합니다. 첫 아이를 기준으로 교구에 편성되어 부모로서 바르게 훈련받게 되면, 둘째 아이부터는 훈련받은 것을 바탕으로 신앙으로 양육할 수 있게 됩니다.

❸ 교구의 이동은 첫 아이의 진급과 함께 이루어지게 됩니다. 첫 자녀의 나이가 같은 부모끼리는 보다 친밀한 부모또래 공동체를 이루게 되고, 첫 아이의 진급과 함께 교구를 이동하게 됨으로써 교구 변화에 따른 어려움을 최소화할 수 있습니다.

❹ 교회 규모가 작은 경우는 자녀의 나이에 관계없이 부모 전체를 한 교구로 묶을 수 있고, 반대로 매우 클 경우에는 같은 교구 속에서 적절한 기준(가령 지역)을 마련하여 구역을 세분화할 수 있습니다

2. 유바디 교구 편성을 처음부터 전면적으로 시행하거나, 성인기 전체에 적용하기에는 부담이 큽니다. 어떻게 하면 될가요?

유바디 목회모델을 처음부터 전면적으로 도입하기에는 쉽지 않은 측면이 많이 있을 것입니다. 교회의 목회상황에 따라 몇 가지 모델을 선택할 수 있습니다.

❶ [선택1] 목회상황이 허락한다면 교회학교에 다니는 자녀를 둔 부모 전체를 대상으로 유바디 교구 편성을 하면 좋습니다. 기본적으로 취학전, 초등학교, 중고등학교 3개의 교구 편성이 필요합니다.

❷ [선택2] 취학전, 초등, 중고등 3개 교구 중 하나를 먼저 시작할 수 있습니다. 유바디에서는 취학전 자녀를 둔 부모를 대상으로 먼저 시작하는 것을 권장합니다. 어린 자녀일수록 유바디 목회 적용뿐 아니라 교육을 통한 자녀의 신앙형성과 정착이 수월하고, 자녀의 저항도 적기 때문입니다.

❸ [선택3] 젊은부부를 대상으로 하는 소규모의 특별교구구역, 모임를 먼저 시도해볼 수 있습니다. 많은 교회가 기존 교구나 남여선교회에 편성되지 않으려 하는 젊은 부부들에 대해 고민이 있습니다. 이들의 특징은 자신의 삶을 중요하게 여기면서도 자녀에 대한 지대한 관심을 갖고 있는 것입니다. 이들을 하나의 공동체로 묶어 부모와 자녀를 주제로 훈련한다면 좋은 목회적 열매를 거둘 수 있을 것입니다.

❹ [선택4] 교구편성, 소규모 모임 모두 쉽지 않을 경우 교회 내

부모들을 대상으로 부모교육부터 먼저 실시할 수 있습니다. 이를 통해 때가 되어 유바디를 시작하게 될 경우 든든한 리더 그룹을 미리 양성할 수 있습니다.

3. 기존 교구에서 불만과 저항이 예상됩니다. 어떻게 하면 될까요?

유바디 형태의 목회를 시도한 몇 교회의 사례를 바탕으로 다음처럼 시도해보실 것을 제안합니다.

❶ 상황이 허락한다면 처음부터 학령기 자녀를 둔 부모층과 청년기 자녀 이상을 둔 부모층을 나누어 별도로 교구를 편성할 수 있습니다.

❷ 저항이 약하거나 목회적으로 감당할 수 있을 경우 기존 교구는 그대로 두면서 위에서 제안한 몇 가지 적용 모델 가운데 현실적으로 적용 가능한 하나를 선택하여 병행합니다. 마땅히 목적, 취지, 교회적 유익 등에 대한 설명과 설득이 필요합니다.

4. 가정, 교구, 교회학교의 관계는 어떻게 되나요?

유바디에서 교구는 한쪽으로는 가정과 부모를 세우는 핵심 성인(부모)교육을 담당하고, 다른 한쪽으로는 교회학교의 각 부서와 긴밀하게 연결되어 다음세대를 위한 전문적인 교육이 이루어지도록 지원하는 교회교육의 핵심 기관이 됩니다. 결과적으로 교구를 중심으로 가정(부모)과 교회학교가 매우 깊이 연결되어 역동적인 교육목회 관계를 이루게 됩니다. 이것은 마치 디모데후서 1:5-6 에서 디모데를 양육하기 위해 어머니 유니게^{가정}와 영적 교사인 바울^{교회}이 함께 협력하는 구조와 같은데, 이 말씀이 바로 유바디 의 성경적 기초가 됩니다.

5. 기존 남녀선교회와 연령대가 비슷하거나 갈등이 있을 수 있습니다. 어떻게 해야 할까요?

선교회는 역할과 영향력에서 중요한 자치기관입니다. 하지만 원 칙적으로 교구와는 별개로 운영되는 기관이므로 무관하게 유바 디 교구 형태를 적용하시면 됩니다. 다만, 유바디 형태로 교구를 편성하게 되면 남녀선교회와 연령대가 애매하게 겹치는 경우가 발생합니다. 이 경우 자녀의 연령에 따라 편성된 교구와 부모 연 령에 따라 편성된 선교회가 서로 달라지게 되면서 목회적 과제 가 발생할 수 있습니다. 원칙은 유바디 교구를 우선할 것을 권해 드립니다. 유바디는 교회의 미래를 위한 정책적 결정이기 때문입 니다. 목회적으로 결단이 가능하다면 남녀선교회 자체도 유바디 교구로 통합하는 것이 보다 목회적 시너지를 높이는 선택일 수 있습니다.

6. 한부모가정, 이혼가정, 조손가정, 무자녀 가정처럼 가정을 바탕으로 모이기에 어려운 경우는 어떻게 해야 하나요?

유바디의 원칙은 자녀가 있는 부모라면 유바디 교구에 속하여 믿음의 부모로 세워지는 것을 권합니다. 유바디의 비전은 가정을 중심으로 교회가 건강하게 세워져 가는 핵심 목회환경을 형성하는 것입니다. 이를 바탕으로 교회의 핵심 문화가 가정을 기반으로 형성될 수 있고, 교회 자체가 하나의 큰 가족으로 기능할 수 있습니다. 교회 안에 혈연 가족 외에도 여러 조직과 모임들, 관계를 기반으로 다양한 영적 가정이 만들어지면 한 성도가 자신을 돌봐주는 교회안의 다양한 실체적 가족을 경험할 수 있습니다. 특별한 경우(무자녀가정, 조손가정, 성인 싱글 등)는 해당 성도의 영적 상태와 개인적 바람을 바탕으로 유바디 교구 참여 여부를 목회적으로 선택을 하거나 별도의 목회적 돌봄 전략을 마련해주셔야 합니다. 유바디는 이 또한 지원할 수 있는 길을 최대한 찾겠습니다.

C. 교구모임, 교구교육과정, 리더

1. 교구모임은 어떻게 운영하나요?

교구의 구성 방식만 바뀔 뿐 모임 형태는 기존과 크게 달라지지 않습니다. 다만, 아래의 경우를 참고하여 모임 요일과 시간, 형태를 결정하시면 됩니다.

❶ 부모 모두가 모이는 것이 바람직하므로 부부가 가능한 함께 모일 수 있는 요일과 시간대를 결정합니다. 하지만 현실적으로 부부가 모두 모이는 것이 어려울 경우 우선 어머니를 중심으로 모임을 진행하되, 한 달에 1회 이상은 교구에 속한 부모전체가 모일 수 있도록 특별 시간을 마련합니다(아래 3번 내용 참고).

❷ 교구가 클 경우 소그룹으로 나누어질 것인데, 이 경우는 각 소그룹마다 적절한 요일과 시간을 결정하도록 합니다.

❸ 목회적으로 배려가 가능하다면, 주일 오전이나 오후 시간에 교구 모임을 가지도록 할 수 있습니다. 한 교회에서는 주일 오전 가족이 함께 교회에 와서 부모는 교구모임을, 자녀는 교회학교 부서교육을 하도록 배려하기도 합니다. 가령, 9시에는 청소년부 예배와 해당 자녀를 둔 부모들의 교구 모임이 있는 것입니다. 이후 성인 예배는 별도로 드립니다.

2. 리더는 어떻게 선발하며, 누가, 언제 교육하나요?

기존 교구⁷역 인도자 선발 및 교육 방식과 크게 다르지 않지만, 부모로 구성된 그룹의 특성을 고려해야 합니다. 이를 참고하여 아래처럼 시행합니다.

❶ 리더는 모집보다는 교역자가 목회적 관찰을 바탕으로 선발하여 임명하는 것을 추천합니다. 이때 부모소그룹 안에서 리더십을 가진 부모를 선정합니다. 앞의 방식으로 리더를 구하기 어려운 경우 윗 교구에서 리더의 자격을 갖춘 부모를 파송할

336
유바디 교육목회

수도 있습니다.

❷ 리더 교육은 원칙적으로 담임목사님이 하시거나 교구를 담당하는 교역자가 부모교육 역량을 훈련받아 병행하는 것이 좋습니다. 유바디는 교역자가 리더를 교육할 수 있도록 필요한 지도자 양성프로그램과 자료를 제공해드립니다. 가령, 기본 교구모임 교재인 부모품 교육과 리더를 위한 지침자료를 제공합니다. 아래에도 적겠지만, 리더 계속교육을 위한 프로그램도 제공합니다.

❸ 리더교육 일시는 가능한 많은 리더가 참여할 수 있는 요일과 시간을 정하여 실시합니다. 다만, 현 시대가 모임이 쉽지 않은 점을 고려하면, 자신에게 맞는 시간을 선택할 수 있도록 주중에 몇 차례 리더교육을 개설하면 좋습니다. 또 다른 방식으로 한 달에 한 번 토요일 적당한 시간에 집중교육 형태로 교육과 훈련을 실시할 수도 있습니다.

3. 리더교육은 어떤 내용으로 해야 하나요?

리더교육은 매주 이루어지는 소그룹 모임을 위한 기본교육과 리더역량 강화를 위한 전문교육, 그리고 리더들을 사역자 공동체로 묶어주기 위한 특별활동 등으로 나누어 제공합니다.

❶ 기본교육은 매주 이루어지는 소그룹 모임을 위한 것으로 "부모품" 교재를 중심으로 이루어집니다. 기본적인 소그룹 인도법과 부모품 교재 활용법, 매 과마다 제공되는 인도자지침서

를 중심으로 교육합니다.

❷ 리더는 지속적인 재교육을 통해 역량을 강화할 필요가 있습니다. 유바디의 경우 부모로서 갖추어야 할 여러 주제들을 포함하는 다양한 전문교육 프로그램을 제공합니다. 가령, 기독학부모교실, 가정예배, 부모기도회, 믿음의자녀키우기, 하나님의 학습법, 스윗스팟(진로교육) 등이 있습니다.

4. 교구교육과정은 어떻게 준비되어 있습니까?

❶ 교구교육과정은 크게 "부모품"과 "부모학교"로 구성됩니다. 부모품은 매주 이루어지는 교구 모임을 위한 핵심교재이고, 부모학교는 부모, 자녀, 교육과 관련된 보다 전문적인 주제로 구성된 성경공부형 훈련교재입니다.

❷ 교재는 부모품 3달(12주), 부모학교 1달(4주)로 개발되어 이 둘을 묶으면 총 4달(16주) 분량의 교재가 됩니다. 상하반기 4달씩 교구를 운영할 수 있도록 구성되었습니다.

❸ 부모품은 성경을 묵상하고 나누는 묵상형 성경공부 교재로 개발됩니다. 성경적 부모됨을 주제로 한 다양한 시리즈로 개발될 것인데, 첫 시리즈는 신구약 성경에서 유바디와 관련된 본문들을 선정하여 개발합니다. 구약 6권, 신약 6권으로 계획되어 있으며 현재 구약 1권, 신약 1권이 개발완료하였습니다.

❹ 부모학교는 유바디와 관련된 핵심 교육주제들을 선정하여 보다 전문적인 배움과 나눔, 실천을 통해 건강하게 훈련된 부모상과 역량을 형성하는 주제별 교재입니다. 그간 기독교학교교

육연구소에서 개발한 검증된 교육 프로그램을 유바디 교구 교육 형태로 개편하여 제공합니다. 기독학부모교실, 하나님의 학습법, 믿음의 자녀 키우기, 스윗스팟(성경적 진로탐색), 기도의 부모 등의 주제로 개발될 것인데, 현재 기독학부모교실을 1, 2권으로 나누어 개발 중입니다.

❺ 부모품과 부모학교 외에도 유바디는 가정에 신앙문화를 형성하기 위한 다양한 부가 교육 프로그램을 준비하고 있습니다. 가정예배, 가정예전(부모축복기도, 가족제단 등의 가정지성소 운동), 가족활동 프로그램 등이 준비되고 있습니다.

❻ 유바디는 부모의 발달단계에 따른 생애주기별 교육프로그램을 계획하고 있습니다. 가령, 임신 준비기부터 임신기, 영유아 유치기, 초등기, 청소년기 등의 부모정체성과 역할 등을 다루는 프로그램을 마련할 것입니다.

❼ 끝으로 교구간 소통을 위해 교구가 함께 모이는 프로그램을 제공할 것입니다. 가령, 자녀기도회, 교구연합모임, 세대통합예배, 부모전체세미나 등을 제공합니다.

D. 교회학교

1. 유바디를 하게 되면 교회학교는 어떻게 되는 것인가요?

유바디가 가정에서 부모를 통해 기본적인 신앙교육이 이루어지는 형태라면 교회학교는 필요 없어지는 것이 아니냐는 생각을 할 수도 있습니다. 하지만 유바디는 교회학교를 없애자고 주장하지 않습니다.

오히려 교회학교가 본디 사명과 기능을 제대로 수행할 수 있게 합니다. 기본신앙교육이 가정에서 부모를 통해 이루어지도록 부모를 다음세대 신앙교육의 교사이자 주체로 세우게 되면, 교회학교는 기존의 기초신앙교육 기능 대신에 더욱 전문적이고 심화된 단계의 신앙교육(심화단계 제자훈련, 소명과 진로 탐색, 은사와 역량개발 등)을 감당할 수 있게 됩니다. 뿐만 아니라 부모발달별로 편성된 교구를 교회학교와 연계하고, 교구담당교역자와 교회학교 부서교역자가 부모와 함께 다음세대 신앙교육을 위해 긴밀한 관계를 맺도록 함으로써 목회 전체가 다음세대의 새로운 부흥을 이루도록 돕습니다. 유바디는 교회학교에서 전문적인 신앙교육을 할 수 있도록 지속적으로 관련 자료를 개발하여 제공할 것입니다. 현재는 성경적 진로탐색 프로그램인 스윗스팟이 개발되어 있습니다.

2. 유바디에서는 교회학교 교사교육을 어떻게 하나요?

유바디는 교구를 중심으로 가정과 교회학교가 함께 자녀를 교육하도록 돕습니다. 따라서 교회학교도 유바디의 기본적인 교육내용을 공유할 필요가 있습니다. 유바디 교사교육은 크게 두 가지 방식으로 이루어집니다.

❶ 기본적으로 유바디 교구에 편성된 교사들은 유바디 교구교육과정을 통해 유바디 교육을 받을 수 있습니다.

❷ 부모가 아닌 교사들이나 유바디 교구 편성에 속하지 못한 교사들을 대상으로는 유바디 리더교육과정을 통해 유바디를 훈련받을 수 있도록 할 수 있습니다.

3. 유바디에서는 교회학교를 위한 교육프로그램이 있나요?

유바디는 교회가 속한 교단별 교육과정^{공과}을 우선적으로 따를 것을 권해드립니다. 동시에 교단 교육과정과 병행하면서도 교구-가정-교회학교가 연계될 수 있도록 하는 교육과정과 교육 프로그램을 개발하여 제공할 것입니다. 몇 가지 예는 다음과 같습니다.

❶ 세대통합을 위한 프로그램: 세대통합예배, 교구-교회학교 연합 모임

❷ 신앙-학업 연계를 위한 프로그램: 스윗스팟, 하공이

❸ 부서 전환기 프로그램: 청청 패스오버(청소년-청년기 전환기 프로그램)

❹ 교구별 가정예배캠프

❺자녀생애주기별(세례, 생일, 입학/졸업/진급, 학기초/말, 시험 등의 통과의례기) 프로그램

4. 학생만 교회 출석하는 경우는 어떻게 유바디를 적용하나요?

유바디는 부모를 중심으로 교회의 목회구조를 재편하는 것이 기본 방향입니다. 학생들만 출석하는 경우 이 원칙을 적용하기 어려우므로 다음의 대안을 제안드립니다.

❶ 교회학교 교사를 영적 부모로 임명하고 필요한 교회 내 가정으로 역할을 하게 합니다.

❷ 자녀가 청년기 이후에 해당하는 중년층에서 영적 부모를 선정하여 사명을 부여하고, 교회의 부모 역할을 하게 합니다.

참고문헌

강윤정 · 김갑성. 『교육의 생태학적 분석』. 서울: 강현출판사, 2010.

강인수. 『교육법연구』. 서울: 문음사, 2003.

고창규. "학부모의 교육권 및 학부모회의 학교 참여" 『교육이론과 실천』 제9권. 창원: 경남대학교 교육문제연구소, 1999.

기독교학교교육연구소. "교회학교 부흥에 대한 새로운 접근" 『세미나자료집』. 서울: 기독교학교교육연구소, 2008.

김근주 외. 『안식일이냐 주일이냐』. 대전: 대장간, 2015.

김영화. 『한국교육의 종합이해와 미래구상(III): 학부모와 자녀교육편』. 파주: 한국학술정보㈜, 2001.

김정탁. 『미디어와 인간』. 서울: 커뮤니케이션북스, 1998.

김홍연. 『세례, 입교 교육의 이론과 실제』. 서울: 쿰란출판사, 2007.

민중서림 편집국. 『민중 실용 국어사전』. 서울: 민중서림, 2000.

박상진 · 이만식. "한국교회 교회교육의 위기진단과 대안 연구," 『다음세대 신학과 목회』. 서울: 장신대출판부, 2016.

박상진 외. 『하나님 앞에서 공부하는 아이』. 서울: 좋은씨앗, 2011.

박상진 외. 『입시에 대한 기독교적 이해』. 서울: 예영, 2008.

박상진 외. 『다음세대에 생명을 불어넣는 기독교교육』. 서울: 장로회신학대학교 기독교교육연구원, 2016.

박상진. 『교회교육현장론』. 서울: 장로회신학대학교출판부, 2008.

_____. 『기독교학교교육론』. 서울: 예영커뮤니케이션, 2006.

_____. 『성경 속에 나타난 하나님의 학습법』. 서울: 두란노, 2010.

_____. 『기독교교육과정의 새로운 패러다임』. 서울: 장신대출판부, 2017.

_____. "기독학부모운동의 가능성 탐색." 『장신논단』 27 (2006. 12), 471-503.

_____. "기독교교육생태계를 회복하는 대안적 교회교육: 품모델." 『장신논단』 48-1 (2016. 3), 361-388.

박성연 · 도현심. 『아동발달』. 서울: 동문사, 2005.

박원호. 『신앙의 발달과 기독교교육』. 서울 : 장로회신학대학교 출판부, 1996.

설은주. 『가정 공동체 교육의 실제』. 서울: 예영커뮤니케이션, 1997.

성서교재간행사. 『성서백과대사전(5)』. 서울: 성서교재간행사, 1980.

생명의말씀사. 『라이프성경사전』. 서울: 생명의말씀사, 2006.

오성춘. 『은사와 목회』. 서울: 장로회신학대학교 출판부, 1997.

유재필. 『아이야 신앙 가문 세우기』. 서울: 두란노, 2017.

임성빈. 『21세기 문화와 기독교』. 서울: 장로회신학대학교 출판부, 2004.

정갑순. 『부모교육론』. 서울: 창지사, 1996.

_____. 『주여 이 아이를 어떻게 기르오리이까』. 서울: 총신대출판부, 2003.

정범모 외. 『교육의 본연을 찾아서: 입시와 입시교육의 개혁』. 서울:교육과학사, 1993.

정수복. 『한국인의 문화적 문법』. 서울: 생각의나무, 2007.

정옥분. 『발달심리학』. 서울: 학지사, 2005.

한국갤럽. 『한국인의 종교: 1984-2014』. 서울: 한국갤럽조사연구소, 2015.

한글학회. 『새한글사전』. 서울: 홍자출판사, 1973.

Babin, Pierre. *www.internet.God.* 이영석 역. 『디지털시대의 종교』. 서울: PC라인, 2000.

Bronfenbrenner, Urie. *The Ecology of Human Development.* 이영 역. 『인간발달생태학』. 서울: 교육과학사, 1992.

Brueggemann, Walter. *Sabbath as Resistance.* 박규태 역. 『안식일은 저항이다』. 서울: 복된사람, 2015.

Bushnell Horace. *Christian Nurture.* 김도일 역. 『기독교적 양육』. 서울: 장로회신학대학교 출판부, 2004

Coleman Robert. *The Master Plan of Evangelism.* 홍성철 역. 『주님의 전도계획』. 서울: 생명의말씀사, 2007.

Erikson, Erik H. *Childhood and Society.* 윤진 · 김인경 역. 『아동기와 사회』. 서울: 중앙적성출판사, 1988.

Freudenburg, Ben, Rick Lawrence. *Family Friendly Church.* Loveland, Colorado: Group, 1998.

Galisky, Ellen. *The Six Stages of Parenthood.* 권영례 역. 『아이의 성장, 부모의 발달』. 서울: 창지사, 1997.

Grenz, Stanley. *The Theology for the Community of God.* 신옥수 역. 『조직신학: 하나님의 공동체를 위한 신학』. 서울: 크리스챤 다이제스트사, 2003.

Heschel, Abraham Joshua. *The Sabbath.* 김선현 역. 『안식』. 서울: 복된사람, 2007.

Howe Reuel L. *Men's Need & God's Action.* 김득렬 역. 『인간의 욕구와 하나님의 역사』. 서울: 한국장로교출판사, 1993.

Hunter, Ron. Jr. *The DNA of D6: Building Blocks of Generational Discipleship.* 김원근 역. 『신6: 죽어가는 주일학교에 대한 하나님의 대안』. 성남: D6코리아, 2016.

Jeyakumar, T. *Family-Friendly Church: Home and church Joining Hands.* Selangor, Malaysia:Faith Books, 2014.

Joiner, Reggie. *Think Orange.* 김희수 역. 『싱크 오렌지』. 서울: 도서출판 디모데, 2011.

Karssen Gien. *Believers: Lessons from Women of Powerful Faith.* 양은순 역. 『믿음의 여인들(2권)』. 서울: 생명의말씀사, 1979.

Luter, Boyd. & Kathy McReynolds. *Women As Christ's Disciples.* 전의우역. 『여성, 숨겨진 제자들』. 고양: 도서출판 예수전도단, 2006.

Lynn, Robert. W., and Elliott Wright. *The Big Little School: 200 Years of the Sunday School.* Birmingham: Religious Education Press, 1980.

Nelson, C. Ellis. *How Faith Matures.* Louisville Kentucky: Westminster/John Knox Press, 1989.

Niebuhr, Richard H. *Christ & Culture.* 김재준 역. 『그리스도와 문화』. 서울: 대한기독교서회, 1958.

Osmer Richard. *Teaching for Faith.* 사미자 역. 『신앙교육을 위한 교수방법』. 서울: 한국장로교출판사, 1995.

Palmer, Parker. *To Know As We Are Known.* 이종태 역. 『가르침과 배움의 영성』. 서울: IVP, 2000.

Smith Wilfred Cantwell. *Faith and Belief: The Difference Between Them.* Boston: Oneworld, 1998.

Sweet Leonard. *Post-Modern Pilgrims: First Century Passion for the 21st Century World.* 김영래 역. 『영성과 감성을 하나로 묶는 미래교회』. 서울: 좋은씨앗, 2002.

Tapscott Don. *Grown up Digital: How the Net Generation is Changing Your World.* 이진원 역. 『디지털 네이티브』. 서울: 비즈니스북, 2009.

The Oxford Bible Interpretater. 『옥스퍼드 원어성경대전』. 13권(신명기 제1-11장). 서울: 제자원, 2011.

Voges Ken R. *Discovering the Leadership Styles of Jesus.* 이경준 · 김영희 역. 『DISC 행동유형으로 배우는 예수님의 리더십』. 서울: 디모데, 2016.

Webb, Stephen H. *Taking Religion to School.* Grand Rapids: Brazos Press, 2000.

Westerhoff III, John. *Will Our Children Have Faith?.* 정웅섭 역. 『교회의 신앙교육』. 서울: 대한기독교교육협회, 1983.

Wolterstorff, Nicholas P. *Educating for Life: Reflections on Christian Teaching and Learning.* Grand Rapids: Baker Academic, 2002.